跨国公司新论

Research on Multinational Corporations

李雪欣　著

经济管理出版社
ECONOMY & MANAGEMENT PUBLISHING HOUSE

图书在版编目（CIP）数据

跨国公司新论/李雪欣著. —北京：经济管理出版社，2014.4
ISBN 978-7-5096-2935-2

Ⅰ.①跨…　Ⅱ.①李…　Ⅲ.①跨国公司—企业管理—研究—中国　Ⅳ.①F279.247

中国版本图书馆 CIP 数据核字（2014）第 017336 号

组稿编辑：张永美
责任编辑：杜　菲
责任印制：黄章平
责任校对：陈　颖

出版发行：经济管理出版社
（北京市海淀区北蜂窝 8 号中雅大厦 A 座 11 层　100038）
网　　址：www. E-mp. com. cn
电　　话：（010）51915602
印　　刷：三河市延风印装厂
经　　销：新华书店
开　　本：720mm×1000mm/16
印　　张：14.75
字　　数：283 千字
版　　次：2014 年 4 月第 1 版　2014 年 4 月第 1 次印刷
书　　号：ISBN 978-7-5096-2935-2
定　　价：49.00 元

前言

20 世纪 90 年代以来，随着经济全球化趋势加剧，跨国公司已经成为一支不可忽视的重要力量。据《2009 年世界投资报告》统计，全球有近 8.2 万家跨国公司，其在国外的分支机构达 81 万家，跨国公司在世界经济发展中正发挥着举足轻重的作用；随着中国持续成为吸引外资最多的发展中国家，世界 500 强企业纷纷落地中国，带给中国现代企业发展的助推作用同样不可小觑；随着中国企业国际化程度提高，进入国际市场参与国际竞争，培育中国跨国公司就成了迫在眉睫之事。

《跨国公司新论》一书的写作初衷正是基于对以上三方面现实的思考。全书共分三篇。第一篇是"全球视域下的跨国公司"，在界定跨国公司内涵的基础上，对各种跨国公司理论进行评述，并比较分析了跨国公司的产生、发展、地位及其发展模式。第二篇是"在华跨国公司战略演进"，全面考察了在华跨国公司的现状及发展趋势，论述了在华跨国公司发展战略的演进模式，实证研究了在华跨国公司生存和发展的关键点——公司治理和本土化战略，并对中国跨国公司海外公司治理结构和战略选择提出了建设性意见。第三篇是"中国跨国公司培育的战略路径"，基于中国跨国公司发展现状，研究了中国跨国公司培育的条件、成长点和培育模式选择，基于钢铁行业上市公司的国际化程度，分析了国际化程度与企业绩效的关系，并以中国优秀跨国公司海尔集团、联想集团的培育为案例，提出了中国跨国公司培育的战略路径选择和对策建议。

本书对跨国公司从理论到实践、从历史到现状、从中国到外国进行了较深入的探讨，特别对中国跨国公司培育的路径选择进行了具有创新意义的思考。

本书是我所申请立项的教育部社科规划基金项目"中国跨国公司培育"（项目编号：10YJA630087）的一项成果。本书的研究结论如能对中国跨国公司的培育略尽绵薄之力的话，将令人备感欣慰。

在本书的完成过程中，博士研究生李玉龙、李海鹏、卢剑峰、钟凯、夏天、王迪等参与了部分工作。

本书参考了国内外许多前辈和同行的研究成果，在此深表谢意。

本书的出版得益于经济管理出版社的支持，在此表示感谢。

对跨国公司的研究，特别是对中国跨国公司的研究，内容纷繁，空间极大，值得我们继续去思索、探究，以昭示她的积极成长和无限未来。

第一篇 全球视域下的跨国公司

第二篇 在华跨国公司战略演进

第三篇 中国跨国公司培育的战略路径

第一篇
全球视域下的跨国公司

第一章 跨国公司界说

跨国公司是社会生产力和科学技术发展的结果，是资本集中、生产集中以及全球经济一体化的产物。跨国公司的迅速发展已成为一种全球现象，《2010年世界投资报告》资料显示，在过去的几十年中，跨国经营企业的数量呈几何级数增长，规模也越来越大。本章主要介绍跨国公司的含义、特征、类型、产生和发展历程以及跨国公司在世界经济中的地位和作用。

第一节 跨国公司内涵

一、跨国公司的概念

20世纪50年代末，美国田纳西河管理局局长戴维·莱里索尔（David Lilienthal）在美国卡内基大学发表关于企业管理形式将会随跨国经营的发展做出相应调整和改变的演说。以他的演讲稿为基础修改成的《多国公司》一文中，首先提出“多国公司”一词，后来演变成“跨国公司”一词，并被广泛使用。60年代，对跨国公司的实践和研究进入高潮，大学、研究机构、国际组织对跨国公司的名称和定义各有见解，众说纷纭，并无统一规定。

较早对跨国公司做出规范定义的是在哈佛大学国际商学院主持跨国公司研究项目的美国著名教授雷蒙德·维农，他认为跨国公司是指控制着一批在不同国家公司的总公司，跨国公司支配共同的人力及财力资源，共同执行经营战略；跨国公司除了从事出口以及技术专利权转让业务之外，还从事其他多种业务，具有相当规模，总销售额一般都大于1亿美元；分布广泛，至少在6个以上的国家拥有子公司。按照这个标准，据1968年1月统计，美国只有187家跨国公司，在世界各地的子公司和附属机构共有 6000 家，187 家跨国公司的对外直接投资占当时美国对外直接投资总额的 70%以上。

1972 年 7 月 28 日，联合国下设的经济与社会理事会为研究跨国公司所起到的作用以及跨国公司的发展历程，指定一个特别的知名人士小组对其进行研究，并且将其对发展中国家的影响以及对国际关系的影响做了进一步研究。知名人士小组在提交的《世界发展中的跨国公司》报告中提出跨国公司广义定义，即“跨国公司是指在其基地所在国家之外控制或拥有着生产以及服务设施的公司。这样的公司并不一定是私人或股份或公司，也可能是国有的实体或合作社”。[①] 这一跨国公司定义中主要有六层含义：

第一，跨国公司设立分公司的范围一定是在两个或两个以上的国家。

第二，跨国公司必须在所在地当地进行注册，无论是母公司或子公司都要具有独立的法人资格。

第三，跨国公司的行业分布既可以是生产性产业也可以是服务性产业。

第四，跨国公司参资形式既可以是股份公司，又可以是非股份公司。

第五，跨国公司所有权的性质既包括私有资产的拥有权，也包括国有资产的拥有权。

第六，跨国公司一般为大型企业，但也包括一些中小型企业。联合国的材料中明确提出，在跨国公司中，少数的公司占有大部分比重的生产经营活动，同时也存在数量较多而规模较小的跨国公司，即说明跨国公司集中程度是比较高的。

由于跨国公司在世界经济中影响重大，又代表着经济日益国际化、一体化的基本趋势，联合国也专门发布了有关跨国公司的文件，对跨国公司的内涵作了比较明确的说明。1986 年印发的联合国《跨国公司行为守则草案》中第一次对跨国公司下了定义，这个定义也是在国际范围内从工商界到学术界比较有权威和影响的跨国公司定义。

“本守则所使用的跨国公司（Transnational Corporation）一词是指由两个或两个以上的国家经济实体所组成的公营、私营和混合所有制的企业，不管这些经济实体的法律形式和经济领域如何，该企业都是在一个决策系统中运作，并允许相关的政策和共同的战略通过一个或更多的决策中心。该企业中的各个经济实体通过所有权或其他方式联结在一起，因此其中一个或更多的经济实体能够对其他经济实体的活动施加有效的影响，特别是与其他经济实体分享知识、资源和责任”。

---

① 李雪欣.中国跨国公司论［M］.沈阳：辽宁大学出版社，2002.

不同国家、机构以及学者通常根据自身理解和要求，从不同的角度针对跨国公司进行解释，用不同的标准针对跨国公司进行界定，因此形成许多界定的标准以及跨国公司的定义。对于跨国公司的定义，我们可以从三个标准进行理解。

（一）结构标准

我们常常把地域分布、决策和控制权以及所有权等结构要素作为区分跨国经营与否的重要尺度。

（1）跨国公司至少在两个国家或地区有经济实体（在实际经济生活中，真正的跨国公司往往在较多国家或地区都有经济实体）。

（2）跨国公司的这些经济实体的经营活动领域和法律形式可能会有所不同，不过都在同一个决策系统中运行。也就是说，跨国公司不管有多少个经济实体，经营的范围有多广泛，但各个经济实体的各种经营活动都服从于一个最高的决策中枢机构，在不同的地区和不同的经济领域，可以有若干个负责各层次的决策中心，但每一个跨国公司都有领导各经济实体与经营领域的最高决策中心。

（3）跨国公司的所有权被一国以上的公民所拥有；其高级管理者的国籍也一定要分布在一国以上，而且所有权和经营权必须分散于不同国籍人员的手中；跨国公司一般包括所有权隶属国营的、私人的或公私合营的企业以及其他实体。

（二）经营业绩标准

以经营业绩标准对跨国公司进行界定，一般以公司在国外的经营活动中，将其资产额、产值、销售额、利润额以及员工人数与公司总值的比值等作为划分标准。大多数专家学者主张将国外生产额或销售额作为主要指标，而且界定标准为25%。也有学者在实际研究中以国际化比率和跨国化比率来界定跨国公司。所谓国际化比率指的是国外贸易额与企业总销售额之间的比值。跨国化比率指的是国外子公司销售额与总销售额之间的比值。学者们认为真正的跨国公司应该不是出口型的，而是“国外投资型”的，从而其国际化比率和跨国化比率应该高于或者至少比较接近一定的标准。

（三）行为特性标准

作为跨国经营的企业，其业务范围和机构都应是全球性的，其最高领导层应有全球性的战略目标和设想，他们的决策行为应该是公平的，在追求全球范围的最大限度利润的目标下去处理世界各地所面临的机遇与挑战。

二、跨国公司的特征

（一）基本特征

跨国公司在世界范围内是千差万别的，仅从某个国家角度看，其内部的跨国公司在发展程度和经营理念上也存在很大的差异，不过在通常情况下，跨国公司普遍存在如下几个特征：

1. 世界范围开展经营活动

尽管最初的跨国公司是在自己母国开始立足，然而母国并不是它终极的目标。跨国公司放眼全世界，要在全球范围进行业务扩展，向整个世界的市场销售其商品并提供相关服务，以在全球的市场竞争中来不断扩张和发展为目标。它将其生产经营的基地向许多国家进行渗透，在那里创办分支机构和企业，从事国际生产及营销活动。到那时，母国则很有可能不是其最大生产基地及最大销售市场，或许在母国不拥有它最大多数的股东以及大多数的雇员，到这个时候它也就成为真正的世界性企业。

2. 对外直接投资

一般来讲，进行资本对外输出被分为直接投资和间接投资两种方式。间接投资指的是通过购买外国公司证券实现对其的控制和所有，通常不参与具体的公司管理，因此投资方不必承担任何风险。直接投资与之相比则要承担相当大的风险，直接投资指的是投资方具体参与一个企业的经营管理，拥有企业的所有权和控制权，不仅享受经营利润的同时，而且需要承担风险。跨国公司一般是以全球作为它的活动载体，因此通常会选择直接投资来作为其进行业务扩张的手段。直接投资的形式不仅包括在东道国以独资形式建立企业和分支机构，而且还包括与东道国企业采取合资形式共享利润及共担风险。

3. 实现全球化战略

通常跨国公司会将全球市场作为其活动的舞台，进行资源的全球化最优配置，在全世界范围内追求最大利润，以实现全球化发展与扩张。如在认真考察世界各国比较优势的基础工业上，美国波音公司将制造飞机过程所需要的 7000 多个零配件的生产分散到数十个国家，最后在美国将这些零件进行组装。所以在世界范围内，波音公司合理配置产、供、销网络系统，并追求利润的最大化以及生产要素最优化的国际配置。跨国公司的总部制定具体方针和政策，紧紧抓牢了战略决策的部署，并对其投资方向和重点项目、产品研制与开发、各国目标市场确定及其开发、重大价格决策的制定、利润的控制和分配等重大问题，进行全面安排和统筹决策，并对这些安排和战略决策因时、因地进行不断调整，只要这种全面安排和统筹决策是正确的，即使一时出现了损失，如某一公司出现亏损或某一国市场出现亏损等，也不会对总公司的决策有影响，公司仍然坚决地贯彻执行正确的战略决策，追求整个公司综合的、整体的、长期的、最大的利益。

4. 管理一体化

跨国公司总部通常是进行最终控制和最高决策的中心，它使设立在各国的分公司的行动能够协调一致，它行使了集中决策权和统一控制权，具备相互协调与分级管理的职能，在各个跨国公司内部实行管理的一体化，而这种管理一体化非常有助于跨国公司实现其全球化经营战略。

（二）20 世纪 80 年代后跨国公司发展新特征

20 世纪 80 年代中期，尤其进入 90 年代后，受科技革命以及日益紧密的国与国之间经济联系的影响，各个跨国公司在经营战略、发展规划和生产格局上都作出重大调整。致使它的发展有如下新的特征：

1. 从独立创建新企业走向采用并购战略

1950~1975 年，美国有 180 家跨国公司在海外建立了 1.3 万余家子公司，其中新建的公司占 56.6%，然而进入 90 年代以后，这个比例缩小至 32.5%。根据《1996 年世界投资报告》，1988~1995 年，包括通过证券投资进行兼并与收购在内的全球跨国公司的并购总额增加 1 倍，达到 2290 亿美元。以地区看，西欧地区跨国并购数量为全球之首，而且大多是发生在欧洲联盟内部的并购。而从金额看，美国在跨国并购上占有最大的份额。1995 年日本发生的跨国并购比 1994 年增加 3 倍，颠覆其传统的偏好于破土新建的扩张模式。仅 1997 年上半年，日本进行并购的跨国公司数量至少达到 74 家，大大超过 1996 年的 49 家，并购金额超过 10 亿美元。跨国并购的逐渐增多反映出经济全球化的趋势。然而跨国公司这一时期的并购战略与 80 年代以前将企业视为商品而进行买卖的并购战略有所不同，发展出一些新的特点：第一，并购的主要动机是扩大公司规模，将规模经济视为公司发展的战略，通过规模经济降低成本，从而提高公司竞争力；取长补短，优势互补，增加产品技术含量，占领科技的制高点；通过绕过贸易壁垒，减少了产品销售阻力，并开拓了区域集团内部其他成员国市场。这与过去以融资兼并来吞并其他企业的方式，或在兼并之后将新公司的资产进行分割出售，以牟取股票升值利益为原则的公司兼并方式有本质的不同。第二，并购的发生并不是大鱼吃小鱼，而是大鱼吃大鱼，即大企业并购其他大企业。如瑞士两家大型的跨国医药集团公司桑多与巴塞尔—盖古合并，涉及金额达600亿美元。第三，跨国公司的并购主要是在一些欧美以及亚洲工业化国家中展开，对于广大发展中国家来说，尤其非洲和拉美的一些国家，几乎在短期内没有受到丝毫影响。

2. 对外直接投资从一元化转向多元化战略

对外投资战略的转变主要体现于如下两个方面：一是进入20世纪90年代后，跨国公司资金投入重点逐渐从发达国家向发展中国家转变，对外直接投资地区也开始呈现多元化特点。据有关资料统计，全球1997年对外直接投资与1996年相比，流入发展中国家比例有所下降，而流入发达国家比例却上升，其主要原因是东南亚金融危机所造成的结果。这个阶段可以看出，发达国家对外直接投资流出额大于流入额，体现出资本净流出；发展中国家对外直接投资流出额则要小于流入额，体现出资本净流入。我们由此断定，世界资本投入的重点已逐步从发达国家向发展中国家转变。我们同时也可以看出，伴随发展中国家经济的迅速发展，其与对外直接投资总额的比值呈现上升趋势，在世界经济中所占的地位不断提升，势必导致出现了对外直接投资地区结构的多元化趋势。二是对外直接投资向服务业加速倾斜，开始呈现多元化直接投资产业结构。20世纪80年代中期，对外直接投资从以制造业为主开始逐步向以服务业为主转变，投资的重点也从第二产业向第三产业转移。

3. 直接投资战略向契约化战略转化

20世纪80年代前，直接投资是跨国公司占领国际市场的主要经营战略，80年代后，随着区域性集团蓬勃发展，各国及地区贸易保护主义则日趋抬头，导致跨国公司直接投资战略遇到极大困难，为降低风险、提高利润、克服障碍，跨国公司开始逐渐摒弃传统直接投资模式，逐步向协议合同等契约式经营战略转变，即跨国公司向与其签订协议的海外企业提供商标、专门知识、管理的方式，或向协议企业提供企业形象设计、产品等，进而取得海外经营权。契约式经营战略的核心就是合作合同，其可供选择的战略安排则有多种方式，专有权转让、许可证转让和分包合同则是其最基本的三种形式，同时也是目前比较常用、发展较快的形式。

（三）跨国公司全球化时期的新特征

随着全球化时期的到来，明显增加了世界各国间经济相互依存程度，日趋密切了国家之间的经济联系，各国倾向于对外开放，为推动本国的经济发展则普遍采取外向型的经济策略。

首先，跨国公司从以“市场竞争”、“资源竞争”为竞争重点向以“科技竞争”为竞争重点转变，跨国公司确立“知识优先”的先进理念，树立新的竞争观念，即将知识作为企业核心资源。跨国公司近年来出现一个较明显的变化——由物品的生产逐步转向高新技术和优质服务的生产。现代企业价值的来源是其获利能力而不是资产的多少。与传统企业相比较，企业的研发战略和研发投资力度是决定现代企业获利能力程度的主要因素。也可以理解为，数量空间（包括产量及价格）将不再是跨国公司之间的竞争焦点，新的竞争焦点是在特定技术与市场条件下公司的正确定位能力。

其次，跨国公司之间的国际竞争从以前产品竞争逐渐转向组织竞争。生产要素结构在知识经济中发生了本质的变化，从大规模集中生产方式逐步向灵活分散生产方式转变。企业间竞争不仅是其产品和服务的竞争，还包括企业间网络能力的竞争。研发网络在诸多网络中是一项重要的支撑，跨国公司研发网络竞争力的大小，直接影响其参与全球化竞争的成败。尤其处于知识经济时代，除了能在内部顺畅传达信息以及进行创新外，企业研发网络还可以通过外部系统获取有效的信息，对网络进行自我增强和自我否定，最终形成实现报酬递增的反馈机制。所以跨国公司如果要在知识经济中取得优势的竞争地位，则必须建立起全球范围的研发网络，让企业的创新能够超越传统组织以及文化的限制，形成凌驾于企业、产业以及国别之上的研发网络体系。

最后，合作竞争与“双赢”战略成为跨国公司间竞争的主旋律。社会的经济活动基础是分工与合作。在全球经济一体化的背景下，跨国公司之间更加激烈竞争的同时，进行合作的倾向也非常明显。一些麦肯锡公司的高级顾问认为，对于大多数成功的跨国公司来说，它们早已摆脱完全损人利己进行竞争的方式。有相当数量的跨国企业集团都逐渐感悟出一个道理，企业间长期势均力敌的争斗会使彼此枯竭财力和智力，将资源耗尽，由此很难应对今后的竞争与创新。尤其在当今全球化的市场竞争中，社会技术进步的日益加快，单个企业力量都是极为有限的。即便存在一些实力雄厚的跨国公司，但当它们在巨大竞争压力的面前，仅仅依靠自身资源能力并不能实现其宏伟的战略目标。因此为增强竞争优势以及降低由于进入全新技术领域而面临的风险，跨国公司就要与其竞争对手合作以达到“双赢”目的。跨国公司的研发投资势必受到合作竞争战略的影响，这是由于跨国公司之间大部分合作为技术性合作，跨国公司通常在海外新建研发机构用以推动合作项目向纵深发展。这在一定程度上起到推动研发全球化深入发展的作用。

三、跨国公司的类型

跨国公司可从不同角度划分为不同类型：

（1）按跨国公司母国的经济属性，可分为发达国家的跨国公司和发展中国家的跨国公司。由于发展历史、发展的理论和背景不同，二者在规模、实力、经营行为和方式上都有差别。

（2）按经营规模，可分为巨型、大型、中型和小型的跨国公司。由于众多复杂的原因很难形成统一明确的划分标准，但公司之间的规模区别还是存在的。一般认为销售额在10亿美元以上的为巨型或大型，而10亿美元以下的为中小型。

（3）按经营决策的中心不同，可分为民族中心型、多元中心型、全球中心型的跨国公司。民族中心型跨国公司以本国的权益或母公司的权益为决策前提；多元中心型跨国公司以众多子公司的发展为决策基础；全球中心型跨国公司以公司的全球利益和机会为决策依据。

（4）按主要经营的领域和项目，可分为资源型、制造业和服务业的跨国公司。资源型跨国公司，主要经营行业是种植业、采矿业和石油开采业等。制造业跨国公司，主要从事加工制造活动，最初以加工装配为主，随着当地工业化程度提高转向资本货物部门和中间产品部门生产经营。服务业跨国公司，主要以提供技术、信息、管理和营销诀窍等服务为主，如跨国银行、保险公司、咨询公司等。

（5）按经营结构的不同，可分为横向结构型、垂直结构型和综合型的跨国公司。①横向结构型也称专业结构型。公司内部、母公司和子公司之间没有严格的专业分工，同在某一个或几个行业进行生产和经营。公司内部分工主要是地区分工，表现为产品生产地和销售市场的地理分布多样化，其特点有：能够取得内部转让具有优势的无形资产和生产要素的利益；便于绕过贸易壁垒，维持和扩大市场；利于降低生产成本、扩大生产规模；容易在经营行业中加深竞争程度；市场适应能力较弱。②垂直结构型也称垂直多角化型。公司内部、母子公司之间实行分工，各自在不同但相互关联的行业从事生产和经营。其又可分为两种：一是母公司和子公司在不同行业内生产经营相互关联的产品，如母公司和各子公司分别从事资源勘探、开采、提炼、加工制造和市场销售等业务；二是经营同行业的不同加工程度的产品。其特点有：能够利用内部化转让无形资产和中间产品的优势；深化分工，促进母子公司之间的协作；有利于扩大生产规模、增加经营的垄断性；应变能力较强；需要较强的组织和管理能力。③综合型也称综合多角化型。公司内部、母子公司分别在多个互不相关的行业从事没有联系的产品生产和经营。其特点有：可充分利用跨国公司的经营资源；能有效地分散和减少企业风险；较大地增加了公司的市场应变能力；有利于企业资金的合理流动分配，防止过剩资金的形成；公司内部业务联系较少，需要较高的管理成本。

第二节　跨国公司产生与发展历程

跨国公司产生可以追溯到16世纪。英国的东印度公司于1600年成立，作为殖民主义对外侵略的工具，它垄断了英国与印度及远东的香料、丝绸、棉织品等商品的贸易，在事实上已经具有了跨国公司的雏形。英国的伊凡·亚历山大撰写的《真正的资本主义》一书对其进行了详细介绍：英国女王伊丽莎白一世于1600年12月31日授予一群“特定冒险家”特许状，特许他们开办公司，全称为“在东印度群岛进行贸易的伦敦商人的公司与总督”，简称为东印度公司。特许状授予该公司与东印度群岛之间的“全部、完整和惟一的贸易”。除获得了该公司及其制定法律许可的人，特许状规定禁止其他任何人对东印度群岛进行贸易往来。授权东印度公司对违犯者可以处以罚金甚至监禁，以维护东印度公司垄断经营的权利。东印度公司以及其他类似公司是现在人们公开提到股份有限公司的前身。但具有现代意义的跨国公司则出现于19世纪中叶。从第一家跨国公司于1868年建立到现在，跨国公司的发展经历了起步、缓慢发展、快速发展和空前扩大四个阶段。

一、起步阶段

19世纪中叶，人们广泛使用内燃机为动力的交通工具，以及机械产品生产中标准化程度不断提高而引起规模经济潜力迅速增加等，极大地拓展了企业经营的空间，很多欧美企业尝试进行跨国生产与销售。美国胜嘉缝纫机公司是世界上首家具有实际意义的跨国公司，这是第一家以追求满足全球市场需求为目标的跨国公司，同时也是第一家在全球范围内大量生产和销售同一种产品的企业。胜嘉缝纫机公司于1851年获得缝纫机的发明专利权。为满足欧洲市场对公司产品的需求，该公司于1868年在苏格兰格兰斯哥地区设立自己的工厂。继胜嘉公司海外投资之后，德国的西门子公司和拜尔化学公司、美国福特汽车公司和美孚石油公司、英荷壳牌公司以及瑞士雀巢公司等，以在国外建设分厂和分公司形式陆续开展向海外直接进行投资活动。截至1913年爆发第一次世界大战前夕，英国跨国公司在海外子公司的数量达到了140家，欧洲跨国公司在海外达175家子公司，美国跨国公司海外子公司达118家。

早期跨国公司进行对外直接投资的主要原因是为了取得新的资源和市场，多数流入发展中国家的直接投资主要以资源为目标，而多数流入欧美工业化程度较高的国家和地区的直接投资则基本上是以市场为目标的。英国对欧美工业化国家直接对外投资最多，其次是法国、德国以及美国。从中我们还可以发现，欧美跨国公司所选择投资的行业是不同的，英国跨国公司以消费品和加工行业为主，美国跨国公司生产经营领域主要集中于大规模的资本密集型生产以及装配领域，而欧洲大陆跨国公司则侧重于在电气工程和化工行业开展生产经营活动。

二、缓慢发展阶段

许多参战国在第一次世界大战中遭受巨额经济损失，战争结束不久，世界又爆发三次经济危机，尤其是1929~1933年经济的大萧条，严重地打击了欧洲主要资本输出国所进行的跨国经营活动。英国对外直接投资额占世界投资总额的比重，从1914年的6%下降至1938年的3.98%，法国从12%下降至9.5%，德国则从10%下降至1.3%。与此恰恰相反的是，美国对外直接投资从18.5%上升至27.7%，美国成为排名第二的资本输出国，仅次于英国，并且是世界主要的债权国，美国跨国公司数量由118家猛增至779家。与此同时，随着科学技术快速的发展，跨国公司所投资的范围也进一步扩大，其投资部门也明显增加。因此在这一时期，即便西欧各国跨国经营的增长缓慢，美国跨国公司却迅速发展并且逐渐走向成熟。

许多国家由于受到战争以及经济萧条等因素的影响，提高关税水平并且加强进口管制，这也促使企业运用跨国生产以代替出口贸易。英国学者邓宁通过研究得出结论，企业在这一时期的跨国经营中，其经营方式呈现多样化，大幅度增加了内部交易的数量和规模，出现了多样化经营和纵向一体化经营，而且，跨国兼并和收购活动的增长要比新建企业增长的速度更快，国际性联合企业由此快速地发展起来。

三、快速发展阶段

跨国公司在“二战”结束后经过短暂恢复，逐渐进入高速发展的时期。20世纪70年代以后，跨国公司海外经营呈现出了蓬勃发展的局面，许多大型公司以及众多的中小型公司纷纷加入跨国经营的行列中去，跨国公司数量迅速上升。据联合国跨国公司研究中心1980年进行的统计，得出以下结果：

第一，全世界对外直接投资总额呈现迅速增长的态势，从1945年投资200亿美元迅速增至 1978 年投资的 3696 亿美元，总共增长 17.6 倍，年均增长率为 9.2%。

第二，跨国公司总数大大增加。1949 年，全球跨国母公司仅有 512 家，1956 年总数增至 1724 家，1963 年增至 4068 家，1968 年增至 7276 家，1978 年全球跨国公司总数达到了 10727 家，其中海外子公司的数量更是惊人。

第三，跨国公司地区分布更广泛，到 70 年代末，跨国公司投资遍布了全球 160 多个国家以及地区。

第四，进一步扩大跨国公司产业分布，早期跨国公司的对外直接投资范围主要集中于铁路、石油、矿产等初级产品生产的行业，“二战”后，逐渐向制造业以及服务业转变。

第五，无论是从数量上还是规模上看，美国跨国公司都已超过英国，呈现出企业规模最大、所建立海外子公司数量最多、对全球贸易及投资最有影响等特征。

无论在发达国家内部或全世界范围看，进一步集中和加深了跨国公司的垄断程度。美国学者托马斯·戴伊于 1983 年出版了《谁掌管美国》，在书中他指出：“美国经济权力是高度集中的。在美国大约 4500 人（占人口十万分之二）对美国半数以上工业资产、半数以上银行资产、半数以上交通运输业以及公用事业和超过 2/3 保险业资产都行使法定权威。这些领域中的这些人就是美国最大公司的董事长、董事和总经理。权力集中于这些少数人手里的原因就是因为工业以及金融资产集中在少数大型企业的缘故。”

之所以美国跨国公司迅速崛起，与“二战”后全球特殊的政治和经济环境不可分割。经过分析具体有以下几个方面的原因：

（1）欧洲国家在“二战”后一片废墟，国内千疮百孔，即使英法等战胜国也不例外，使欧洲国家政府把主要精力放在了重建家园和恢复国内生产上。而由于美国本土未曾遭到战争破坏，因此战后经济实力远远超过所有的资本主义国家经济实力之和。美国利用其协助西欧各国进行家园重建的机会，迅速扩大对西欧各国直接投资的规模。同时，由于确立了布雷顿森林体系，美元成为世界货币，极大地帮助美国跨国公司进行海外发展。另外，技术开发以及市场营销优势也增强了美国跨国公司的竞争能力。

（2）科学技术革命促使跨国公司加速发展。迅猛发展的第三次科技革命一方面极大加强了资本全球化的趋势，发达国家之间国际分工进一步得到深化，全球范围内分工协作以及生产专业化的发展也达到一个新的高度，这使发达国家发展得到极大的促进；另一方面，第三次科技革命推动电子计算机、现代化的交通运输工具和通信技术迅猛发展并广泛应用，促使跨国公司在全球各个国家及地区有效进行生产的组织以及销售等活动，使其国内母公司更加集中而灵活地针对各国子公司的经营活动进行管理。

（3）国家大力支持私人向海外直接投资，这对跨国公司进行扩张起到非常重要的促进作用。各国政府极力鼓励和支持跨国公司进行海外发展，具体来说政府一般会以对外援助的名义直接进行资本输出，因此而带动私人对外直接投资的发展，政府还针对跨国公司的税收实行优惠政策，鼓励其向海外进行投资以及再投资，政府还采取向跨国公司直接提供科研和发展的补贴政策，由此增强跨国公司国际竞争力等。

（4）发达国家由于竞争加剧促使其加强资本的相互渗透，同时也使跨国公司得到迅速发展。跨国公司在确立垄断地位后，竞争和垄断并存，使竞争更激烈。而随着全球竞争加剧，使一些垄断企业更多地开始通过在海外投资建厂以扩充自身实力。竞争不仅体现在企业之间，也体现在国与国之间，各国实力的对比更加促进跨国公司发展。

（5）政府扶持及资助。母国政府对跨国公司提供的全力资助是促进跨国公司发展的重要原因。这方面最突出的例子就是跨国企业与美国政府的联系。“二战”期间，美国政府由于战争需要，迫切要求军工企业提供军备方面的支持。在战争中这些军工企业显示出强大的财力和创造力，才使得美国战时机器正常运转，而各大企业也趁机大发横财。同时，由于战争期间美国政府对紧缺能源和物资的需求，为了便于对这些资源控制权的掌握，开始主动与一些企业合作，最终使美国政府与提供这些资源的大型企业之间的联系得到了加强。在冷战中，受到意识形态影响以及与苏联对抗中争取胜利的需要，美国政府与跨国公司的联系达到空前紧密的地步，双方对任何关于反对其合作意见可以置之不理，其合作的共同目标是在全球范围内扼杀共产主义。美国政府同美国跨国公司之间的利益捆绑在一起，美国联邦政府认为跨国公司在海外的扩张是其利益自然的延伸。自此以后，美国政府与跨国公司之间的联系机制已经被固定下来。在这方面的一个例子是，1969 年 12 月海外私营的投资公司的建立就是美国联邦政府对发展中国家进行私人投资的主要工具。作为半自治政府的保险公司，海外私营投资公司为那些想向国外进行投资的公司提供诸如投资担保、投资保险以及研究方面的贷款等。而这些支持没有任何其余的监督或附加条件。在里根及老布什执政的年代，美国政府不仅对工商业采取了自由放任政策，还以强调“全球经济”和“全球商业”的方式而进一步协助美国跨国公司在海外占据地盘。

四、空前扩张阶段

跨国公司推动了全球经济一体化的进程，与此同时，全球经济一体化又反过来促使了跨国公司不断进行重组、改革和调整。在全球范围内，跨国公司进行投资、研究开发、生产以及贸易等活动，将自己处于优势的资金、人才、技术和管理等资源与东道国的优势相结合，实现有效利用资源的目的。在实施全球化战略方面，跨国公司最大的举措是跨国并购以及跨国战略联盟的建立。跨国并购基本的原因是战略调整与业务重组。在 20 世纪 90 年代，尤其是 90 年代中期以后，全球的并购规模迅速扩大。全球并购案在 1990 年达到 11300 次，所涉金额达到 4000 亿美元；在 1995 年达到 22700 次，所涉金额达到 8000 亿美元；1997 年的数量是 1995 年数量的 2 倍；1998 年并购案数量又比 1997 年增加了约 50%，跨国公司全球并购的金额达到了 2.2 万亿美元，并出现多起超大规模并购案；仅 1999 年上半年并购案所涉金额就达到了 1.5 万亿美元，其中超过 500 亿美元的一次并购就有好几例。跨国公司发展至高级阶段的标志是跨国战略联盟的出现，跨国公司之间通过建立战略联盟，把以前竞争对手转化为合作者来对付新出现的竞争对手，目的是尽快控制全球新兴产业和主导产业。跨国战略联盟在 20 世纪 80 年代已成为一种普遍形式，在 90 年代得到迅猛发展，全世界各种联盟数量已达到上万个，联盟形式也从产品领域向研究开发领域发展。

第三节　跨国公司在世界经济中的地位

由于新贸易保护主义的盛行和世界经济区域集团化的不断发展壮大，企业进入国际市场的难度加大。20 世纪 80 年代起，一些大型跨国企业就已经开始迈向无国界化，这样可以突破东道国所设的贸易壁垒，逐渐降低研究、试制以及生产的成本，不断扩大市场份额，实现优势互补。90 年代以来，世界经济得到迅猛发展，发达国家之间在这个过程中的国际直接投资的主要形式表现为跨国公司的兼并与收购，在当代海外直接投资中这一形式也占有极其重要的地位，海外直接投资发展的速度也大大加快了。

一、促进国际贸易发展

（一）跨国公司影响国际分工

产业组织理论在早先就已经揭示了社会化分工相对于家庭作坊和一般手工生产更有意义。这种有效分工的应用，早期就已被跨国企业延伸至国际，如今，生产分工已被全球化运作的跨国企业进一步运用，在价值链的各个增值节点上体现出来，给国际分工进一步的深化提供了微观基础。

最终产品之间体现国际分工价值，然而国际贸易是实现国际分工的惟一途径。在经济全球化的背景下，跨国公司经营已实现了区域一体化甚至全球一体化。跨国公司分散于海外的各个子公司已与母公司和其他子公司保持高度一体化，而不是像过去那样进行独立经营或仅与母公司有一定联系而已。依据不同区位而建立在生产要素密集度上的比较优势，把生产活动和其他的功能性活动更加细致地进行专业化分工。跨国公司每一个海外子公司的服务对象是跨国公司整个系统所辖的区域市场，可能甚至是全球市场，而不再是以往独立于国外某个市场或处于分散的状态。因此，跨国公司整个体系内的产品、人员和技术在各国子公司之间流动的程度更强，各个子公司间的联系更加紧密，跨国公司的分支机构进行经营活动促使建立世界各国生产过程的有机内在联系，进而构成全球生产体系的实体部分。

（二）跨国公司影响国际贸易规则

跨国公司现已成为资本国际化投资和生产的重要经济载体，在参与国际经济合作和全球贸易过程中，形成一系列的制度及条款，逐步使全球化经济得到发展和完善。跨国公司成为本国进行对外贸易规章制度的制定者，同时也是其重要参与者，所以跨国公司对制定和完善相关国际贸易规则起到重要的作用。跨国公司在进行国际市场开拓过程中，通常要打破原有贸易规则，促使全球贸易规则不断进行改革和完善。特别是处于发展中国家的跨国公司为消除贸易壁垒、贸易歧视性政策以及地区性保护主义而提出相应的提案和意见。这些提案和意见使国际贸易的规则走向更加完善与合理，有效地保护了发展中国家跨国公司的正当权益。

（三）跨国公司的发展促进国际贸易规模的扩大

跨国公司目前已经成为一股重要力量，促进国际贸易的发展。跨国公司由于发挥了重要作用，促使许多发达国家进行对外贸易的增长速度不断加快。很多大型跨国公司面临着全球化的竞争与合作，为了不断提高其生产能力，进行国际化大规模的生产，为国际贸易的顺利开展而奠定雄厚的物质基础。多领域对外贸易的开展，实行全球性经营，这些都会对国际贸易规模扩张起到一定的促进作用。如在合并之后惠普已在全球PC机市场排名第一，亚太地区拥有巨大的增长潜力，惠普公司将其作为主要的市场竞争地区，扩大该地区的贸易规模，而且伴随着不断加大相应的投资、研发、制造和销售力度，这一地区经济贸易的快速发展也得到了极大的促进。我们还可以看到，许多跨国公司不断地在国外新建或者扩建子公司，同时兼并和收购外国企业，并将原材料、半成品和生产设备提供给外国子公司，极大地推动了国内技术和产品的出口。

二、促进资本国际流动

随着全球化经济的不断深入发展，跨国公司的全球性经营战略已经成为国际资本流动的重要影响因素，跨国公司的对外直接投资已经成为国际资本流动最重要的组成部分，加强了国际生产资本和借贷资本的国际流动，使国际货币市场、证券市场、外汇市场等获得了迅速发展。

跨国公司不断增加直接投资，不但直接加大了国际间资本的流动规模，而且带来了资本流动方式的改变。首先，跨国公司一般通过本国的商业银行进行融通投资的长期资本，这使得国际资本流动中的境外商业资本尤其是外汇资本增加；其次，跨国公司，尤其是来自欧洲和北美的大型跨国公司为追求利润最大化以及防范金融风险，越来越青睐于直接融资，通过国际资本市场证券组合投资、债券投资方式进行融通资金，这促使市场因素更加影响国际资本的流动力量；再次，内部融资是跨国公司投资企业的主要方式，跨国公司利润将用于使用或进行再投资，也就是说，跨国公司的部分资本流动方向和方式是对外的；最后，在金融市场一体化以及金融自由化的形势下，跨国银行贷款以及证券组合投资，并不是投资在自身所能控制的经营活动中去，往往是受到短期利益的驱使，所以比生产型跨国公司以及服务型跨国公司资本更加具有流动性。

（一）跨国公司的财务活动与国际资本流动

跨国公司的经营目标同样是追求利润的最大化，它们会依据全球资源配置的战略决策进行资本转移。跨国公司实力雄厚，所需资金庞大，且涉及众多国家和多种货币，因而它的财务活动必然对国际资本流动产生重要影响。

下面就从跨国公司财务管理的角度分析其跨国资本流动的途径。

1. 从资金来源角度分析跨国公司的资本流动

跨国公司的资金来源，即筹资渠道多种多样，主要包括跨国公司的内部融资、商业信用融资和国际金融市场的融资。

跨国公司内部融资是跨国公司统一安排海外子公司，使各子公司能够从母公司或其他子公司获取短期资金。跨国公司下属的各海外子公司提取折旧费用和未分配利润就构成公司内部的资金。公司内部资金由公司完全拥有并自由支配，为跨国公司能够进行内部融资而提供物质基础。

商业信用融资指的是跨国公司能够从母国或者东道国商业银行、政府机构和其他金融机构获取贷款。

国际金融市场的融资指的是在国际金融市场上跨国公司公开发行股票或债券，也就是向国际社会进行筹资。

2. 从资金运用角度分析跨国公司的资本流动

跨国公司资金运用方面主要包含投资、贸易、长期放贷以及外汇风险管理。

跨国公司国际直接投资的规模一般来说是很大的，因此所带来的追加投资、利润产生和清盘撤资等一系列资金活动也具有相当大的规模。各大跨国公司近年来的海外直接投资开始进入较快发展的时期，已经日益成为国际资本流动重要的组成部分。因为跨国公司一般会拥有大量以各国货币表示的现金和流动性强的资产，流转的速度也相当快，从而成为国际间金融投机的主要资金来源。外资流入为证券市场国际化提供巨大动力的同时，也对上市公司以及监管部门能尽快地适应国际规则方面提供巨大的帮助。

跨国公司为获取大量放款利息把闲置资金投放于市场中而进行长期放款，但各个跨国公司通常会有意识地隐瞒这方面的投资活动，一般利用跨国银行进行贷款转手，也就是跨国公司先将资金存进该银行，之后该银行将这笔资金放贷回去。如果是放贷给国外子公司，将会收到减少或避免风险的益处。因为通常东道国政府为顾及本身形象，不会限制当地外国跨国公司子公司支付贷款利息给国际性银行。东道国政府一般会以各种借口来限制子公司向母公司支付贷款本息，这种长期的放款同样会引起资本国际间的移动。

国际贸易的交往中，跨国公司引起货币资本的国际流动，被称为贸易资本流动。债权和债务关系是由于国际贸易而形成的，如出口方提供给进口方延期付款信用或者进口方提供给出口方预付货款，再如在结算中出现早付迟收或早收迟付的现象，均会形成债权和债务的关系，从而形成短期资本流动。对这些债务如果进行偿还，同样造成了短期的资本流动。

跨国经营的基本特点就是汇率变动所带来的风险。这些风险既可能增加公司价值，也可能减少公司价值。因此，在国际金融市场动荡不定的环境中，跨国公司外汇风险管理就显得非常重要。当跨国公司不能公然开展外汇投机业务而东道国的外汇汇率马上发生变化时，跨国公司一般通过延迟或提前支付期限来降低外汇风险。具体而言，当外汇表现坚挺时，跨国公司应提前支付外币的应付账款而延期收回外币的应收账款；而当外币表现疲软时，跨国公司应当延迟支付外币的应付账款而提前收回外币的应收账款。跨国公司在实践中对流动资本需求及当地政府针对外汇交易而进行的管理都将会对更改期限实施加以限制。

（二）跨国公司转移定价和国际资本流动

随着跨国公司迅速在海外开展业务，公司规模也会日益扩大，跨国公司内部交易量在国际贸易中占的比例也会越来越大。据联合国统计，跨国公司目前的内部交易额占世界总贸易额的1/3。也正因为这样，跨国公司内部的贸易价格不断变动，导致资本在国际间频繁地移动。

跨国公司在全球范围进行运营，不仅需要充分利用众多资金市场来进行筹资以及投资，而且需要整个公司的体系内部进行资金的统筹和调度，集中使用多余资金，将其投资在能够产生较高利润的领域。但在不少东道国，尤其是发展中国家制定出许多限制性的规定对外资调度进行限制，如限制利润汇出东道国等。跨国公司通常运用诸如转移价格手段，以较高转移价格而向设在东道国子公司发货或者以高利率的贷款方式把资金以利息方式调出，从而规避东道国针对资金转移的限制。

跨国公司根据经营需要，一般通过转移高价或转移低价的方式进行账面利润水平的调整。跨国公司采用转移价格的手段来促进国外子公司的建立和发展。子公司在当地如果面临激烈的竞争局面，或是子公司要夺取新市场，通常跨国公司会采用转移低价的方式，以此降低子公司经营成本，提高子公司价格竞争力。低价格高利润模式也能够提高子公司的信誉，能够使子公司在当地顺利地进行融资活动。

在以下情况下，跨国公司对子公司资金、商品、技术和服务制定高价：跨国公司在与东道国合营的企业里，为了减少纳税进行利润的转移，也可能是为多分利润并且将其从合营企业中调出，也可能为避免当地合营者瓜分增加的利益；如果跨国公司子公司有非常高的利润率则可能吸引众多的潜在竞争对手进入该行业或者该市场；跨国公司当遇到子公司出现劳工提高工资以及福利待遇压力时，希望降低子公司账面利润额；跨国公司子公司东道国政府可能以产品成本作为标准而对现行价格进行严格的控制；跨国公司子公司可能存在被东道国国有化或被没收等政治风险。在以下情况下，跨国公司对子公司资金、商品、技术和服务制定低价：跨国公司子公司进口可能遇到高关税的障碍，为减少关税对其的影响，也可能是东道国实行了外汇定量配额制度，也可能是东道国限定进口商品价值量等方面限制措施；跨国公司子公司东道国所得税的税率明显低于母国税率；跨国公司子公司在东道国市场遇到强大的竞争对手，难以进行市场渗透，或者开拓新的市场；跨国公司子公司所在国的通货膨胀率明显低于母国。

三、促进技术国际转让

跨国公司是世界经济发展的主体，当前跨国公司已掌控了世界上 80%以上的专利权，技术优势使它们成为世界霸主。近几年，国际技术贸易的迅猛发展已经远远超出有形商品贸易的发展，这足以证明了专利技术转让的重要程度。专利技术越来越受到跨国公司的重视，转让专利技术已经不是简单的商品出口，单凭商品出口不能达到扩张的目的。

（一）跨国公司的无国界经营战略需要技术转让

跨国公司的发展首先表现为经营规模的扩大和经营地域的扩展。受到海外公司数量和规模增长的影响，跨国公司利润在海外占公司总体利润的比重越来越高，此时利益重心已经悄悄转移，即使公司总部仍在母国。跨国公司往往站在多国甚至全球的角度制定经营战略，跨国公司无国界经营战略是从公司整体利益的角度出发，决定利益的取舍。而在公司的具体经营活动过程中，技术研发只是单纯地集中在某个特定的地区和部门，但技术的使用却是十分分散的，这正是技术转让的职能体现。而专利技术的转让却促进了跨国公司无国界经营战略的实施，体现在以下几点：优势资源在全球范围内合理配置；公司的利润总额最大化和分布最优化得到彻底保障；东道国国门被产品这把金钥匙打开。

（二）跨国公司以技术为载体进行投资来追求利润最大化

跨国公司这种营利性的经济组织，它以追求整体利润最大化作为经营发展的最终目标。以前，跨国公司通过优势产品的出口来实现利润最大化目标，但随着当前经济法规和贸易保护政策的加强，通过优势产品出口这条渠道已经行不通了。因此，以技术为主要投资载体的途径悄然而生。由于全球市场对技术的需求远超过对产品的需求，那么跨国公司使用优势技术的这条途径成为可能和必然。专利技术作为一种无形资产，这种新型商品，在研发成本和衍生价值上都难以掌控，对于技术购买者而言很难精确估计价格，跨国公司单方面掌握价格决定权，因此技术转让中处于有利地位，并能获得较高利润。国际技术的转让，大多表现为技术使用权的转让，而不是所有权的转让。跨国公司可以同时向两个及以上的技术购买者转让相同的技术，自己却仍然能够对该技术进行有效控制和使用。

（三）跨国公司加大技术进口力度来对抗贸易保护

一些国家，为保护本国的工业免受冲击，实行贸易保护政策。综观世界各国的贸易保护措施，大多重点都放在对有形商品进口的限制上，却忽视了技术的输入，对技术的引进则仅仅采取宽容和鼓励的态度。而从另一个角度考虑，加大技术进口的力度，事实上发展了跨国公司技术转让。而实际上，跨国公司的最基本优势要素就是资金和技术，那么二者同时投入的结果无疑就是优势化产品的诞生。国外的投资和先进的技术与东道国的优势要素进行有机结合、合理配置的同时，优势产品在当地生产同时在当地进行销售，这进一步有效地消除了贸易保护的消极影响。

（四）跨国公司技术使用寿命的延长可以通过技术转让实现

随着跨国公司技术研发能力不断的发展和增强，伴随着高新技术的日新月异发展，单项技术的使用寿命变得越来越短，使技术研究成本和技术生产效益的相对性倒置。而当前众多跨国公司的成功经验证明，只有不断地更新技术，变相地延长其使用寿命，才能使公司的效益最大限度地发挥出来。当跨国公司将本国处于成熟阶段的技术转移给技术还不够发达的国家和地区来延长技术的使用寿命时，实际上等于延长了依靠该技术带来的利润时间。一般的做法是遵循技术梯度规律，将技术进行逐级转让形成一个梯度。一般而言，公司都会先选择经济发达且技术层次高，市场容量大且利润丰厚的国家和地区实施转让，当该技术在这些国家或地区达到成熟期或淘汰期时，再将该技术转让给次一级的国家或地区，依次类推。由于相同的技术，在不同发展层次的国家或地区使用时，需求上会产生时间的差异性。因此，跨国公司在采用这种梯度性技术转让上是切实可行的和有效的。经过这种分散不同国家子公司的接力性技术传递的效应，跨国公司轻而易举地获得了双周期甚至多周期的技术使用寿命，这使企业的经济效益得到巨大的提高。

（五）跨国公司以技术作为控制制度的砝码

跨国公司在海外设立子公司往往有两种选择：一种是独资；另一种是合资。就东道国而言，它们更愿意接受合资这种投资方式。在建立合资子公司时往往是由跨国公司来提供资金和技术，而东道国则只提供土地、厂房、资金和其他配套投入要素，而在所有权上取决于双方的出资比例。当跨国公司在所有权处于劣势时完全可以通过控制子公司经营活动这一瓶颈来控制企业的经营决策，形成对海外子公司的“主权”控制。瓶颈控制的主要内涵是技术转让和技术投入，主要包括：①技术种类与层次的控制；②技术转让价格的控制；③技术使用环节的控制。

第二章　跨国公司理论

在跨国公司理论诞生之前的众多古典经济学理论中，以亚当·斯密的理论观点影响最为深远，亚当·斯密最先给出了国家通过相关国际经济活动的参与可以获取更多经济利益的观点，即贸易获益的“绝对优势说”。继亚当·斯密之后，大卫·李嘉图认为，凡是依据“两利相较取其重、两害相较取其轻”的原则参与国际分工，无论最初这个国家是富强还是贫穷，资源丰富还是匮乏，通过交换都可以改善自身状态，进而获取更多经济利润，即众所周知的“比较优势说”。继大卫·李嘉图之后，赫克歇尔、俄林提出了要素禀赋论，该理论是对绝对优势理论与相对优势理论的有益改进与创新，被称为相对资源成本差异的国际经济交往理论。不难看出这些理论均存在一个资本无法进行跨国流动的前提，这势必造成对当前企业跨国经营的国际经济现象的有效解释力不足。伴随着国际经济交流活动中越来越多的资本国际转移，理论界自 20 世纪初即开始致力于寻求能够解释资本国际转移的新的理论工具，对以亚当·斯密、李嘉图、赫克歇尔、俄林等为代表的古典经济学派采取摒弃的态度。

第二次世界大战以后，世界经济格局发生巨大变化，美日经济的飞速发展、欧洲经济的复苏，都标志着经济国际化的来临，国际间相互直接投资成为国际资本流动的主要形式。鉴于这一主要形式的出现，国际经济学界的重点分析对象也逐步转换为以国际直接投资为主要特征的跨国经营活动。自此以后，企业跨国经营理论正式从传统的国际资本流动论中分离出来，并且逐渐被认可、接受，成为一种独立的企业理论。可以说，跨国公司理论自 20 世纪 60 年代初诞生以来经历了一个快速大发展时期，至今已形成二十余种流派。综观其理论体系大体可以分为两大流派：其一，以国际贸易学说为基础的跨国公司经营理论；其二，以产业组织学说为基础的跨国公司经营理论。

第一节 以国际贸易学说为基础的理论

以国际贸易学说为基础的跨国公司经营理论属于宏观分析的理论，即从国民经济的角度出发来分析一国如何优化贸易结构，如何按照产品的价值含量在国家之间转移生产活动，如何转移边际产业和如何最大化增加一国的总体效用等问题。以国际贸易学说为基础的跨国公司经营理论很多，本章主要介绍影响比较大、发展相对成熟的三种理论学说，即比较优势理论、产品生命周期理论和重叠需求理论。

一、比较优势理论

20 世纪 70 年代中期，日本学者小岛清在其专著《对外直接投资》一书中较为系统、全面地阐述了对外直接投资理论。在小岛清之前，曼德尔、海默分别对海外投资企业进行了一些相关研究，其中，曼德尔分析了一般生产要素在国际间的流动，认为投资与贸易可以相互替代；海默认为厂商的直接投资行为明显受到厂商内部垄断优势的影响。小岛清提出批判观点，认为两位学者的结论都是从微观的角度出发进行的海外投资企业及其公司治理的相关分析，没有充分地考虑到宏观经济因素及国际分工原则的作用。

小岛清同时举例指出，美日两国企业的对外直接投资情况不同，所以研究美国对外直接投资经营的具体情况而得到的相关理论就不能够很好地解释日本企业对外直接投资的现象。小岛清认为，美国的对外直接投资结构是基于一种“贸易替代型结构”而展开进行的，针对制造业进行的海外投资建厂行为的后果就是导致逐渐恶化的贸易条件，进而使国际收支产生严重不平衡。综观美国的对外投资企业类型，多数都是存在比较优势的汽车、电子、科技、信息等产业部门，按照国际分工原则，美国应在本土针对这些产业部门设厂，然而这些企业竞相将生产线转移到国外，在国外进行投资设厂，这一行为的结果产生了严重影响，美国的出口被直接投资所替代，国际收支逆差大增，本土同类产品出口量锐减，贸易条件恶化。相较于上述美国的对外直接投资行为，日本的投资就有所不同。小岛清认为，日本的投资中很大比重是资源开发型投资，其中对制造业方面的投资属于“贸易创造型”，并非“贸易替代型”，即日本的对外直接投资并没有取代本土同类产品的出口，反而是为本土同类产品开辟新的出口市场，很好地将对外直接投资和出口贸易结合起来。

小岛清认为，新兴工业国家的日本，相比于众多西方老牌跨国公司，其技术水平并不具有很强的绝对优势地位，但是日本对外投资企业能够充分发挥其比较优势。日本企业向国外投资的前提是那些在国内生产已经失去了比较优势的产业，为了保证原生产规模，转而到那些技术水平相对落后的国家或地区进行投资，进而建立新的出口基地。在国内则可以继续专注于那些具有比较优势的产业，精益求精，使其产业结构更加合理，可以说日本的对外直接投资行为实际上是对其自身比较优势的一种补偿手段。

综上所述，小岛清基于比较优势理论，总结出所谓的“日本式对外直接投资理论”的核心内容即一国的对外直接投资应该以本国（投资国）已经处于或是即将处于比较劣势的产业为着力点（边际产业起点），依次进行相应的对外投资活动。小岛清的比较优势理论也称为“边际产业扩张论”。

图 2–1 显示，L 线为本国商品的成本线，L′为东道国商品的成本线。两条线交于 M 点，在该点处两国产品的成本比率经过折算汇率后等值。本国的边际产业为：M 点左边 A、B 产业，本国对外投资的起点就应该为这些产业，如图所示，对外投资后东道国的成本也能产生明显下降，有望降低到 A′、B′，仍然使双方均获得好处，进而实现更广泛、深入的贸易合作。

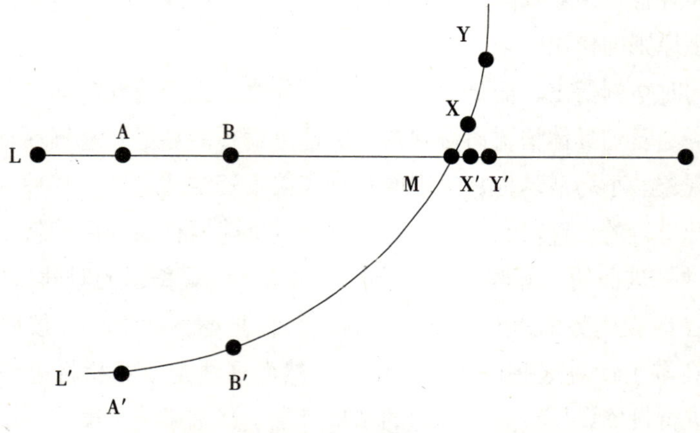

图 2–1 “边际产业扩张论”示意图

之所以将其称为比较优势理论，是因为日本的对外直接投资仍是以国际贸易中的比较优势为最基本原则，这一点与欧美等国存在不同，相对于直接投资理论，比较优势理论的具体特点如下：第一，认为中小企业具有与东道国更接近的技术水平，更加适应当地的生产条件，使东道国的就业机会增加，同时中小企业具有较强的适应性，可以很好地实现灵活性经营，如较小批量、规模生产，相对于大企业更具比较优势，更易被东道国接受。第二，认为技术水平差距不宜过大。与东道国企业的技术水平差距越小越好，技术差距小有利于在东道国尤其是在发展中国家立足并快速占领当地市场。第三，强调无论投资国还是东道国均不需要垄断市场的存在，是对传统的国际直接投资理论的一次有力冲击。从国际分工角度来解释日本式对外直接投资行为的理论，具有独到的见解，但也存在明显的缺陷：其一，从跨国公司和东道国的技术水平越接近越好来看，它忽略了跨国公司的技术优势；其二，在制造业领域进行投资的所有情况下中小企业相对于大企业都会有比较优势的观点存在偏颇，过于极端，与事实不相符。

二、产品生命周期理论

追根溯源，在市场营销学中最早出现产品生命周期理论的提法，营销学中的产品生命周期理论指的是产品从进入市场到退出市场所需要的时间，类似于生命的时间，呈现出诞生、发展、衰退的阶段过程。20 世纪 60 年代中期，经济学家弗农首次运用这一理论对国际直接投资现象进行了分析，并形成了国际贸易中的产品生命周期理论。该理论认为，任何一种新技术产品都要经历创始、成熟、标准化三个阶段，并对这三阶段进行了分别阐述。

（一）创始阶段

在该阶段企业为产品的最初研发者，拥有技术优势，国内也具有很大的市场需求，此阶段，如果该企业所在国家拥有足够的资金，加之在技术诀窍、开发新产品、新工艺等方面具有垄断优势，最利于在国内生产，没有必要进行国际化投资。

（二）产品成熟阶段

在该阶段，随着产品的生产成本逐渐下降，加之企业产品类型也相对稳定，生产该产品的生产技术也不再是绝对意义上的诀窍，有可能被模仿，国内外市场纷纷出现仿制品。此阶段，产品开发企业开始面临技术优势丧失的危险，考虑到国内外较低的劳动力成本，为了在海外开辟新市场，同时预防其他同行业竞争者的介入，在海外进行投资，设立海外分公司和子公司是有利的。

（三）产品标准化阶段

在该阶段，产品生产技术已经没有任何诀窍可言，产品生产已经进入全面标准化生产，市场竞争空前激烈。为了保有产品的海外市场占有率，众多产品开发企业纷纷采取价格竞争战略，同时将产品生产场地设在那些劳动力成本极低的劳动密集型国家或地区，最大限度地节约成本，遏制竞争对手的进攻。此阶段，企业所具备的其他优势已经不再是比较优势，企业间决胜的关键在于谁更能够降低成本，标准化阶段的投资企业必须通过国外建厂来进行直接投资。产品生命周期模型如图 2–2 所示。

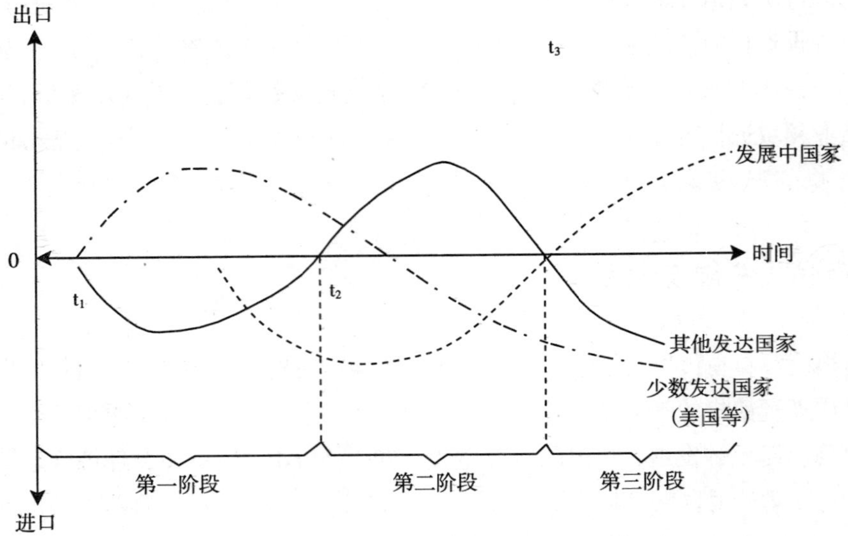

图 2–2 产品生命周期模型

可以说，产品生命周期理论很好地揭示了企业为什么要进行直接投资。结合产品的创始、成熟和标准化三阶段来看，投资企业常常具有管理、技术、信息、资金等优势，而东道国常常具有运输、资源、劳动力等区位优势。直接投资企业需把两者结合起来，以克服在国外生产所产生的风险和高成本。

弗农基于上述分析提出：处于不同产品发展阶段的投资企业，应相应采取不同的投资战略。弗农的产品周期论可用来解释为何许多美国的制造企业由原来的出口转向对外直接投资。事实上，该理论还可用来解释为什么对外直接投资仅集中于少数跨国公司手中。

美国哈佛大学教授利克劳和韦尔斯等通过发展弗农的产品生命周期论，来进一步解释说明发展中国家如何进行对外直接投资。两位学者认为，根据产品生命周期模式，在发展中国家的厂商首先以小规模的劳动密集型技术的技术优势在国内市场进行创新活动。它们逐渐积累了用较低的成本来生产非异质、中低档产品的经验。这种特有的产品和生产技术也同样适合于其他发展中国家调整出口市场。当产品进入成熟期，发展中国家的企业面临竞争激烈的出口市场，它们用在东道国生产的产品取代其原来出口的产品，这样可以绕过贸易壁垒，保证市场份额。这就是产品生命周期论中发生在产品成熟期后的贸易替代型投资。

但也有不少学者对产品生命周期理论提出质疑：拥有原始产品技术优势的美国、西欧、日本公司一定随着产品生命周期的变化而选择在生产成本较低的发展中国家投资吗？事实并不总是这样。因为产品生命周期论是基于20世纪60年代的国际投资环境而提出的，近二三十年来，由于国际经济一体化的加速和国家间相互贸易壁垒的增强，出现了许多逆向投资和双向交叉投资现象，其中最突出的就是发展中国家对发达国家以及发展中国家间的投资迅速增长。仅仅用产品周期理论来解释这一新的投资趋势就显得力不从心。由此可见，传统产品生命周期理论有相当大的局限性，在很多方面已不适应现代国际投资的发展。

三、重叠需求理论

重叠需求理论又称需求偏好相似理论，该理论是由瑞典经济学家斯塔芬·林德（S. Linder）在《论贸易与转变》一书中提出。该理论第一次从需求角度分析国际贸易的成因；通过分析国家与国家间的需求结构特点找到需求结构相似性，以此来解释产品在国家与国家之间的双向流动；分析一国一种产品由发明到引进的整个贸易过程是与不同国家的需求紧紧相连的。林德着重强调需求决定成本，重点解释了当时为什么会有大部分贸易发生于不同发达国家之间。该理论还认为，国际贸易是由国内贸易发展而来，各国应当率先出口那些被大多数人所需要的商品，即拥有巨大市场的产品，在满足该类市场需求的过程中，可以选择从具有相似收入水平和偏好的国家获得相关经验。

重叠需求理论的具体理论观点如下：

（一）产品的国内需求决定了其是否能成为产品出口国

只有那些在国内业已拥有巨大需求的产品，才能够变成具备较大相对优势的产品。在满足国内需求的过程中，企业的成本降低，规模扩大，产品也具备了竞争力。

（二）两国之间的贸易额度受两个国家的需求结构相似性影响

斯塔芬·林德认为，两个国家的需求结构越相似，两国之间的贸易额度就越大。同时还指出，人均收入水平是国家需求结构的主要影响因素，因此人均收入水平比较可以作为判断需求结构相似的重要参考。此外，一个极端的观点就是如果两国的需求结构完全一致，一国可供进出口的物品即与另一国相一致。

总之，斯塔芬·林德认为，国家之间的贸易范围受国家之间人均收入水平相近性影响。国与国之间企业贸易的一大潜在障碍即是人均收入水平的差异。尽管一个国家所生产的产品具有较大的比较优势，但如果其他国家收入低就无法产生对该产品的实际需求，那么两者之间也就无从发生贸易了。

第二节　以产业组织学说为基础的理论

以产业组织学说为基础的跨国公司经营理论，是从产业组织和市场结构的角度来理解跨国公司进行对外直接投资的动因。其中，相对成熟的理论有：垄断优势理论、内部化理论和国际生产折衷理论。

一、垄断优势理论

（一）理论的提出

20世纪60年代初，美国学者海默（S. H. Hymer）首先提出了垄断优势论。该理论的提出主要是基于其博士论文《一国企业的国际经营：对外直接投资研究》中的观点。事实上，海默的论文当时并未引起重视，但由于其导师金德尔伯格（Charles P. Kindleberger）加以推崇，又于1976年出版了这篇论文，并写了序言，而金德尔伯格自己在后来的论文和著作中也系统地阐述了该理论，使之得到广泛的重视。因此，西方学者常常将金德尔伯格与海默并列为垄断理论的创建者，将他们的理论分析称为"海默—金德尔伯格传统"（H-K Tradition）。这一理论不仅首先创立了国际直接投资理论，而且也开创了国际直接投资理论研究的先河，被称为"零公里"界碑。

（二）主要内容

垄断优势理论（The Monopolistic Advantages Theory）也称为特定优势论（The Specific Advantages Theory），是产业组织理论在跨国公司和直接投资领域应用研究的结果，是关于跨国公司凭借其特定的垄断优势从事国外直接投资的一种跨国公司理论。海默认为，美国之所以能够在国外进行直接投资，究其决定性因素主要在于美国企业自身所拥有的规模与技术等垄断性优势，海默同时指出，美国企业垄断优势的产生具体在于其通过水平一体化与垂直一体化经营及对技术使用的相应控制。

海默的理论首先是对传统国际资本流动理论的一种突破，创立了一个相对独立的跨国公司理论体系，从国际直接投资与市场缺陷之间的关联入手，不再依附于古典经济学完全竞争前提假设条件下的分析框架。事实上，这一理论也有其局限性，首先它重在对跨国公司的初期行为进行解释，对跨国公司的扩展行为考虑很少，该理论的适用范围不够宽阔；其次它注意到了市场的不完全性，但对现实中运作效率低、信息不对称等理解不够深入，事实上，随着经济全球化的逐渐深入，即便是具备了某种优势也不一定是对外直接投资的必要条件，该理论的适合性受环境变化影响明显，解释力因而被削弱。

二、内部化理论

内部化理论（The Theory of Internalization）亦称市场内部化理论，其基本思想是科斯（R. H. Coase）在 1937 年提出的，但一直未能引起人们的广泛注意，直到 1976 年英国学者巴克雷（P.Buckley）出版了《多国公司的未来》一书，这样在 70 年代后期，英国学者巴克雷和卡森便把这一原理应用于分析国际直接投资，进行了系统的阐述。后又由经济学家罗格曼（Alan Rugman）、吉狄、杨等人进一步丰富和发展了该理论。

内部化理论是基于如下三个假设而形成的：①追求利润最大化始终是不完全竞争市场环境下企业从事生产经营的初衷；②当一个企业的内部化超过国界时就自然产生了跨国公司；③当中间产品的市场是不完全市场时，存在以内部市场取代外部市场行为，由一个企业进行统一管理。

内部化理论认为知识与信息也是中间产品，并认为决定内部化的重要因素之一即是知识产品市场的不完全竞争性。内部化源于跨国公司为了避免由外部市场的不完全竞争性而带来的诸多不利因素，通过对新技术、半成品等中间产品的独占或寡占，积极进行对外直接投资活动，最终实现最大化跨国公司总体利益的目标。内部化理论可以被理解成为一种变市场上的买卖关系为企业内部的供需交换关系的现象。

内部化理论并不过分关注企业本身特有的技术优势，这一点与垄断优势论不同，内部化理论强调通过信息传递网络和企业自身的内部组织体系以较低的成本在企业内部转移这种优势的能力。美国学者马吉则强调，跨国界的内部化可以使企业在新产品和其他信息开发上的投资得到最大回报。创新企业在国外直接投资设厂，把技术创新的信息进行内部化，将有利于把结合在产品中的新技术隐藏起来，从而保证它获得创新投入的最大回报。

吉狄提出的用内部化理论的变形来阐明低收入国家非传统型跨国公司行为的思想颇有见地。他们力图打破人们对小规模、低技术企业的传统偏见，注重发掘发展中国家新兴跨国公司赖以对外直接投资的某些优势，如生产性专业知识、低成本和灵活性应变能力。他们认为，这类企业在国际直接投资市场上的生存之道是：以权变豁达的企业家为中坚，以花费较少研究开发费用的技术模仿战略寻求独特的技术优势，利用市场分割的特点规避大规模批量生产的老牌跨国公司的直接竞争，以市场内部化方式利用二手设备市场和熟练工人市场的不完全竞争性来谋取最大经济利益。

与其他对外投资相关理论相比，内部化理论的解释力较好，能够解释大部分对外直接投资的动因，而其他理论在分析跨国公司对外直接投资的动因时，仅仅基于产品或生产要素的某一方面，因此可以说内部化理论较全面，且不同程度地包含了其他理论内容。

三、国际生产折衷理论

国际生产折衷理论是由邓宁在1977年率先提出的，常常被称为国际生产综合理论，一般用于解释跨国公司对外直接投资行为。邓宁于80年代初又系统地整理和改进了他的理论框架，进而形成了当前的国际生产折衷理论框架。邓宁认为海默等人的理论并没有触及国际直接投资的本质，仅仅是对国际直接投资现象做了一个较肤浅的解释，说服力和解释力均不强。邓宁主张结合对外投资区位、对外投资的条件、目的以及对外投资的能力，并由此形成国际生产折衷论，因此该理论认为国际直接投资是由内部化优势、所有权优势以及区位优势三者综合作用的共同结果。邓宁的“三优势模式”如表2–1所示。

表2–1 邓宁的“三优势模式”

	内部化优势	所有权优势	区位优势
对外直接投资	√	√	√
出口	√	√	×
无形资产转让	×	√	×

（一）内部化优势

内部化优势指的是企业常常为了避免由于不完全竞争市场所产生的相关影响转而依靠内部化的形式将企业的自身优势保留在本企业内部。邓宁认为，结构性的不完全竞争性以及认识的不完全竞争性共同构成了市场的不完全竞争性。结构性的不完全竞争性是由于对竞争的限制所引起的；认识的不完全竞争性常常是由于与产品或劳务的相关市场信息获取难度较大，或者需要付出很大的代价才能得到这些信息。邓宁认为，考虑到市场的不完全竞争性，企业所拥有的优势并不会长期保持，因此企业有动力对当前存在的优势进行内部化。邓宁还认为，一个企业所生产的产品若是存在多阶段的特点，必然有要求“跨地区化”或“跨国化”的倾向，这是因为任何一个子市场都无法全部满足生产该产品要求的所有部件，因而要求一些相关中间产品的外部市场采购，然而外部市场的购买受到市场供求关系的剧烈变化影响，造成本企业生产成本高涨。一个有效的办法即是把市场上的买卖关系内部化，使整个产品的生产过程在一个共同企业内完成，由此导致了企业的国际化直接投资。

（二）所有权优势

所有权优势亦指厂商优势，指的是一国企业拥有的生产要素禀赋或是能够得到别国企业所难以得到的生产要素禀赋，如自然资源、技术、资金、劳动力及产品生产工艺、商标、专利、管理技能或发明创造能力等。邓宁认为所有权优势可以分为三种类型：①由于垄断、规模、资源的获利能力等所形成的优势。如企业生产规模庞大，接近产品或原料市场，垄断某种无形资产等。②相比于其他企业，子公司能够得到来自母公司的某些要素禀赋的优势，如研究开发成果、较廉价的投入物、市场情报、管理经验等。③企业的跨国性导致的某些所有权优势，如跨国公司拥有更多的子公司势必导致巨大的经济环境差别，越有利于要素禀赋优势的利用。通常，就要素禀赋的实现效果而言，许可证贸易或单项技术专利的转让等方式不如直接通过对外直接投资这一形式来实现。

（三）区位优势

在现实生活中，区位优势通常是由东道国和投资国的多方面因素所共同决定的，如政府的政策、贸易障碍、市场的特征、产业结构、市场规模、税收和补贴、劳动成本、交通运输成本、当地的生产水平以及原材料的可供性等。如果东道国实行严格的进口替代政策（Import Substitution Policy），常常会诱使外国投资者进行相应的直接投资。

综合上述三方面，邓宁认为，所有权优势和内部化优势是对外直接投资的必要条件，区位优势是对外直接投资的充分条件。

简言之，邓宁的国际生产折衷理论可用下面公式表示：

国际直接投资优势=所有权优势+区位优势+内部化优势

上述三种因素能够决定一个企业是否具有对外直接投资的优势，也能说明企业是否可以通过出口、技术转让或其他渠道更好地开拓这些优势。企业对外直接投资必须具备所有权、内部化和区位三种优势；而出口只需要具备前两种优势，不一定需要区位优势；如果企业只具备所有权优势，既没有能力使之内部化，也不能利用国外区位优势，则最好采用许可证贸易方式进行技术转让。如果一国厂商在甲国投资比在乙国投资可获取更多的利益，那么投资就会由乙国流向甲国。因此对外直接投资的流向依赖于区位禀赋，及特定国家可提供的各种条件。

20 世纪 80 年代初邓宁进一步发展了国际生产折衷论，有些学者又将其称为投资周期论。邓宁研究了 67 个国家 1967~1978 年对外直接投资和经济发展阶段之间的联系，认为一国的对外直接投资规模与其经济发展水平有密切的关系。他用人均国民生产总值的水平作为经济发展水平的尺度，从而提出一个对外净投资的衡量方法。他根据人均国民生产总值水平的差别将 67 国家分成四组，处于不同组的国家的对外投资及其利用外资的地位也不同。

根据统计分析的结论，邓宁从静态分析的角度提出了“投资周期论”。他认为，一国的国际投资地位与其经济发展水平有关，随着一个国家的经济从较低水平向较高水平的发展，资本的流入和流出也有一个发展的过程，人均国民生产总值越高，其对外直接投资净额就越大。他认为对外直接投资的发展阶段也可用国际生产折衷理论来解释。邓宁将对外直接投资的发展划分为相应的四阶段：第一阶段，本国几乎没有所有权优势，也没有内部化优势，外国的区位优势又不能加以利用，本国的区位优势对外国投资者的吸引力很小，因此本阶段的对外直接投资和外国投资均甚少或没有。第二阶段，随着国内市场的不断壮大，购买力不断提高，外国投资开始流入，可能会有少数国家的少量投资，其目的在于取得外国先进技术或“购买”进入外国市场的权利，净外国投资额逐渐增长。在此阶段，吸引外资的流入是十分关键的，而要吸引外资就要创造区位优势，如改善投资环境、疏通商业渠道等。第三阶段，国内经济发展水平显著提高，人均资本流入开始放慢，而外国投资和对外投资都在增长，但净外国投资开始下降。这是由于经历了前两个阶段后，本国企业已开始产生自身生产要素创造的某些优势，而且发现充分利用这些优势的最佳途径就是对外直接投资。这一阶段标志着国际投资专业化的开始，即在那些比较区位优势较强、比较所有权优势较弱的地区或部门试图吸引外国直接投资流入，而在那些比较所有权优势较强、比较区位优势较弱的地区或部门发展对外直接投资。第四阶段，经济发展水平已经很高。在此阶段，利用外资额明显少于其对外直接投资额，说明该国垄断优势较强，且同时具备了内部化和利用外国区位优势的能力。

西方学术界认为邓宁的理论体系有三大特点：一是从思想渊源看，邓宁体系几乎对所有跨国公司理论具有高度的兼容性和概括性，形成了一个综合的理论模式。二是从经济内容看，邓宁体系涵盖了各种跨国公司经营活动，即出口贸易、无形资产转让、对外直接投资。尤其是仿效俄林将区位论与国际贸易理论结合起来的做法，将区位论与跨国公司理论结合在一起，解决了其他理论未能回答的问题，即跨国公司为何不采用商品出口或无形资产转让方式，而一定要进行对外直接投资，并说明了其他理论未能回答的投资方向问题。三是从适用范围看，邓宁体系既可适用于分析发达国家对外投资，也可适用于分析发展中国家对外投资。

第三节　跨国公司新理论

当代跨国公司理论创新的方向和重点主要表现在三个方面：一是注重对跨国公司的资源禀赋和配置展开理论研究；二是将战略思维与战略要素融入跨国公司的管理和发展之中；三是从企业的知识观出发，用学习理论对跨国公司海外投资和竞争优势来源提出新的解释。

一、基于资源基础的跨国公司新理论

资源基础论认为，持续的竞争优势可以通过开发组织自身所独有的资源而得到。Penrose（1959）和 Wemerfele（1984）开发了一个分析框架，该框架着力于关注最终产品的转变，侧重从产品要素出发。两位学者同时认为，一种稀缺的、重要的、不可替代和模仿的能力或资产至关重要，是保持企业竞争优势的关键，指出企业实现价值创造最大化的途径即是整合和利用有价值的资源。该领域其他学者如巴尼（1991）认为，当其他潜在的或现有的竞争者无法模仿一个企业目前所实行的价值创造相关战略时，该企业即获取了竞争优势。Montgomery 和 Collis（1995）认为，对于企业而言，可以通过合理配备稀有的、价值的、不可替代的和不可模仿的企业资源以实现自身竞争优势的有效保持（如建立战略隔绝机制与资源壁垒）。从上述学者的相关观点可以看到，企业竞争优势形成的基础即是企业拥有的资源或能力。从传统的战略分析框架视角审视，对于如何获取实现竞争优势的相关资源或能力，有以下两方面途径：一方面在于其是否能够从所在行业的优势中获取相关能力和利

益，如该行业的垄断色彩浓厚，体现为很弱的买方力量或具有很高的进入壁垒；另一方面在于企业是否采用差别化或低成本战略。

针对上述两方面途径，资源基础论认为，优越的行业环境与雄厚的市场力量的基础常常体现为如拥有专利保护的产权、规模经济、名牌商标以及经验曲线效应等行业中业已存在企业的资源优势。资源基础论认为，如果是行业主导企业拥有上述资源便会形成一定的行业进入壁垒。同样，如果是企业拥有较大的市场份额时，即代表着拥有较强的市场力量，对于顾客和供应商而言，他们的市场力量就会相应地被削弱。资源基础论还认为，企业自身所拥有的资源状况是其选择低成本或差别化战略的基础，如企业选择差别化战略是由于企业所拥有的信誉、商标、市场或专有技术、销售和服务网络等；企业选择低成本战略是由于其所拥有的较低成本的领先工艺技术、投入资源以及实现规模经济的相应生产能力等。拥有差异化专利技术或者产品的企业有在国外市场开发开拓市场的动机，原因即在于这个开发和开拓的过程会产生超额利润。

从上述阐述可以看出，企业国际化可以产生的竞争优势需要具备两点：一方面就是竞争优势应当是可持续的；另一方面就是需要有效地进行资源跨国转移。一家企业进行跨国经营的主要动力是通过在生产和营销领域所拥有的专有资源获得超额回报。如果能有效地将这些资源转移到相关东道国企业，一个有成本优势或其他类型优势的企业就会相应产生。因此从资源基础理论观出发，对一个跨国公司在东道国进行生产、实施营销和谋求出口等模式的考察，可以着重考察该公司于东道国生产领域、营销领域营造竞争优势的可行性；同时关注该跨国公司向东道国转移生产方面、营销方面优势的能力。资源基础论还认为，通过生产交易方式或企业内部这两种方式向东道国转移资源均是可行的，具体选择哪种应该重点考察企业将业已形成的优势资源转移给东道国的能力。假设企业尚不具备这种能力，内部方式转移资源将是企业重点考虑的，如通过全资子公司进行资源转移。一般来说，跨国公司会对其子公司进行考察，一旦确认当地企业有这样的能力，就会毫不犹豫地选择内部化模式，否则选择通过外部市场交易模式。总而言之，跨国公司将关键资源转给东道国企业的能力主要受所有权决策的影响，如果公司不能够有效地进行资源转移，它会选择独资模式，如果能有效地进行资源转移，则会选择合作模式。

可以说，资源基础论能够为海外市场进入模式选择提供一个新视角解读。主要在于：①经济全球化进程的加快、关联产业的相互融合以及信息技术的不断扩散，企业所面临的竞争环境发生了非常大的改变，资源基础论可以为这些变化提供较好的解释；②事实上，跨国公司进入模式的选择对于一个企业的市场营销方式选择、资源配置优化以及竞争地位确立都具有重大战略性意义；③资源基础论不仅可以用来解释基于企业现有优势的开发战略的选择，还可以用于解释基于新优势产生的相关模式。

二、基于战略联盟的跨国公司新理论

由于对跨国公司战略联盟概念的不同界定以及对跨国公司战略联盟不同视角的认识，关于战略联盟成因与相应运作机制的理论研究势必存在差异。目前西方学者有代表性的理论主要有：价值链理论、企业能力理论、交易成本理论、合作竞争理论。

（一）价值链理论

价值链理论最先由迈克尔·波特在《竞争优势》（1985）一书中提出，迈克尔·波特认为，各个企业所在价值链的不同，是企业市场竞争优势（主要指最终产品市场竞争优势）的潜在来源。换句话说，即在价值链各环节中企业具有各异的比较优势。波特将企业视为一个集合体，该集合体综合了研发、设计、生产、销售、配送及相关辅助活动，所有这些活动统称为价值链。更为广义的概念下，多个企业的价值链被称为一个价值链系统，对于企业而言，竞争优势的取得与保持需要对企业的价值链有一个高度的认识，明确企业怎样匹配于企业所在的整个价值系统。

波特认为，竞争优势的潜在来源即是企业价值链在竞争范围上与竞争对手存在的差异。具体到一个产业里，每一个企业的价值链都会存在差异，这种差异能够反映它们过往的战略即相关战略实施方式。具体而言，企业可以从其内部出发考虑追求较大范围的好处，也可以从其外部出发考虑与相关厂商结盟来获取相关收益。可见，波特有关战略联盟的定义超出了正常范围的市场交易，却没有达到真正意义上的合并程度。波特的战略联盟包括供应协定、技术许可证、销售协定和合资经营等形式，其战略联盟既可以是纵向联盟，也可以是横向联盟。与供应商、分销商、零售商之间的价值链联盟（如供货协定）为纵向联盟；不同企业价值链中的相互合作（如生产与营销方面的合资经营）为横向联盟。两种联系、两种形式，结果都是通过相互间的协调与合作来获得竞争优势及最优化收益。

（二）企业能力理论

20世纪90年代以来，企业能力理论开始受到理论界普遍关注，可以说企业能力理论是一些相互关联的理论的集合，包括企业动态能力论、企业资源基础论以及企业知识基础论，这些理论共同强调企业内部资源条件对产生企业竞争优势的决定性影响作用。企业能力理论认为，企业内部资源、能力以及相关知识的积累是其获取超额利润并保持竞争优势的关键所在；企业间通过战略联盟的组建，在价值链各环节上彼此间的相互合作，可以获取合作伙伴的互补性资产，扩大企业利用外部资源的边界。这里的资产包括核心能力、企业资源和知识资源。相关学者的观点如下：

1. 核心能力

20世纪80年代中期，格兰特（R.M.Grant）、沃纳菲尔特（B.Wernerfelt）、巴尔奈（J.Barney）等学者的研究共同促成了资源基础理论（Resource-based Theory）的产生。该理论认为广义的资源既包括有形资产，也包括无形资产，两者共同组成了企业的能力集合。同时强调每个企业所拥有的资源差异性较大，因而资源无法自由流动，因此，该理论认为选择性资源的积累与配置以及要素市场的不完善是企业的可持续竞争优势的主要来源。

2. 企业资源

普拉哈拉德和哈默认为，企业核心能力是“组织中的积累性学识，特别是关于如何协调不同的生产技能和有机结合多种技术流的学识”。两位学者认为核心能力的最主要特征即是独特性与不易模仿性，且此种能力是在特定的路径依赖中逐渐积累而形成的，企业与企业在市场竞争中获取彼此成功的差异化核心能力以及由此形成的更大竞争合力是促使企业间建立合作联盟关系，聚合彼此核心能力的原动力。

3. 知识资源

企业知识理论的代表人物主要有纳尔森（Nelson）、福斯（Foss）、帕维特（Pavitt）和格兰特（Grant）等人。企业知识理论认为，知识作为最重要的生产关键投入与企业价值来源，能够引导社会生产。该理论下的企业知识类型包括显性知识与隐性知识两大类。隐性知识较显性知识更难以表达与难以转移，需要通过一定时间的应用和实践来获得，甚至需要长期的耳濡目染与言传身教来获得。该理论认为，隐性知识的获取需要战略联盟和相互间建立良好合作关系来实现，该理论同时提出了知识联盟的概念，认为以共同创建新知识和进行知识转移为目的结盟即是知识联盟。博格、顿肯和佛里德曼（1982）的一项实证研究表明，80年代初期50%的联盟企业是以获取对方知识为目的，因此，把这类为了转移和学习知识的联盟称为“知识联盟”。

（三）交易成本理论

诺贝尔奖得主罗纳德·科斯（R.H.Coase）1937年在《企业的性质》一书中首次提出交易费用（Transaction Costs）的概念，自此开创了一个新的流派。交易费用学派强调任何经济活动都会产生交易成本，这正是传统经济学所忽视的，交易费用理论试图探究传统经济学所认为的想当然的投入产出转换过程，以交易费用为分析工具，对经济组织与各种制度安排的产生和发展进行研究。战略联盟在交易费用经济学看来是介于企业与市场间的一种集稳定的交易关系、降低的交易成本、便利的监督等特点于一体的组织形式。

科斯认为，在现实的市场中存在着的交易费用至少包含两项成本：①运用价格机制所产生的成本，即在进行一项交易中找到相对价格的成本，取得与处理市场信息的费用也包括在内。②为完成一项市场交易所进行的监督和谈判履约成本，具体包括谈判、订立、执行合约所产生的相关费用。除此之外，科斯还认为、由未来中存在的不确定性风险而引致的相关费用以及界定、度量和保护产权产生的相关费用都应属于交易成本之列。

继科斯之后，交易费用理论的集大成者是威廉姆森。威廉姆森提出了一个系统的交易费用理论框架，归纳出交易过程的三个维度的特性为：交易的不确定性、资产专用性以及交易频率；还提出了交易费用契约人假设，即契约人面对外界复杂性、不确定性时的有限理性假设与机会主义倾向假设。交易过程维度与交易费用契约人假设共同导致了交易活动的复杂性和不确定性，这使得试图降低不确定性与复杂化的某种制度安排与交易方式选择变得必要。作为一种新的制度安排——跨国公司战略联盟就顺应了企业节约市场交易费用的需要。该战略联盟通过建立相对较稳定的合作关系来降低履约风险受到极大支持。从威廉姆森的交易费用维度看，建立战略联盟可以实现以下好处：①从交易的不确定性特征看，可充分利用联盟组织的稳定性来抵消外部市场环境中的不确定性，进而降低由不确定性引致的交易费用。②从交易频率看，交易频率是通过影响相对的交易费用而决定制度安排和交易合约的选择，这类与交易发生的频率有关的联盟常常发生在有纵向联系的制造企业和经销商、供应商之间，这些处于上下游的企业之间由于存在较高的交易频率，乐于建立供销联盟来稳定交易关系，以节约交易费用。③从资产专用性特征看，企业之间趋于以战略联盟替代市场机制以稳定交易关系，降低交易费用。资产的专用性越高，交易双方签约关系保持长期稳定性越有意义，企业之间合作的意愿越强，尤其战略联盟对专用性资产的共同占有更是降低风险与费用的有效选择。战略联盟的建立将促使联盟伙伴之间的组织学习，从而提高对方对不确定性环境的认知能力，减少因交易主体的有限理性而产生的种种交易费用。同时，联盟企业之间的长期合作关系也在很大程度上抑制了交易双方之间的机会主义行为，使因机会主义行为带来的交易费用控制在最低限度。

（四）合作竞争理论

竞争规律是市场经济理论的基本规律，在西方经济学和管理学理论中都十分强调竞争的作用。在"商场如战场"的竞争思想导引下，研究竞争战略，夺取竞争优势，消灭或战胜竞争对手等成为商家生存立足的要诀。然而，现代市场经济条件下产生了一种新的竞争观——合作竞争观，出现了一种新的竞争形态——合作竞争。这种观点认为竞争并不排斥合作，有时，合作更有利于提高竞争效率。拜瑞·内勒内夫、亚当、布兰登勃格描述道："当共同创建一个市场时，商业运作的表现是合作，当进行市场分配的时候，商业运作的表现为竞争。"本杰明·古莫斯·卡瑟尔斯在《竞争的革命：企业战略联盟》一书中认为，这种现代概念的合作过程并未弱化竞争，而是在动态的合作中产生了新型竞争者、构筑了新的行业体系、创造了新的竞争类型。战略联盟就是这样一种合作竞争组织，战略联盟各方旨在创造并分享一个不断成长的更大市场的目标正是这一新竞争观的体现。

将合作与竞争这两个对立概念进行完美整合的是经济学的博弈论，博弈论中多方合作对策的提出就是建立在处理利益分配问题的基础上，当一个问题或一件事情需要多方合作来共同解决时，就有可能导致各方相互合作，以期达到多赢及利益最大化，即帕累托最优，为了实现共同利益最大化的有效选择而形成战略联盟。

（五）对当前跨国公司战略联盟理论的评述

综合以上理论的简要介绍，本书认为，对跨国公司战略联盟的研究基本属于战略管理范畴，而战略管理的中心议题就是研究企业竞争优势的创造和保持。事实上，学者们对企业竞争优势的来源一直进行研究。其中，由 C.Christiansen、K.Andrews、W.Guth 等于 1969 年在 *Business Policy* 中提出并发展的 SWOT 框架历经战略管理理论的演进而成为一项组织原则被保留了下来。后来的战略管理研究阶段可以看做是一个试图填补 SWOT 框架空白的体验过程。SWOT 框架（Strengths，Weaknesses，Opportunities and Threats）认为，在开发环境机会和面对环境威胁时，运用其内部实力同时避开内部弱点的企业比其他类型的企业更有可能获得竞争优势。SWOT 框架构筑了分析企业竞争优势的两个方面：一是企业内部实力和弱点分析的重要性；二是企业外部环境的重要性。

20 世纪 70 年代的大量战略文献注重对外部环境进行分析并构建了一系列的分析框架，使企业内部实力和弱点的分析工具的发展速度超越了环境机会和威胁的分析工具，填补了 SWOT 框架的部分缺失结构。但是，对于企业在传统战略管理文献上竞争优势的理解，主要是基于一种相对比较稳定的外部环境，或者说是从静态的角度来理解和对待。事实上，由于技术和市场的高速发展和变化，当代企业的外部环境已经进入了一种急剧变化、动荡的复杂状态。企业作为经济社会的主要主体，理所当然地要考虑外部环境的实时变化与影响，因此，企业必须基于变化的外部环境或者是从动态的角度，才能够较深刻完整地理解企业竞争优势的内涵。

自 20 世纪 80 年代以来，西方企业特别是跨国公司，在面对日趋激烈的外部竞争环境时，已经逐步开始对企业竞争关系进行战略性的调整，即从对立的竞争转变为大规模的合作式竞争。一种新型的竞争观念——合作竞争观应运而生。

另外，许多具有前瞻性的研究一致地对企业内部有关竞争优势的属性给予充分的重视，着力于填补 SWOT 框架的结构缺失。一种以资源和能力的观念来理解企业理论的方式已经变得举足轻重，这种理论的观点是：企业是由技能、能力、知识等一系列的有形与无形资产组成的，使企业拥有能够应对环境变化的资源和能力是企业竞争优势的首要考虑因素。尽管迈克尔·波特在《竞争优势》(1985) 中创建价值链理论，利用企业价值链及价值系统为战略联盟理论建立了一个基础性的理论框架，但是，伴随着科学技术的迅速发展和企业外部环境的不断变化，波特的价值链理论已经显现出对企业内部认识的不足、对外部环境研究的静态局限等问题。企业能力理论就较好地填补了这些缺陷，使企业内部属性分析和在应对环境变化方面得到了进一步的完善，它的主要贡献表现在三个方面：

(1) 企业能力理论认为，企业内部知识、资源和能力的积累，是企业保持竞争优势和获得超额利润的关键。通过企业之间组建战略联盟，在价值链各环节上进行合作，从而在价值活动中创造出更大价值的深层原因，在于企业之间存在着包括企业资源、知识资源和核心能力等方面的资产互补性和相互学习性。建立战略联盟不仅可以更多地获取合作伙伴的互补性资产，还可以扩大企业利用外部资源的边界、提高企业的竞争力。这一认识相对于波特的价值链理论解释更加深入确切，解决了波特在分析企业竞争优势内涵时存在的注意企业成本、质量和营销等浅显方面的问题，是对企业“是什么”的深入讨论。

(2) 企业能力理论认为，产品的最终竞争只是表面现象，现代企业的竞争本质是企业核心能力的竞争。企业的核心能力具有独特的难以模仿的性质。通过联盟合作关系能够相互学习和补充，形成更大更强的竞争合力。这一观点将波特持有的“对企业竞争优势停留在最终产品层次的分析”深入到企业的中间、源头；将用于分析竞争优势来源的价值链工具和企业之间的竞争优势，从以企业最终产品为基础扩展到包括企业核心能力在内的深层领域。

(3) 迈克尔·波特对企业价值链的价值创造环节的描述基于基本活动和辅助活动两个方面。在当前的竞争活动中已经是不太贴切的了。原来的一些如人力资源管理和技术开发的这类辅助活动，已成为企业建立核心能力、增值价值，提升企业综合竞争力的首要活动。并且，企业能力理论认为，生产的基础投入和企业价值最重要的源泉就是知识，社会大生产是在知识的引领下进行的。战略联盟被看作学习企业之间知识相互转移的有效方式，已经有大量文献对联盟中企业内知识转移对合作企业竞争优势的影响作出了深入的探讨。

最后，与动态的市场和产业变化相比，企业之间市场交易关系的契约由于信息在本质上的不完全而呈现出不完备性。不完全契约的内涵是对企业交易的产权效率的重新优化、配置，战略联盟被看做是在这种状态下的一种治理框架。交易费用理论在解释战略联盟时着眼于企业之间为了以这种方式来降低交易成本，修正市场错误，以稳定交易关系，方便监督交易。

20 世纪 80 年代以来，专业化和企业分工将世界市场的规模进一步扩大，市场交易额度迅速增加，导致交易费用也越来越高，这也是 80 年代后期以来战略联盟蓬勃发展的重要原因。以跨国公司战略联盟为代表的企业战略联盟，为企业提供了一种有效避免由于市场不完全而导致过高交易成本的独立模式。

但是，当前有关跨国公司在战略联盟方面的探讨，如何处理公司内部网络和外围网络之间的关系；如何解决战略联盟内部的冲突与变化；如何在战略联盟中降低自身优势扩散的同时获取最大的竞争利益，这些问题对于已加入战略联盟的跨国公司来说都需要不断的探索。在当前国际战略联盟失败率相对较高的情况下，如何使这一国际竞争手段更加行之有效，是跨国公司管理理论与实践方面所面临的严峻挑战。

除此之外，当前研究这一题目的诸多西方学者主要致力于研究发达国家和地区跨国公司，为服务全球或地区市场而结成的战略伙伴关系，组成联盟的各个跨国公司在竞争实力和资源等多个方面都是势均力敌的。而对于技术实力和资源方面相差悬殊的跨国公司，西方学者普遍将其认为是传统的跨国公司市场进入新兴市场的战略，或者是将这种形式的联盟归类于大型跨国公司在选择伙伴时应予以充分警惕的"象+蚁复合体"，并对此持怀疑态度。像诺基亚、柯达、通用等这样的巨型跨国公司，通过与当地企业的战略联盟，如在中国的通讯、感光、数码影像、汽车、电气等这样的发展中国家的市场上取得的丰硕成果，证明了这种方式的联盟具有充分的可行性与成功性。但站在投资动机和实际运作的角度，这仍然只局限在地区性的和单向性的阶段，与真正意义上的跨国公司战略联盟相比，仍存在着巨大的差距。

三、基于全球学习的跨国公司新理论

知识的发展，尤其是信息技术的发展使世界通讯和联系的成本大幅度降低，而跨国公司之间的竞争也进一步趋于全球化，也就是说要吸收全球的知识，服务于全球的顾客。为此，跨国公司必须进行全球范围的学习。这在工业经济时代是跨国公司的优势和重要的竞争力源泉，在知识经济时代将得到更加明显的表现。它意味着跨国公司需要进一步加强学习能力，以适应知识创造的要求和知识高速发展的环境变化；同时需要建立学习型组织，来给予知识学习组织制度上的保证，并以知识管理和创新管理作为企业的重要管理功能。由此可见，从企业的知识观出发，以学习理论对跨国公司海外投资和竞争优势来源提出新的解释，将成为当代跨国公司理论创新的另一个重要方向。

（一）跨国公司演进的知识观

事实上，对跨国公司演进的传统理解多是建立在交易成本经济学的框架之内。基于对传统理论的理解，对外直接投资是企业生产要素以及其他资源跨越国界的整体转移。跨国公司的演进就是跨国公司通过对外直接的投资，沿着地区维、产品维和职能维而逐渐扩展的三维过程，典型表象就是跨国公司在越来越多的东道国组建自己的海外子公司，并逐步形成网络状的全球体系。它可以看作是知识的转移、扩散和创造的过程。

对于跨国公司演进的分析，一直以来传统理论将企业特定优势的性质及其跨国界的内部转移看作是对外直接投资的关键。尽管传统的理论已经对企业特定的优势性质和来源进行了多个方面的分析，但依旧十分强调知识这一特殊资源在企业对外直接投资活动中所起到的巨大作用。它认为企业跨国经营中所体现出来的特定优势主要来源于企业对知识的占有、使用和垄断。

传统理论为我们理解跨国公司的演进提供了多种思考框架，但它对知识的隐性本质、知识的来源和累积效应仍然缺乏足够的认识。如传统理论认为，知识的公共物品（Public Goods）属性以及知识产品交易的市场失效（Market Failure）是导致跨国公司演进的原因，这种分析没有反映出企业所拥有的擅长的进行隐性知识转移的能力，大大忽略了子公司在知识创造中所起到的作用，并且没有充分体现出对外直接投资的知识效应。

传统理论下的解读必然会产生一个问题，即当今跨国公司发展的现状和趋势不能被很好的解释，最终导致在为企业跨国经营提供现实的、更有价值的经验借鉴方面存在不足。

企业的知识观认为，知识即是那些最有价值的且能够产生竞争优势的战略性资源，企业所拥有的知识差异正是产生企业异质性的原因。某种程度上企业在未来配置资源、发掘机会的方法受企业当前的知识存量所决定，相应地分布于企业内的各种资源效能发挥程度也会受到企业当前知识结构的影响。因此，知识理论解决了跨国企业结构中交易成本理论没有解决的问题。从知识理论视角看，资源在企业内部的跨越国界转移即是对外直接投资，在这个转移过程中，知识的转移是最重要的。企业进行对外直接投资的动因正是因为其自身拥有某些可以产生竞争优势的且隐含性较强的知识，通过对外直接投资可以实现知识转移并能够充分发挥优势。通常，一项决策制定前，要考虑的不仅仅是交易的成本，更是如何有效地对知识的利用，只有这样才能给企业带来长期的效益。

（二）知识的共享和转移

不管是对于国内企业还是国际跨国企业，企业发展的核心问题都是知识的共享与转移。事实上，任何一个进行市场拓展的过程就是复制和转移现有知识的过程，并力争在这个过程中创造出新知识。这个过程需要不同形式资源的投入，其中不乏各种专业化的知识，知识的专业性必然要求精通和熟悉相关知识的各类型专业人员共同协作。企业生产功能的顺利实现，需要建立一个成员企业能够集中共同使用各自专业知识的环境与知识条件。企业各自不同的发展路径形成了其独特的组织“情境”。在各自的组织情境中，企业中个体、群体间彼此相互作用，逐渐形成一套适用于特殊情境下的能大范围共享的表达方式，进而有机地协调不同类型的员工以进行有组织的相关职能活动。

所以，正是由于企业团队生产的相互协作模式，使企业成为一种有利于隐性知识转移的工具，这使企业相对于市场而言，在进行隐性知识的转移和共享上具有更高的效率。尽管外部市场在知识交易上确实存在诸多阻碍，但企业可以促进隐性知识快速转移，以及这种转移方式给企业带来的长期效果，是企业在知识转移方式的决策中之所以选择内部转移而非外部转移的重要决定因素。由此我们可以得知，跨国公司采用直接投资的方式而舍弃其他方式，并非是被动的选择，而是企业主动的战略性行为。

（三）对外直接投资的知识效应

事实上，目前已有众多跨国公司在全球构建了较完善的子公司网络体系，这其中要着手解决的即是如何向海外开拓新起点，以及如何对建立起的子公司网络体系进行有效的经营与管理。对于跨国公司而言，其自身所做的每一个进入性决策，都不是仅仅聚焦于一次性的知识内部转移和外部转移的成本比较，还同时需要考虑备选方式的期望收益情况。这其中有两个重要因素决定了期望收益：一是进入方式自身所隐含的，即在未来继续获取和创造新知识的可能性；二是所选择的进入方式降低未来知识转移的成本的大小。第一个因素受到知识的未来发展的影响；第二个因素受到知识的积累效应的影响。从对外直接投资的知识效应看，企业进入海外市场进行对外直接投资的过程，可以被理解为一个不断学习、不断获取知识的过程。跨国公司在市场中获得的每一部分知识，都会对以后的每一次市场进入与开拓产生巨大的正向影响。

根据知识理论，企业是一种社会共同体，知识在这种社会共同体中得以创造和转移（Kogut & Zander，1993）。人们对事物理解的深化是由个体、群体间不断发生的相互作用所共同促进的，这种相互促进作用能够很好地促使知识有效的转移，最终形成产品和服务（Nonaka，1994；Grant，1996）。从这个角度来讲，决定企业边界的是企业内部知识创造和转移的速度与效率，而不是控制成本（Kogut & Zander，1993；Chang，1996）。对在多个国外市场进行经营的企业，跨国公司的知识理论提出了一个演进路径（Kogut & Zander，1993）。具体来说，就是企业层级结构内部各个单位之间隐性知识的转移比市场上企业之间隐性知识的转移要更加有效、更加迅速（Kogut & Zander，1995）。因此，基于对外直接投资的跨国公司拓展企业边界行为和知识内部转移活动，既有效地保持了跨国公司现有知识存量的相对完整性，同时又为知识之间的再结合以及知识的创新建筑了平台，从而可在全球知识共享中寻求和获取动态的竞争优势。

综上所述，企业的资源积累与相关知识的学习是企业核心能力培育以实现国际化发展与全球化竞争优势的源泉。基于动态环境系统下，全球竞争优势源于企业自身所拥有的相关资源和各种能力的动态整合与运用。为了更好地实现资源与能力的合理整合，不断创建属于企业自己的核心能力，通过不同渠道获取所需知识资源是每个企业首先要面对的，如果企业内部存在所需的资源，就不需要通过适应性学习或联盟网络来获得，否则适应性学习或联盟网络也是企业要认真考虑的，因为这是缩小与优势企业间能力差距的有效途径。

第三章　跨国公司发展模式比较

在跨国公司发展的过程中，存在两类典型的模式：一是以美国跨国公司为典型的欧美模式；二是日韩模式，其中最成功的是日本综合商社模式。在特定的政治、经济和历史条件下，这两类不同的跨国公司得以形成和发展。本章重点针对美国、欧洲、日韩以及印度跨国公司发展模式进行研究，从中探索一些适用于我国跨国公司的模式，使我国跨国公司早日在全球市场中谋得竞争优势，取得成功。

第一节　美国跨国公司发展模式

自“二战”结束后到现在，在世界跨国公司中，美国跨国公司始终处于霸主地位，因此其兴衰对世界跨国公司发展有着直接影响，其发展趋势也能够代表当今世界跨国公司的主要发展趋势。

一、美国跨国公司的形成与发展

（一）1850 年以后，美国公司进入跨国经营的萌芽期

美国在建国初期是以农为本的国家，1790~1860 年才在工厂中逐渐形成一些制度。1790~1815 年还没有正规的企业，主要以手工作坊的形式存在；1815~1840 年，随着小型工厂的出现，逐渐产生一些工厂制度；1840~1860 年开始出现机器工业。随着机器工业在美国的迅速发展，美国跨国公司在 1850 年以后进入萌芽期。厂商开始开发国外市场，最初向国外出口产品，继而在国外投资建厂。在 1914 年，胜家公司成为第一家在海外建厂的美国公司。通用电气等企业也纷纷在国外投资建厂。“一战”前夕，通用电气已经在英格兰、加拿大、日本、法国和德国开展制造业务。进行对外扩张的还有美国烟草公司，它先后在加拿大、澳大利亚、德国和

日本建立其子公司。

（二）1914~1980 年，美国跨国公司进入成熟期

很多公司的国外子公司及附属机构已成为多种产品、多种工艺程序的、完全一体化的企业。在此期间，美国一大显著特点就是存在许多大型跨国公司，在世界各国排位中名列前茅。如 20 世纪 60~70 年代，在 100 家世界最大跨国公司中，美国可占 50%以上。根据联合国资料统计，1971 年世界最大的 650 家跨国公司中，有 378 家美国企业，占总数的 55%；1976 年世界最大的 100 家跨国公司中，美国企业占 79 家，占比接近 80%。

（三）20 世纪 90 年代以来，美国企业进入国际一体化和全球化时代

90 年代以来，日本跨国公司发展迅速，对美国霸主地位形成挑战。1994~1996 年，日本跨国公司在世界前 100 位跨国公司中的数量首次超越美国，排名第一。为了提高竞争力，美国公司进行大规模战略改组，促使美国公司处于全球最具竞争力企业排行榜首位，最突出的特点是其中存在相当一部分高技术企业，如微软、IBM 和英特尔等。美国由于借助高新技术，其传统制造业实现结构性复苏，牢牢占据全球大公司利润排名表的前几名。另外，为提高公司竞争力，美国跨国公司掀起新一轮的兼并高潮，创造历史纪录。①

二、美国跨国公司的发展模式

（一）一体化模式

跨国公司为实现其全球利益，建立内部国际专业化分工体系，该体系把全世界作为产品销售市场和生产资料来源，以实现市场营销最优组合，并使生产要素达到最佳配置。跨国公司理想的目标有三个标准：①可行性。跨国公司应对其子公司进行内部分析和机会分析，发挥优势，扬长避短，力争实现经济利益最大化的目标。②一致性。各个企业之间的目标应该是相辅相成的，彼此不能自相矛盾。③数量化。为了便于在过程中实施检查和监督，一定要将目标量化。

（二）兼并模式

跨国公司通过对东道国企业进行收购，实现控制其所有权的目标。跨国公司将兼并视为可采用的最有效手段，兼并的主要方式包括联合经营、特许经营、合资经营等。

---

① 王晓红. 美国跨国公司引领世界走势［J］. 企业改革与管理，2004（6）.

（三）"无形贸易"模式

随着西欧和日本跨国公司的持续发展，新兴工业化国家跨国公司日益强大，美国跨国企业经营者们认为，控制国外企业所有权已经不是企业唯一有效地进行国际化经营的途径。在这种形势下，美国跨国公司凭借现代化的管理方式和先进的技术，向外国企业出售注册商标、特许经营、专利技术、技术诀窍等无形资产，以达到海外渗透的目的。其中应用最广泛的是特许经营形式，其发展遍及各行各业，如在快餐店、饭店、饮料等服务领域中以及制造业零件的装配和加工。众所周知的可口可乐（Coca-Cola）、麦当劳（McDonald）、假日饭店（Holiday Inn）、肯德基（KFC）等，通过这种形式的渗透，首先可以在东道国使其技术商品占据一席之地，其次可以在东道国扩大其商标和产品的影响，为以后资本和商品的大举进入扫清障碍，开辟道路。

（四）适度多元化模式

早在 20 世纪 50 年代，美国企业就开始多元化经营，其目的是分散风险，以大规模混合兼并为手段，进行多元化经营，使业务范围扩张至非相关领域。在 50~60 年代，因为业务相关性过低和涉足陌生领域而造成管理混乱，混合兼并所形成的大企业纷纷出现问题。在 70 年代，许多企业根据业务组合技术，对所经营的业务进行重新调整和组合。根据《财富》调查，美国 500 家最大公司中，约有 45%的公司采用业务组合计划。实际上，业务组合为企业提供运用不同方式对不同业务进行管理的手段。到 80 年代，美国公司仍然盛行多元化经营，但以相关多元化为主，企业将许多不相关业务剥离掉。

从 80 年代后期开始，特别是进入 90 年代以后，美国跨国公司战略出现新趋势，即从业务范围较宽的相关多元化战略向适度多元化战略转变。之所以出现这种战略转变，主要归因于以下三方面：

第一，经济全球化使各国市场的开放程度迅速提高，大大降低了获取信息的成本，明显提高了获得信息的效率。企业开始运用供应链管理，在产品研发、生产制造、渠道销售和售后服务等具有竞争优势的方面创造价值，从而企业可以将非核心业务进行剥离。

第二，企业产品生命周期明显缩短。由于消费需求的不断变化而缩短了产品的生命周期，进而使企业不容易拥有多产品、多业务的领先优势，运用高科技的企业更是如此，而技术领先优势是企业的竞争优势重要来源之一。

第三，企业战略管理理论创新。20 世纪 90 年代出现了核心能力理论，它使企业经营者重新认识企业能力、资源以及竞争优势的来源。经营者们意识到，企业核心竞争力的培育和发展对于保持企业的竞争优势，进而使企业获得稳定的高额收益率具有重要作用。

美国跨国公司主要通过四种方式向适度多元化进行转变：

1. 撤销或剥离

20 世纪 90 年代以来，众多美国跨国公司通过这种方式处理非核心业务。如百事可乐将快餐业务剥离出去；克莱斯勒剥离年利润 5000 万美元的坦克工厂；1998 年 IBM 以 50 亿美元将其网络公司卖给电话电报公司，同时以 40 亿美元购买电话电报公司的数据中心。采取类似行动的还有摩托罗拉、通用电气等公司。

2. 并购

有相当部分的大规模并购是美国跨国公司与国外同行业企业间进行的。并购不仅使它们扩大经营规模，并且帮助它们开展核心业务。

3. 分立

分立是指公司将某一部门或子公司分离出去成立新公司，将资产和负债向新公司转移，然后向母公司的股东按一定比例分配新公司的股票，从而使子公司在组织上和法律上独立，形成的新公司股东与母公司相同。由于新公司是独立的法律实体，所以它的经营战略和经营理念可以与母公司有所不同。电话电报公司在 1996 年将 NCR 公司和朗讯公司分立出来，专业经营电话业务；惠普公司在 1999 年也一分为二；德尔福是当时通用汽车公司最大的生产零部件的分公司，后来被分立出来，成了一家新公司。

4. 战略性外包

企业可将自己不擅长或不具备的非核心业务，让给另外的专业公司协助完成，其宗旨是企业在其最具优势的行业上开展业务。战略性外包是美国跨国公司在 20 世纪 90 年代以后采用的主要手段。为加强信息技术服务这个核心业务，IBM 将制造信息产品的很多业务外包给杰比尔电路公司，最终集中全球十几万雇员从事其核心业务（信息技术服务），使核心业务收入从 160 亿美元（1996 年）增加到 326 亿美元（2000 年），IBM 也成为世界最大的应用硬件、软件和技术服务承包商，并承接了通用电气公司的一些外包业务。惠普公司与宝洁公司达成 30 亿美元的为期 10 年的外包合同，惠普向宝洁提供在 160 多个国家运营所需要的数据中心运营、IT 基础设施管理等服务。1998 年美国跨国公司在战略性外包方面的支出达到 515 亿美元，全世界企业在外包方面总共支出约 990 亿美元，由此可见，美国跨国公司普遍采用战略性外包作为进行国际化的手段。

（五）大规模的定制模式

美国跨国公司曾依靠大规模生产，在世界经济中占据统治地位。然而，自20世纪80年代以来，大规模生产的基础不断被侵蚀。大规模生产的理想生存环境需要稳定、明确、变化缓慢的、可预测的需求，在这种环境下，产品的生产水平、生命周期以及开发周期是可预测和相对稳定的。但是，随着20世纪80年代末以来的科技进步及经济全球化的加快，主要的西方发达国家步入后工业社会，加之企业对市场的预测能力和有限控制力进一步被削弱，因此生产模式僵化、生产线库存成本和变动成本高、投入高的大规模生产经受严重冲击。20世纪90年代以来，美国跨国公司战略发生相应的改变，尤其在IT技术帮助下，一些高科技公司采取大规模定制战略。

大规模定制是在保持规模经济性的基础上，以单件产品生产的方法，通过高度集成、柔性和灵敏的过程，为不同客户提供所需的个性化产品，满足客户个性化需求的制造模式。大规模定制是具有一定创造性的生产，它既可以让顾客根据自己的需要选择甚至定制个性化的产品，又可以使企业进行大量生产，保持成本优势。大规模定制包括制造定制化、设计定制化、自定制化和装配定制化四种类型。

戴尔公司是实施定制战略最成功的公司。顾客只需登录该公司的网址进行浏览或拨打免费电话，选择并确认计算机的配置后，戴尔公司在1小时内收到供应商的配件，顾客就能在24小时内收到所要定制的产品，并享受戴尔公司进行安装调试的服务。

（六）制造业企业的服务化模式

20世纪90年代以来，制造业所处的外部环境发生了巨大变化。

首先，出现了全球制造业生产能力过剩的现象，同行业企业在产品的品种、设计、生产和质量等方面趋于同质化，企业很难通过降低成本的方式来增加收益。

其次，伴随科技快速发展及其成果的应用，产品逐渐体现出科技含量高、维修保养专业性强和功能多等特点。指导顾客正确地使用产品，为顾客提供产品使用所需可靠、全面的保证，这对于企业的营销及利润有重大影响。而且，随着产品的科技含量不断提高，这种影响也越来越大。

最后，随着买方市场的迅速发展，消费者对产品的要求越发苛刻，消费者不仅关心产品使用价值，更关心与产品的相关服务，如在购买产品时受到的尊重程度、在使用产品时出现问题后厂家是否能做到及时维修等方面。因此，影响消费者选择的关键因素是企业能否提供相关的服务及其质量。

面对这些外部环境的变化，制造业服务化开始成为美国跨国公司的战略趋势。

通用电气是这些公司中较早实施这种战略的公司，1998 年，服务销售占其销售总额中的比重已达 67%，到 2000 年更是上升到 70%。1993 年，IBM 的 CEO 郭士纳在上任后对公司战略进行了重大调整，把服务作为其核心业务，在销售总额中，服务所占比重也不断提高。1997 年，IBM 服务业务收入达到 234 亿美元，所占比重达到 27%；2001 年，达到 349 亿美元，首次超过当年硬件的销售额，所占比重上升到 42%。惠普在 1999 年宣布其战略目标：将企业由硬件制造商转变为以服务为主导的网络公司。此外，采用服务化战略的还有电信设备制造商摩托罗拉、汽车制造商通用公司等。因此，可以说制造服务化在美国跨国公司里作为新战略，其趋势已日益明显。

第二节　欧洲跨国公司发展模式

一、欧洲跨国公司的形成与发展

德国经济在欧洲乃至世界经济中占有举足轻重的地位，德国跨国公司的形成与发展经历以下阶段：

（一）萌芽阶段（1952~1965 年）

德国于 1952 年被允许可以对外进行资本输出，德国各大企业开始纷纷申请赎回以前被国外政府没收的企业资产，并在国外购买企业。在 50 年代末，他们开始逐渐赎回企业资产或在国外新建一些生产基地。在 60 年代上半期进一步拓宽对外直接投资的领域。

在此期间，德国产生了至少 50 家跨国公司。如巴斯夫公司于 1953 年与荷兰皇家壳牌公司进行合资，兴建聚苯乙烯厂；戴姆勒—奔驰公司于 1953 年投资兴建巴西奔驰公司；巴斯夫公司于 1958 年同美国的道化学公司合资组成怀恩多特化学品公司，后来全部买下美方的股份，使之成为独资的海外公司；拜耳公司在“二战”后迅速发展，不断加强其在北美的经营，1954 年与美国孟山多公司合资，成立莫贝化学公司，又于 1962 年在美国开办哈尔曼—顿默尔香料公司，在美国进行经营；到 1964 年底，克虏伯公司在国外也已经拥有 13 家参与公司和子公司。

还有一些实力较强的其他德国跨国公司：大众汽车公司、蒂森公司、赫希斯特公司、西门子公司、蔡司公司、贝特尔斯曼公司、德占萨公司、博施公司以及一些跨国的金融机构等。

（二）逐步扩张阶段（1966~1979 年）

20 世纪 60 年代后半期至 70 年代，德国跨国公司开始大规模进行对外直接投资，不但跨国公司数量迅速增加，国际地位也大幅提高。在 1973 年世界最大的 100 家跨国公司里，德国拥有的公司数量已超过英国，排名第二位，仅次于美国。

1960 年，在世界前 25 家最大营业额的工业企业中，德国还没有一家企业能列入其中，而戴姆勒—奔驰公司、西门子公司和大众汽车公司在 1978 年均跨入此列。根据美国《财富》杂志的统计，德国的巴斯夫、拜耳和赫希斯特三大化学品公司，于 1978 年超过一直在战后名列前茅的英国帝国化学品公司和美国杜邦公司，名列世界化学品公司的前三位。1979 年，德国蒂森公司也登上世界钢铁业首位的宝座，超过西方各大钢铁公司。

除制造业以外，德国一些大银行在这一阶段也有较大发展。根据英国《银行家》杂志 1979 年 6 月的月刊显示，德国的商业银行、德累斯顿银行和德意志银行在西方国家最大 20 家商业银行的排序中榜上有名，具有不俗的实力。德意志银行在超过 50 个国家和地区分别建立 80 多家分支机构或分行。

截至 1979 年底，德国的西门子公司、奔驰汽车公司、通用电气、大众汽车公司等 10 家跨国公司的海外营业额已猛增至 1283 亿马克。如 20 世纪 60 年代末，德国大众汽车公司在美国开始生产轿车，设计出在美国非常受欢迎的“甲壳虫”车，一度销售很旺，风行一时。

（三）迅猛发展阶段（1980 年至今）

1981 年，已对外直接投资的德国母公司共有 5155 家，雇用员工 175.7 万人，共有资产达到 6658 亿马克。德国在跨国公司总数方面已超过美、英、日三国，位居世界第一。1994 年，联合国根据跨国公司海外资产指标，排列出世界 100 家最大的跨国公司，其中有 11 家德国跨国公司榜上有名，与法国并列，仅次于美国和日本。

在这一时期，德国跨国公司又在世界范围内大量投资。如继宝马公司在美国建立生产基地后，奔驰公司也大举在美国投资。1990 年，拜耳公司兼并了加拿大宝蓝山橡胶公司后，一跃成为橡胶生产的第一大公司。从美国撤出后，大众汽车公司移师阿根廷建厂，随后在东欧和亚洲组建一批新的轿车制造基地。大众汽车公司 1994 年的总销售额为 493 亿美元，其中国外销售额达到 290 亿美元，占总销售额的 58.8%。拜耳公司总销售额为 268 亿美元，其中国外销售额达到 219 亿美元，占其总销售额的 81.7%。

在此时期，德国私人生产企业与私人商业银行的交往非常密切，出现一批财团组织，它们以大银行为中心。举例来说，德意志银行就是德意志财团的核心，德意志财团是以曼内斯曼、奔驰、西门子等大型跨国公司作为成员的超级金融寡头。为了使势力更加强大，它们之间互相参股，互派管理人员和董事。同样，德累斯顿银行是德累斯顿财团的核心，其财团是以五金股份公司、通用电气、克虏伯和德占萨等为其成员。此外，有一些没加入财团的其他私人企业与这些银行关系也非常密切。金融资本和工业资本的广泛融合，其结果是为它们在各自领域进行对外扩张打下了良好基础。[①]

二、欧洲跨国公司的发展模式

（一）推行“上下互动、内外结合”的发展模式

跨国公司在全球范围内开展业务，所面临的具体经营环境千差万别，为了适应当地环境，欧洲跨国公司开始本地化经营，重视当地经理人员及员工的决策建议。大多数欧洲跨国公司为此改变原来的决策机制，不再采取“自上而下”式的决策，改为“上下互动”式，以更好地听取一线员工的建议，使决策更加适应当地环境，更加科学有效。跨国公司经营实践的发展和经济一体化趋势，向传统的经营模式和管理理念提出挑战。因此，为了有效适应全球化经营的需要，跨国公司必须创建新型管理体制与决策机制。一些跨国公司为此广泛采取“内外结合”的方式即根据企业实际条件及所面临的问题，在吸收外部专业咨询公司的新型经营模式和管理理论的基础上，开发出有效的解决方案，最终实现管理机制和战略决策创新。实行“上下互动、内外结合”式的决策机制，不仅使总公司的全球战略与一线决策建议整合在一起，而且使欧洲跨国公司将内部实践与外部经营管理新成果结合起来，借助外部力量解决内部问题，更加有利于有效推动跨国公司在国外的经营和发展。

（二）创建高效战略管理机制，完善欧洲跨国公司的治理结构

进行全球经营的欧洲跨国公司，在全球面临日趋激烈的竞争，必须要有高效的战略管理机制及完善的治理结构。许多欧洲跨国公司克服了传统的高集权、多层次、过分庞杂的金字塔模式的弊端，为了提升企业竞争力，组建高效的运行机制和灵活的组织结构。如雀巢公司为了保证组织灵活高效性，其董事会下设的审计委员

---

① 刘跃斌，罗东霞. 德国跨国公司的海外经营战略［J］. 武汉大学学报，2001（6）.

会、薪酬委员会、董事委员会由 3~4 名相关董事构成，经常开会议事，高效而灵活地为企业运行提供组织保障。

（三）推行科技创新战略，推动科技发展

伴随日益激化的全球竞争与世界经济的集约化增长，企业关键的制胜因素就是科技创新能力。欧洲跨国公司投入巨资进行研发，成为推动现代技术和产业发展的中坚力量。为了企业发展壮大，雀巢集团不断进行技术开发，改良传统产品并大力开发新产品。雀巢集团现有研发人员 3000 多人，每年投入研发的经费超过 7 亿美元，其研发总部设在瑞士洛桑，在全球拥有 16 个产品技术和食品研发中心，不断开发有关健康和营养领域的技术，使企业持续发展，充满活力，保持竞争优势。

（四）实施市场发展战略，挖掘发展中国家市场

欧洲跨国公司除了对现有市场进行管理之外，还关注未来市场趋势，积极实施市场发展战略。在对经营产品进行结构调整和优化的同时，准确把握未来市场趋势，及时调整产品结构，满足市场需求并引导消费方向。欧洲跨国公司在进行市场的扩张方面，特别重视以中国市场为代表的新兴发展中国家的市场逐步加大市场投入，取得良好的销售业绩。

（五）实施并购战略，促进企业高速发展

跨国公司通过并购既能增强企业竞争力，实现优势互补，也能利用原企业的设备、人才、营销基地、技术、服务网络与物流等方面的资源。一方面能够更好地适应高效率、快节奏的现代竞争；另一方面避免了“绿地投资”所导致的供给过剩的问题以及由此产生的过度竞争。因此，并购投资被欧洲跨国公司视为最重要的投资方式。

（六）推行品牌战略，创造品牌价值

欧洲跨国公司将品牌视为企业理念和形象的集中体现，因此特别重视品牌经营和管理。欧洲跨国公司通过企业优质产品形成的良好品牌，在全球范围内不断拓宽市场，使企业能够良性发展。20 世纪 80 年代，世界市场结构由“少品种、大批量”向“多品种、小批量”转型。欧洲跨国公司敏感把握这个时代变化，积极调整经营方针，大大丰富了产品结构。在“少品种、大批量”向“多品种、小批量”的转型过程中，欧洲跨国公司之所以没有受到很大的市场冲击，其品牌起到了积极作用。[①]

---

① 李明星. 欧洲跨国公司战略管理的若干特点及启示［J］. 中国经贸导刊，2003（21）.

第三节　日韩跨国公司发展模式

一、日本跨国公司的发展模式

（一）日本跨国公司的形成与发展

1. 日本跨国公司发展初期

日本政府在政策方面，运用金融工具和政策来扶持大企业，同时保护日本幼稚产业，并实施旨在扩大国内消费能力的“个人收入倍增计划”。如日本为保护其幼稚产业，对进口实施限额，这项政策在限制进口方面起到了重要作用。日本在1972年发表了《20世纪70年代经济政策纲要》，第一次明确宣告鼓励日本企业进行全球化经营，并且具体制定一系列相关政策，以促进日本企业进行海外投资。在1980年12月，日本公布“新外汇管理法”，日本企业国际化经营得到金融业的扶持，更加推动日本企业走向国际市场。

在上述的政策条件和经营环境下，日本企业开始在国外进行直接投资。日本跨国公司进行对外投资主要有三个特点：

第一，日本企业将东亚地区作为生产和出口基地，将产品销往欧美地区。

第二，海外投资多以商社参与为特点，这是由于许多日本公司缺乏海外直接投资的相关信息和经验，它们普遍借助日本商社在海外建设的信息网络，在综合商社的帮助下完成海外直接投资项目。

第三，日本企业所有的海外投资都对其扩大出口战略进行补充。日本基本国策之一就是扩大出口，日本由于贸易顺差的不断增加，与欧美各国之间的贸易摩擦不断加剧，这导致欧美国家对日本产品进行反倾销。为了避免来自欧美市场对日本制造产品的反倾销，日本跨国公司利用东亚各国吸引外资的机遇，通过在东亚其他国家建生产基地，以东道国的名义向欧美市场进行“迂回出口”，从而避免欧美市场针对日本产品的反倾销，使向欧美出口的数量得到保持或增加，最终减少了欧美与日本之间的贸易摩擦。

日本跨国公司在对欧美国家进行直接投资时采用了非常具有特色的投资战略，即先投资建设营销网络，随后再投资建设生产基地。这时在欧美国家进行投资是以占领其市场为目的，因此，进行市场调研与预测，建设营销渠道等投资起到开道先锋的作用，跨国公司投资在这一基础上开展可以避免非效率性和盲目性。如 20 世纪 60 年代初期，松下电器为了在美国构建营销网络而在当地组建销售公司，直到 70 年代才开始在美国进行大规模投资，建设生产基地来满足美国市场的需要。

2. 日本跨国公司发展成熟期

日本跨国公司在 1985~1999 年进入了第二阶段的发展。在这一阶段，日元升值严重影响了日本跨国公司的经营环境，导致日本产品生产所需的经营资源价格出现大幅变动。1985 年，美日两国在日本签订“广场协议”，结果日元迅速升值，汇率由 240 日元兑换 1 美元上升到 120 日元兑换 1 美元；1994 年，汇率更是突破了 1 美元兑换 100 日元关口。在此影响下，日本国内经营资源价格迅速上涨，而国外则呈现明显下降趋势，利用国外廉价的经营资源是日本跨国公司在国外扩大投资的动力所在。

美国厂商为了减少生产成本而将美国彩色电视机生产基地转移至其他可以实现低成本的国家，与日本企业进行竞争。同时对日本家电产品进行反倾销，将其领域扩大到汽车、电脑、半导体等高附加价值产品，这就使日本企业面临严峻的挑战。为了解决这一问题，日本地方政府也出台一些鼓励出口的政策，尤其在日本通产省高附加值协调体制的成功运作更显示出政府所起到的重要作用。所谓高附加值协调体制就是由当地政府促使各大企业协同攻关，联合进行基础技术研究，然后当地各大企业在此基础上，分别进行技术研发、应用及批量生产，企业间进行相互竞争，最终使日本高科技企业国际竞争力大幅提高。当时中国正在执行改革开放政策，对外进行招商引资，这恰好给日本跨国公司提供新的发展空间，日本企业在中国的直接投资迅猛增加，得到了长足的发展。

日本跨国公司在第二阶段的发展是借助日元升值的机会，在生产制造业、服务业、不动产投资业、金融投资业等领域进行海外直接投资，尤其是在美国进行巨额投资，甚至宣称要买下整个美国，这为后来的全面失败埋下了祸根。

日元升值后，金融投资、制造业投资、不动产投资是日本跨国公司在海外进行直接投资的主要支柱。日本跨国公司在海外进行直接投资最主要的手段就是兼并。如日本跨国公司在 20 世纪 80 年代后期对美国的投资中，运用兼并手段进行收买所占的比重大幅上升，达到 30%，而且日本大跨国公司进行数亿美元兼并收买的案例逐年增多。

在这一阶段，日本跨国公司主要在欧美及东亚两大地区进行生产制造业方面的对外投资，在欧美投资主要目的是避免与欧美国家之间的贸易摩擦，稳定并逐步扩大欧美市场，而在东亚地区投资的目标主要出于降低成本的考虑。不过大量的海外直接投资给日本跨国公司带来的并不是高额的回报，而是重创。日本著名学者大前研一曾经进行实证研究，发现日本企业在这一阶段对美国企业的兼并案例中，成功率只有5%左右。

日本跨国公司尽管在1985~1999年由“黄金时代”到“收缩期”，然而其实力及成熟性在国际上得到普遍承认，日本跨国公司与欧美跨国公司已经能够平起平坐，美国研究跨国公司领域的专家做出研究，认为日本跨国公司在运作手法与经营战略上与欧美跨国公司之间共性越来越多，特性越来越少。

3. 日本跨国公司全球化经营阶段

日本跨国公司自2000年开始，由国际经营的成熟阶段步入全球化经营阶段。在这一阶段，日本跨国公司基本完成全球范围内的战略布局，在全球建立若干地区总部，并在全球范围调配经营资源，制定市场战略。

（二）日本跨国公司发展模式特点

1. 实现高质量、低成本

波特曾认为成本领先战略和差异化战略是鱼与熊掌，不可兼得。但日本企业在80年代做到了以低成本生产出与竞争对手有明显差异的产品。因此，在跨国经营方面，日本公司大大超过西方竞争对手，它们可以在提高质量的同时降低产品生产成本。日本企业之所以能实现这一战略，其经验包括：重视生产流程创新；充分调动基层员工积极性；鼓励员工对工作做出小改进；为降低职工流动而制定的终身雇佣制；不断对员工进行培训等。日本企业普遍具有全面质量管理的思想，组建质量管理团队，视质量如生命，并由丰田公司创造出“精益生产”的生产方式。

2. 重视顾客、市场

国际著名管理学家克雷纳（Crainer，1998）对大前研一（Ohmae，1982）针对日本公司战略研究的专著进行评价，日本公司将顾客视为制定战略时首要考虑的因素以及企业价值观的最关键的组成部分，然而在西方企业的价值观和战略计划中，顾客却受到很明显的冷落。德鲁克（Drucker，1995）针对IBM公司、通用汽车等美国跨国公司在经营不景气时进行评论指出，这些公司最大的问题是没有对产品进行正确的定价，它们通常采用成本加成法进行定价，即设定利润率，有些公司甚至采用按最大利润率进行定价，使其产品在市场上不具备价格优势。德鲁克认为，正确有效的定价方法应该对消费者支付意愿进行研究，充分满足消费者的需要，而日本跨国公司就是这样进行定价的，因此迅速占领了小型汽车、家用电器、复印机、机床的市场，这些市场原来都是美国跨国公司所主导的。因日本跨国公司先于美欧公司提出并贯彻“顾客就是上帝”这一口号，在许多领域的发展超过欧美公司。

3. 有效的赶超战略

这个战略注重企业的长期盈利，逐步扩大企业的市场份额，实现循序渐进的发展。美国跨国公司一般来说比较重视短期财务，日本跨国公司与其形成鲜明的对比，更重视公司的市场份额，实现企业长期的目标战略。日本跨国公司在开拓海外市场时，一般采取由低（档）向高（档）循序渐进发展的战略，即运用低档产品打入该市场，立足之后再运用中档产品进行市场渗透，最后运用高档产品占领高端市场。由于大多日本跨国公司具备高质量、低成本优势，因此采用上述市场渐进战略的公司非常多，而且具有较高的成功率。如在进入美国市场方面，本田公司先投放小型摩托车，运作成功后再投放中型和大型摩托车，在美国市场具有一定品牌知名度和美誉度后，进军汽车行业，由投放低档小汽车开始，最后投放中高档汽车，最终使本田的产品遍布全美国。

4. 综合商社模式

日本“二战”后产生一些特殊的公司——综合商社。综合商社建立了全球最优秀的信息情报网络系统，一直维持至20世纪90年代，给日本跨国公司带来非常大的信息优势。

5. 海外公司体制

日本跨国公司与美国跨国公司相比，经理人员是否本土化是它们在海外公司体制方面的主要差异。日本跨国企业追求“日本式经营”，使海外企业具有日本特色，由此确立一定竞争优势。因此，一般由日本人担任海外公司中高级经理，而欧美企业更倾向于经理人员的本土化。①

6. 雁形结构和系列集团

日本跨国公司以银行为依托，银行对其进行贷款、专属承包、技术援助等支持，使日本跨国公司得以发展壮大，形成企业集团。日本企业与企业之间也形成一种同盟的关系，这种关系在形象上像雁群，故被称为“雁形结构”。从20世纪50~80年代，日本企业之所以具有低成本优势，这种集团组织结构是一个关键因素，美欧企业则不具备这样的因素。在当时条件下，银企之间、企业和企业之间进行广泛的合作，从而使交易成本最小化，在保持一定灵活性的基础上，最终实现规模经济（青木昌彦等，1999）。日本跨国公司在采购原材料、零部件和设备遵循的顺序原则：首先考虑在集团内部寻找，如果集团内部没有则再向其他日本公司订购，若其他日本公司都没有

---

① 康荣平. 日本跨国公司的战略及其变革［J］. 世界经济，2001（1）.

符合的产品和设备，最后再订购国外的产品及设备。

二、韩国跨国公司的发展模式

（一）韩国跨国公司的形成与发展

在“二战”后的一段时期内，韩国政府一直采取先统一，再发展经济的政策。在这样的政治环境下，韩国经济呈现资金匮乏、民生凋敝、无对外投资、发展缓慢的特点。1961 年，金钟泌、朴正熙等人发动政变，建立新政权，奉行全力发展经济的方针，放弃原来的“反共”、“统一”等空谈。韩国经济从此迅速发展，进一步增强了垄断资本的实力。在韩国政府“贸易立国”和“出口第一”政策的激励下，韩国一些大财团对外制定经济扩张战略，努力进行海外扩张，逐步转变为大型跨国公司。

南方株式会社在 1968 年首次斥资 300 万美元在印度尼西亚进行森林资源的开发，从此揭开韩国企业进行海外投资经营的序幕。紧随其后，现代等财团开始活跃于中东国家的贸易业和建筑业。韩国企业在 1973 年开始在国外投资制造业，建立生产基地，1977 年又在国外投资矿业，但投资的规模和项目直到 1980 年还是很有限的。根据统计，韩国企业在 1968 ~1980 年的对外投资项目仅有 287 个，海外直接投资的总金额也仅有 1.42 亿美元。

进入 20 世纪 80 年代后，随着韩国经济实力不断增强，逐步改善了对外贸易的状况，使韩国外债总额逐渐下降。韩元在美日两国压力下被迫升值，韩国企业为了保持出口竞争力，纷纷进行海外投资，使对外直接投资得到迅猛增长。到 1993 年底，韩国对外投资累计达 2925 项，投资总金额是 1968~1980 年投资总金额的 47.7 倍，达到了 69.12 亿美元。同时，韩国跨国公司海外子公司的数量和规模也在不断增长和扩大，逐步提高了韩国大型跨国企业在世界中的影响和地位。美国《财富》杂志公布的世界最大 100 家工业公司排名中，1981 年有 3 家韩国跨国公司入围，1984 年有 4 家入围，一举超过荷兰、瑞士、意大利等老牌资本主义国家。现代、三星两大集团于 1985 年首次进入世界前 50 家大型跨国公司的名单中。至 1989 年底，已有 43 家韩国跨国公司的销售额突破 5 亿美元大关，其中进入世界 500 强的跨国公司达到 10 家。1994 年，现代集团的销售额达到 650 亿美元，三星集团销售额达到 640 亿美元，大宇集团销售额达到 360 亿美元，三大集团均进入世界 60 家最大跨国公司的行列。现代集团业务涉及汽车、电子、造船、建筑及房地产、能源等多个领域。现代汽车在 1994 年生产汽车总量突破 130 万辆，其销售额达到 130 亿美元。1998 年金融危机对韩国经济影响很大，对外投资项目锐减 50%，但却没有降低投资总额。直至今天，韩国跨国公司的对外投资依然有稳定增长，如三星集团如今拥有 25 万名雇员，在近 70 个国家设立 300 家子公司和办事处，2011 年其市值达到 1500 亿美元。

（二）韩国跨国公司模式的特点

1. 综合商社发挥重要作用

综合商社是由韩国政府扶持起来的，从事商业和生产活动，为满足开展国际贸易以及开拓海外市场的需要，在全球建立众多的分支机构，其投资活动几乎涉足各个产业，从而形成一批混合跨国公司，与日本跨国公司大不相同（日本综合商社一般不进入生产领域）。由于建立了完善的情报网络系统，这些综合商社与世界各地进行广泛联系，除搜集情报、签订合同外，还负责联络合作对象及筹集资金，从而能够将市场信息及时向母公司反馈。

2. 投资重点由劳动密集型产业向知识密集型和资本密集型产业转移

韩国跨国公司进入 20 世纪 80 年代后，受到新技术革命的影响，逐渐认识到，仅靠廉价劳动力来维持竞争优势是不够的，必须进军高新技术产业。为此，韩国在 1990~1999 年拨款 164 亿美元进行技术开发，这些拨款主要用于激光技术、微电子、新材料、生物工程和航空航天等领域，并且逐渐在西欧、北美国家拓展高新技术产业。

3. 韩国跨国公司在国外以小规模投资为主

主要在亚太国家进行投资，以林业和采矿业投资为主，贸易和制造业投资为辅。如在 1992 年韩国跨国公司进行约 500 项海外直接投资，总金额仅为 12.55 亿美元，每个项目平均投资仅为 251 万美元，与日本及欧美跨国投资相比，其投资规模都较小。

第四节　印度跨国公司发展模式

一、印度跨国公司的形成与发展

印度企业在 20 世纪 50 年代末开始海外投资，伯拉财团于 1956 年在埃塞俄比亚投资纺织厂，这是印度第一个海外投资活动。由于外汇被政府严格控制，向海外现金业务的投资受到限制，大财团只能将成套设备作为建立国外工厂的资本或将其与本地资本合资。埃迪泰雅·贝尔是成功的跨国公司的老板，其他成功的企业家还有马法特拉尔、塔塔、辛哈尼亚、基洛斯卡、奥比罗埃、塔帕尔等。其投资的大部分位于非洲和东南亚，涉足机械、纺织、化纤、食品加工、石油和造纸等领域。其投资的小部分在欧美国家，主要投资在食品、饮料、汽车零部件和酒店行业。20世纪60年代末，印度公司的外国直接投资发展缓慢，处于探索阶段。印度在海外只有8个制造企业和1个服务企业，总投资额仅为4000万卢比。

到了70年代，印度公司的外国直接投资总额显著增长。印度政府在1969年颁布“垄断和限制性贸易惯例法”，限制该国的大型民营企业的扩张，从而间接地促进大型财团到海外投资。

印度的外国投资在80年代继续深化。截至1983年12月，与外国公司签署的合资企业协议总共228个，其中已投产的达到140个，印度投资达到6.255亿卢比。88个项目在建，投资额为5.957亿卢比，海外投资总额约12.2亿卢比。除了在西欧、美国、澳大利亚和加拿大等发达国家投资外，印度公司还在尼日利亚、印度尼西亚和马来西亚等其他发展中国家建立合资企业，投资还涉及机械制造、纺织、咨询服务、造纸和食品加工等行业。

在90年代，拉奥政府进行经济体制改革，印度的外国直接投资得到进一步发展。截止到1995年底，印度公司在国外开设总共185家企业，投资总额约22.2亿卢比。尤其从90年代后期开始，印度公司的外国直接投资有明显的增加趋势，特别是在信息技术和制造业方面更加明显。印度的外国直接投资在1996年只有6亿美元，到2003年达到51亿美元。其涉足的制造业主要集中在制药和钢铁业，服务业集中在通信、软件和IT等领域。约60%的外国直接投资地点集中到欧洲和美国等发达国家，并购成为印度公司在外国投资的主要形式。

进入21世纪，印度公司的外国直接投资步伐迅速加快。2001~2003年外国直接投资额每年约11亿美元，根据印度储备银行公布的数据显示，2003~2004年，印度的外国投资增加至15亿美元，海外投资总额已达66亿美元，主要表现在制造业的投资上，同时通过兼并和收购进行海外扩张，涉足信息技术产业，其增长速度最快。联合国贸易发展委员会委员卡尔说：“印度公司有兴趣进行全球化发展，其外国直接投资增长提升了印度公司的竞争力。这种全球化发展重点放在制药业和信息技术有关的服务业上。”印度公司已经开始收购海外的石油公司，同时也向银行、钢铁等许多其他领域扩展。

二、印度跨国公司的发展模式

（一）寻求市场和资源开发

在国际投资理论中，跨国公司的对外直接投资动机有四种主要类型：寻求市场、寻求资源、全球战略和提高工作效率。印度企业海外投资动机主要是资源开发和寻求市场，对外投资主要集中在资源型产业。印度是一个发展中国家，资源相对匮乏，最近几年，印度和中国在资源投入领域竞争激烈，这与其资源需求的急剧增加有关。在很长一段时间里，印度依靠进口的石油和天然气来满足国内经济的发展。随着其经济快速发展，石油和天然气等能源需求加速上升，印度国内的生产能力已远远不能满足经济发展的需要，因此印度的能源企业积极进行海外投资，以确保国家能源安全和经济发展。在国外开发油田已成为印度的经济发展战略。印度石油和天然气来源主要由公共部门企业提供，它们积极发展对外投资。印度石油公司、印度石油和天然气公司等能源公司在印度尼西亚、俄罗斯、越南、利比亚、伊拉克、苏丹、伊朗和缅甸等国进行若干勘探及开采工程；莱拉石油公司是印度的私营企业，近年来也进行海外石油投资。印度为确保石油安全，在海外国家和地区对石油资产进行收购和寻找勘探区。如 ONGC-Videsh（OVL）有限公司在包括俄罗斯和苏丹在内的十几个国家和地区收购海外石油资产，进行石油和天然气勘探。印度石油和天然气公司已投资 30 亿美元收购海外石油开发股权，范围从非洲的苏丹和安哥拉直至俄罗斯的萨哈林岛。这些项目从 2010 年起每年生产 13 万~15 万吨原油，每年纯收入高达 10 亿美元。它控制印度国内汽油零售市场的 60%，炼油能力占印度国家炼油能力的一半。印度政府为了确保满足本国需求，向非洲、波斯湾国家、南美各国和俄罗斯开展石油外交。印度与波斯湾国家有着传统联系，俄罗斯已成为印度第二大石油供应国。

（二）投资地区相对集中

印度公司主要在周边国家和一些发达国家进行海外投资。印度过去是英国殖民地，因此在英国和其他英联邦国家进行投资是有优势的。印度的海外业务目前取得了巨大增长，在世界市场的竞争中显示出不凡的能力。如在 2003 年 12 月，印度锻造公司是印度最大汽车零部件的供应商，在并购德国卡尔公司后，成为世界第二大锻造集团。20 世纪 90 年代以前，印度公司主要是在发展中国家进行海外投资，流入东南亚国家的投资占印度海外直接投资近 50%的份额。截至 1980 年 8 月，流入非洲、亚洲等发展中国家的投资占印度海外投资总额的 90%左右，而流入欧洲和其他发达国家的投资仅占约10%。截止到1983年，在印度的国外合资企业中有140个项目已建成投产，总投资达到5.58亿卢比，其中有114个项目在发展中国家投资，投资总额达到5.43亿卢比，占总投资额的81%，占总项目的97%。印度的对外投资于1975~1990年在发展中国家投资165个项目，投资金额达到1.92亿美元，占总项目的72%，占投资总额的80%。作为发展中国家，印度的跨国公司在管理、资本、技术以及其他方面存在很大劣势，很难在发达国家发展；由于语言、地理、历史等方面存在较大差异，印度公司很少在拉美地区直接投资。

（三）投资方式多样化

在一般情况下，跨国公司在外国进行直接投资，主要集中在跨国公司独资建厂、与东道国公司合资及并购东道国公司等几种方式上。通过跨国兼并和收购等方式，形成新的资产重组，实现全球规模和技术的结合，增强竞争优势，这是印度跨国公司近年来外国直接投资发展的新趋势。20世纪90年代以前，受到政府政策以及资金拮据的制约，印度跨国公司进行海外投资时，主要以合资方式进行海外扩张。90年代以来，对外直接投资企业逐渐增多，其投资方式也多种多样，除成立合资企业外，创建独资企业已成为一种被广泛采用的投资方式。跨国兼并和收购成为近年来印度公司进入海外市场的一种重要模式，同时也成为印度的外国直接投资的主要形式。

1996~1999年，印度跨国公司在全球兼并和收购案例中达到60个，而在2000~2003年，这一数字达到了182个。2003年以来，印度企业海外并购出现了空前的热潮，印度公司不仅在运输、医药、汽车零部件行业，而且软件、电信行业正在向世界展示其市场竞争力。根据美国毕马威会计师事务所的数据统计，印度公司在2005年前8个月就已经在国外收购了62家公司，收购总额达到17亿美元，是2001年收购总额的4倍左右。与发达国家相比，印度跨国公司经济实力还不是很强，但印度公司将收购作为进行全球扩张的一条重要道路。2003年，塔塔集团旗下的塔塔汽车公司并购了韩国大宇的卡车子公司；信息技术有限公司是印度软件巨头，它斥资2300万美元并购澳大利亚的一家公司，外籍员工人数增加了一倍达到600人。2004年，印度塔塔钢铁公司用2.88亿美元并购新加坡纳特钢铁有限公司；印度诚实公司也被欧盟批准在聚酯行业里收购德国主要制造商特里维公司；印度石油公司花费6亿美元购买印度尼西亚油气公司40%的股权；印度马亨德公司和中国江陵公司签署了一个合资企业的备忘录，建立一个拖拉机制造厂，印度公司占80%的股份；之后印度的国际收购还包括兰巴克西制药有限公司花费7500万美元并购法国的一家公司。2004年与2003年相比，印度公司虽然在海外并购数量仅从 305 个增加至 316 个，但并购金额却增加了一倍以上，达到 93 亿美元。

（四）对外投资规模较小

虽然印度跨国公司进行广泛的全球化扩张，涉及许多行业，但相对于发达国家，印度跨国公司海外投资额是非常小的，甚至与巴西、韩国、台湾、香港等新兴国家和地区相比都存在巨大的差距。奇丹巴拉姆（时任印度财政部长）曾说："虽然印度的外国投资金额与世界发达国家相比有明显的差距，但我认为我们才刚刚开始。"20 世纪 60 年代末，印度海外公司的投资总额只有 4000 万卢比，在斯里兰卡投资设立的玻璃厂只用 5 万卢比，最大的投资是在肯尼亚建立的毛纺厂，也仅用了 1890 万卢比。截止到 1980 年，印度的境外投资约 1.16 亿美元，其中 118 家企业已经投产，印度跨国公司投资约 4460 万美元，正在建设的项目有 87 个，印度跨国公司投资约 7120 万美元。由于投资额比较小，因此印度在国外的合资企业非常小。截至 1983 年，印度跨国公司平均投资额只有约 50 万美元。在整个 80 年代，与一些新兴工业化国家和地区相比，印度跨国公司的外国直接投资金额仍然很小，更不用说与发达国家的跨国公司进行比较。

表 3–1　2001~2006 年印度对外实际投资金额

年度	实际投资金额（亿美元）
2001	9.749
2002	8.417
2003	15.000
2004	45.000
2005	75.000
2006	153.000

资料来源：21 世纪经济报道，2007 年 1 月。

根据表 3–1 可得出结论：印度对外投资自 2002 年以后是在不断增加的，而且增速较快。印度企业的平均境外收购规模也从每次 1000 万美元上升到 4200 万美元。

（五）种族纽带联系

印度跨国企业在外国的直接投资受到种族纽带关系的很大程度影响。印度人在国外定居和努力奋斗中，逐步形成强大的经济实力。虽然海外印度人占其国内人口总数的比例很低，但在经济实力上持续上升，全年总收入已突破 1600 亿美元，相当于印度 GDP 的 1/3，他们在当地已经达到相当高的经济地位。海外印度人在整个国际社会中已经作为一个整体，在经济上已具有相当大的影响力量。随着印度人在海外的成功，其政治作用和影响力在居住国也越来越大。海外印度人在世界各地已经出过3位总统、3位总理、68名部长以及250多名议员。印度人在海外积极参与政治活动，并逐步提高他们的政治力量。除了经济和政治影响力以外，在科学、技术和文化等方面，海外印度人也有很大的影响。尤其是在科学和技术领域，海外印度人对居住国和世界科学和技术的进步做出非常大的贡献。在印度的经济发展中，海外印度人也起到非常重要的作用，这是由于他们平均每年汇款金额达到140亿美元的，成为印度主要的外汇来源。根据世界银行数据表明：移民每年在世界各地以正规渠道向其国家的汇款为800亿~1000亿美元，其中来自海外印度人的汇款总额占1/7。近年来，海外印度人在印度投资的数量急剧增加。特别是在医药、技术等领域，其中包括来自美国最受关注的公司。在跨国公司的外国直接投资中，紧密相连的海外印度人发挥了重要作用：在投资方面和商品出口活动中进行沟通，并倡议投资和出口活动；种族纽带在外国直接投资中，有助于减少文化差异所带来的成本。印度跨国公司早期在马来西亚大规模进行投资活动，这与当地的印度裔人所起的作用是分不开的。

20世纪80年代，印度人与祖国的关系使印度公司在美国硅谷捕捉住商机。因为信息技术主要依靠智力活动，需要较少的资本投资，所以成为印度政府大力支持的行业。印度的软件和服务业取得在西方市场上的优势地位，上升成为仅次于美国的全球第二大软件输出国。印度在2006~2007年的信息工业总产值达到了478亿美元，占国内生产总值的5.4%，其中出口软件和服务的金额达到310亿美元。IT领域成功的印度侨民投资额是非常高的。一位斯坦福大学经济学家声称，20世纪90年代，在印度接近6亿美元的投资是由海外印度人做出的，占同期外商直接投资的30%。除回国直接投资以外，海外印度人将大量外国投资吸引到印度。海外印度人为印度的科技迅猛发展（特别是IT产业）做出巨大贡献。海外印度人在世界各地，特别是在欧洲和美国将世界上最先进的科技带回到自己的国家，加上资本投资在印度经济的所有领域。不断流入印度的先进的科学技术对印度的经济领域有很大的帮助，尤其是对印度准备建立一个世界级的IT行业是必不可少的。

第二篇
在华跨国公司战略演进

第四章　在华跨国公司发展现状概述

自20世纪90年代初以来，国外跨国公司逐渐成为在中国投资的主角。随着中国加入世界贸易组织（WTO），掀起了跨国投资进入中国的更大浪潮。目前，世界500强公司中已有超过490家在中国投资，跨国公司在华设立的研发中心，地区总部等功能性机构已经达到1600余家。同时，国际竞争压力越来越大，跨国公司开始探索在更大的范围内通过其价值链实现竞争优势。据研究表明，跨国公司在中国投资战略性调整的趋势就是开拓并占领中国市场。随着跨国公司中国子公司进行市场推广力度的逐渐加大，市场竞争日益激烈，中国政府、企业和消费者已经深刻认识到跨国公司对中国的经济发展和市场的变化产生的重大影响。

第一节　在华跨国公司发展现状及主要特征

一、在华跨国公司发展现状

（一）在华跨国公司发展阶段

第一阶段，自改革开放到20世纪80年代初，该阶段是外商开始在我国投资的初始阶段。在改革开放的初期，针对外商在中国投资的相关法律法规并不健全，政府鼓励外商投资的政策对于外国投资者来说还没有足够的吸引力，所以仅有少数跨国公司进入中国市场，而且其中大多数投资项目都是试探性的，投资也相对集中在沿海地区，很少涉足内地市场。

第二阶段，20世纪80年代初至20世纪90年代初的10年，该阶段是国外跨国公司在中国投资的起步阶段。中国政府逐渐放宽外商投资政策，并逐步完善有关法律法规，越来越多的跨国公司进入中国，并不断扩大投资，投资范围从沿海逐渐向内陆地区延伸。据统计，1983~1985 年共有 5841 个外商投资项目获得批准，外商投资协议总金额达到 111.25 亿美元，实际利用外资总金额达到 42.91 亿美元，到 1991 年中国政府批准了 12978 个外商投资项目，外商投资协议总金额达到 119.77 亿美元，实际利用外资总金额达到 43.66 亿美元。

第三阶段，1992~1997 年，该阶段是外商在中国投资的迅猛发展阶段。特别是 1993~1995 年，外商投资达到了顶峰阶段，投资规模不断扩大，在 1993 年获得国家批准的外商投资项目达到 83437 个，投资协议总金额达 1114.36 亿美元，而由外商投资产生的问题也逐渐增多，为控制过度投资，中国政府针对相关外商投资管理体制进行完善，进行经济体制改革，并适当调整对外政策。

第四阶段，1998 年以后，国外跨国公司在中国步入稳定发展阶段，中国政府鼓励外商投资，同时对其进行控制。特别是在中国加入 WTO 之后，针对外国投资者的优惠政策不断增多，国内行业国际化程度越来越高，逐渐缩小国内企业与外资企业政策上的差异。

（二）跨国公司在华发展现状

1. 跨国公司投资的地域分布

根据对 2001 年在华跨国公司的投资调查数据进行分析，有 85%的世界 500 强企业选择在中国东部进行投资，优良的地理位置、设备、市场条件、技术和服务是企业进行投资地点选择的基础条件。特别是广东、江苏、北京、天津是吸引投资金额较大的地区，占外资总额的 68.77%。

2. 投资的产业结构分布

在中国的外商投资企业已开始由劳动密集型转化为技术密集型，外商投资主要集中在化工、电子、电气、计算机、能源、金融、汽车零部件、制药以及其他领域。中国加入 WTO 后，进一步开放第三产业，给跨国公司在中国的直接投资提供了广阔的空间（见表 4-1）。

表 4-1 2003~2007 年实际使用外资金额比重

单位：%

产业名称	2003 年	2004 年	2005 年	2006 年	2007 年
第一产业	1.87	1.84	0.99	0.86	1.11
第二产业	74.22	74.98	61.72	61.19	51.32
第三产业	23.91	23.18	37.28	37.79	47.58

资料来源：商务部外资司官方网站。

3. 投资方式选择

进入中国的跨国公司，一般采用外商独资，合资，合作开发，合作经营等投资方式。在这些方式中，合资企业所占的比重最大，占总投资企业数的53.62%，独资企业占33.31%。

总的来看，中国一般通过外商直接投资方式引进外资；外商直接投资主要在制造业领域，其次在农业和服务业领域，服务业的外商直接投资占总投资比重逐年增加；主要以绿地投资方式对制造业投资，其次运用并购方式，并购的案例也逐年增加；来华进行投资的企业一般为中小型企业，但随着时间的推移，国外大型企业逐步显现影响力。在国际上，间接投资一般是国际资本流动的主要方式，服务业是直接投资的主体，一般采用并购方式进行投资，大型跨国企业是外商直接投资的主导力量，可见向中国流入的外商直接投资逐渐与世界接轨。图4-1为1990~2008年FDI流入量。

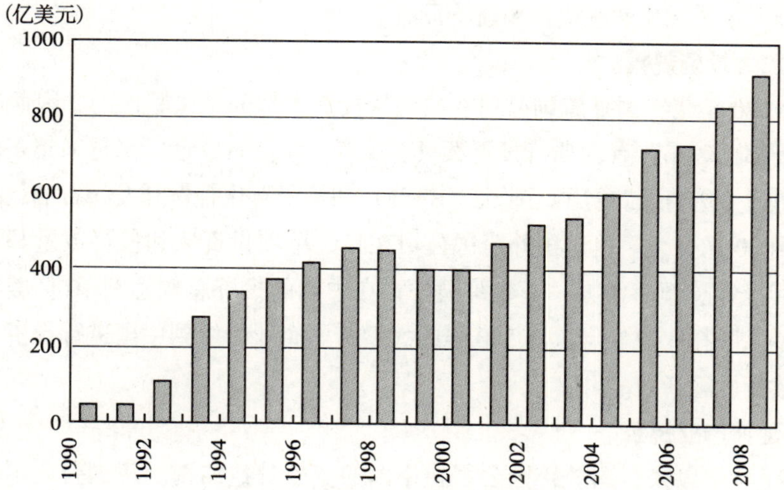

图 4-1 中国历年 FDI 流入量

资料来源：商务部外资司官方网站。

二、在华跨国公司的主要特征

（一）大多数国外著名跨国公司来华投资

20世纪80年代，外商一般在中国投资一两个项目。自1993年开始，外商逐渐增加在华投资项目。截止到2012年，世界前500强公司中超过490家公司在中国进行投资，投资规模也逐年增大。

（二）投资系统化的程度加强

随着国外跨国公司投资规模的不断扩大，许多投资项目出现纵向一体化的趋势。从 1994 年开始，在华跨国公司逐渐进行系统化发展。跨国公司在此之前的投资是分散而单一的，其投资项目之间缺乏联系，无法形成系统。在此之后，跨国公司在中国纷纷设立股份公司，这些股份公司成为跨国公司在华的最高层次的公司。投资以及再投资是这个公司主要的功能，同时也在一定程度上承担产品销售、资金融通、信息提供和人员培训等其他重要功能，将中国的投资项目整合成一个系统，使资金、技术、人员等生产要素最大限度地优化组合，合理流动，实现整体效益。

跨国公司建立投资性股份公司，其目的就是对在华投资企业进行统一管理，最终实现系统化投资。在投资方式方面，大型跨国公司与中小跨国公司之间的差异就是大公司进行系统化投资。至 2004 年底，我国政府总共批准了超过 170 家投资性股份公司，其中大多数是由全球大型跨国公司建立的。可以这样说，国外跨国公司在华已经步入了系统化和规模化的新阶段。

（三）加大投资规模

20 世纪 80 年代，国外跨国公司在中国的投资大部分是试验性的，因而投资项目金额一般都比较小，有的项目投资额仅有 1 万美元左右。近年来越来越多的投资项目总额超过 1 亿美元。德国巴斯夫（BASF）和扬子石化合作开发的石油化工项目投资额达到 30 亿美元。由于国外跨国公司在华的单项投资额和投资数量都迅速增加，因此其投资总额非常大，一些跨国公司在中国的投资总额达到 10 亿美元，如大众、三星、摩托罗拉等。世界 500 强的大型跨国企业纷纷到中国进行投资，大投资项目的数量也逐渐增多。

（四）延伸产业链条

进入 21 世纪以来，国外跨国公司在中国的竞争日益加剧。跨国公司不仅在产业链的一个环节展开竞争，而且在全产业链层面上展开竞争。跨国公司将产业链条进行延伸，一方面向零部件制造和研发等产业链上游延伸；另一方面向物流、销售等产业链下游延伸。

（五）加大研发投入

为提升跨国公司在中国的竞争力，为在危机后的经济复苏中抢得先机，许多跨国公司强化创新战略，加大对新产品研发的投入，通过创新化解危机对企业的影响。[①] 中国政府为提升外资质量，制定相应政策，鼓励国外跨国公司在中国进行研

---

① 王志乐. 2011 跨国公司中国报告［M］. 北京：中国经济出版社，2011.

发投资。

（六）向商业零售领域投资

据商务部统计，从 1992 年中国政府允许外资进入零售行业开始至 2003 年底，外商在中国商业领域中设立投资企业达 270 家，分店多达 2200 余家，累计投资额达 30 亿美元。外商投资的零售企业大部分属于新型流通业态，如我们所熟悉的“大卖场”。

（七）整合企业集团

一些跨国公司近年来调整其在中国经营战略的同时，也调整其管理结构。国外跨国公司的目标是在中国整合企业各种资源，最终形成企业集团。随着跨国公司不断增加投资项目，对其投资项目进行管理越来越复杂。首先，由于项目增加，母子公司之间需要加强沟通，内部协调工作明显增多；其次，在华投资逐渐成为母公司进行全球化发展的重要一环，因此加重了在华跨国公司战略管理的任务。一些跨国企业设立中国总部，整合各项资源，将各经营机构协调成一个整体来参与市场竞争，通过运营中心展开各项业务。根据商务部的有关规定，允许跨国公司设立地区总部以及开设投资业务公司，因此很多国外跨国公司都通过地区总部或投资公司对各种资源及经营机构进行整合，形成具有一定实力的企业集团。他们将已经投资的企业联合在一起，设立管理和协调中心，集团总部负责制订这些企业的成长战略，给这些企业提供生产、技术、销售、人力资源等方面的服务，通过企业集团化的方式来增强每个企业的实力。目前已经有很多跨国企业完成了企业集团化改造，有些还正在进行企业集团化改造，还有些将要进行企业集团化改造。跨国公司通过企业集团化改造，将在华投资的各个经营机构或企业逐步整合成一个有机整体，改变过去旗下各企业单打独斗的局面，形成一个具有统一战略、统一目标、统一协调和统一品牌的企业集团。这样一来，跨国公司将大大加强在华的竞争实力。随着跨国公司集团化的不断发展，他们在中国市场上进一步巩固了其竞争优势。

第二节 在华跨国公司发展新趋势

一、服务业成为投资新热点

根据相关统计，自中国改革开放以来，已经有约 200 个国家及地区的跨国公司在中国注册了超过 68 万家公司，在 2009 年中国使用外资的实际金额达到 9003.2 亿美元。服务行业的合同金额达到 392.2 亿美元，占总投资额的 43.6%。但值得注意的是，全球服务业投资占对外总投资存量的 60%，我国服务业所吸引外国直接投资远低于发达国家服务业吸收 62.24%的平均比例，并且与发展中国家服务业吸收 55.10%的平均比例也存在一定差距。在国民经济中服务业扮演越来越重要的角色，因此对跨国公司投资中国服务业进行研究具有重要的意义。

（一）服务业的投资环境以及影响因素

跨国公司为了更好地在发展中国家投资，就要对准备投资的地区进行投资环境研究。1968 年在美国学者彼得·班廷和依西·泰利佛合著的《国际商业安排的概念框架》中，第一次给投资环境下定义。服务业的投资环境可以被认为是投资环境的一部分。理论界从不同角度和立场对服务业的投资环境进行定义。服务业投资环境涵盖了经济环境、政治环境、文化环境、自然环境和法律环境等。其影响因素包括一个地区的政治、经济和文化等很多方面。

（二）我国服务业基本情况

在我国改革开放的初期阶段，服务业仅占国内生产总值的 23.7%。经过 20 多年的不断发展，2006 年中国服务业占国内生产总值的 40%，虽然在国民经济中服务业的地位已经明显上升，但全球服务业占国内生产总值为 50%，中国与之相比仍有较大的差距。造成种状况的原因主要包括：第一，中国一直以来对工业发展特别重视，相应形成了约束服务业发展的经济体制；第二，中国仍处于工业化阶段，随着国家大力发展工业，服务业在国内生产总值的比例很难提高；第三，一些学者认为，服务业占国内生产总值的比例较低，其中一个重要原因是中国的统计标准和方法不同于外国，但是我们不得不承认即使修正后的数据，其水平仍然很低。

在 1978 年，中国服务业就业人数占第三产业部门就业总人数的 12.2%。随着国民经济的发展，人民生活水平的提高，服务业就业人数在第三产业中的份额不断增加，从1996年开始始终保持在26%以上，而现在已经达到约30%。但是通过与其他国家进行比较发现这个比例还是非常低的。据统计，20世纪70年代初，这一比例在世界发达国家已达到60%。20世纪90年代初，这一比例在一些发达国家已达到70%，而发展中国家的平均水平在20世纪90年代初已达到38%，这正如配第—克劳克定理指出的那样，伴随经济的发展及人均收入的不断提高，作为第一产业的农业劳动力所占比重下降，工业和服务业的劳动力比重会逐渐上升。

我们可以从不同的角度将服务业中的行业分为不同类别。按时间顺序可将服务业分为传统服务业和现代服务业。传统服务业通常指旅游业、饮食业和商业。大多数现代服务业的产生是与经济发展密切相关的，如咨询业、金融服务业等。在中国的服务业中，像旅游、房地产和餐饮业这样的传统服务业所占比例较高，一些包括咨询、保险和金融业等的现代服务业在中国发展明显不足，所占比例较低。综观全球服务行业的发展趋势，可以看到现代服务业在促进经济发展中所起到的作用越来越大，因此在一个国家的服务业中所占的比重也越来越大，尤其在美国、日本等发达国家，现代服务行业在服务业中处于主导地位。从消费对象的角度来区分服务业，可将服务业分成为消费者服务和为生产者服务两种服务业。在现今的中国，为消费者服务的服务业发展明显好于为生产者服务的服务业。经验表明，在经济迅速发展的国家，一定要发展为生产者服务的服务业，因为它对一个国家经济的良性发展和产业升级起到至关重要的作用。

（三）国外跨国公司在华投资服务业的特点

1. 跨国公司在华投资服务业呈现出明显的区域分布

国外跨国公司一般集中在中国的中心城市进行服务业投资，如在北京和上海等。然而跨国公司在生产者服务业和消费者服务业上投资地点的选择方面表现出不同特点。为生产者服务的部门一般建设在制造业中心附近，主要选择在长江三角洲经济圈、珠江三角洲经济圈和环渤海经济圈附近进行投资。而为消费者服务的行业，跨国公司不仅选择在中心城市、东南沿海地区和经济特区等经济发达地区进行投资，并且也在人口规模较大的中西部地区进行消费服务业投资，这也成为了一个新的趋势。

2. 跨国公司以独资为主的方式进入中国的服务业

跨国公司目前在中国投资的主要形式是建立新的独资企业，这与跨国公司在第二产业进行投资所不同。如在北京，国外跨国公司通常以独资形式投资服务业。1991年独资服务业金额为472万美元，到2004年独资服务业的金额增至201亿美元，独资的服务业企业14年的时间里增加了425.85倍的投资金额。出现上述情况的原因是：首先，在中国投资的跨国公司已经有20多年的历史，其对中国本土的经济、政治和文化背景都比较熟悉，已经能依靠自己雄厚的实力在中国投资。其次，服务业特点决定跨国公司的经营，服务业所提供的产品涉及核心技术、知识等，这就要求跨国公司采取独资经营的方式进入一个国家的服务业。

3. 跨国公司自身存在“软化”特征

现今跨国公司进入中国主要在制造业领域进行投资，并出现了制造业和现代服务业之间相互融合和渗透的势头。在融合和渗透的过程中，企业活动的重心从制造产品逐渐向提供服务转移，即出现“软化”的现象。现代制造业更加重视产前和产后的服务而非仅重视产品的生产。产前服务包括研发、人员培训、信息服务、经营管理、会计服务等方面，产前服务能够提高企业生产效率和经营效率。产后服务包括仓储、运输、通信等方面，产后服务能够创造价值以及满足客户需要。随着在中国投资的跨国公司良好的发展势头，其自身的“软化”成为国际服务业投资的重要力量。

（四）跨国公司投资服务业浪潮产生的原因

1. 我国开放的服务市场构成外资流入的根本原因，但却不能解释外资流入的方向转移

我国加入WTO后，大力推进贸易便利化和自由化的发展。通过制定《商业银行法》、《对外贸易法（修订）》、《民用航空法》、《海商法》、《保险法》等法律法规为加快发展服务贸易提供法律依据。我国已经与秘鲁、巴基斯坦、智利、新西兰等国家签订了自由贸易协定，其中包括服务贸易领域。并与一些服务贸易方面较发达的国家进行磋商，准备建立自贸区。此外，在服务业领域，不断深化和扩展内地同港澳地区之间的合作，在公用事业、法律、电信、银行、视听、旅游、证券等服务领域，中国采取了行之有效的措施。随着服务业对外开放水平的进一步提高，我国逐步增强服务贸易的竞争力，具备服务贸易加快发展的条件，逐年提高利用外资的能力。我国服务业的开放为吸引外资打下了坚实的基础。

2. 在世界经济中，服务业变得更加重要，成为我国转移FDI流入方向的潜在原因

随着全球经济的不断发展，传统制造业已经被服务业所取代，成为许多国家国民经济中的基础产业。根据统计，1990年，世界服务业的增加值占全球国内生产总值增加值的比例已超过60%，在2006年这一比例更升至70%，就连在一些发展中国家，其服务业增加值占国内生产总值增加值的比例也达到43%的水平。西方发达

国家从事服务业工作的人数达到总工作人数的 70%，甚至有少数发达国家达到 80% 以上。在追求市场份额和规模经济的目标下，企业为了拥有良好的发展空间需要向外进行扩张。但是，在世界贸易总值中，服务贸易总值仅占其中的 20%，而到 2008 年则降为 18.1%。服务企业面对国内狭小的市场，只能通过国外直接投资的方式，在国外投资服务业，为国外消费者提供服务。而中国拥有 13 亿人口，是名副其实的消费大国，并且服务业发展水平较低。而且在加入 WTO 后，中国政府加大服务业开放力度，许多优惠政策相继出台，我国服务业当然成为外资进入的一大热点。根据统计，发达国家中的生产性服务业总值占到本国国内生产总值的 50%左右，在全球 500 强企业里，有 281 家从事服务业，占 56%。在世界跨国制造企业里，服务收入的比例达到 25%，有 20%的制造企业服务收入占总收入的一半。而我国制造服务业发展水平较低，因此近年外资主要流入制造服务业领域。

3. 国际服务外包，是大量外资流入服务业的背景

服务外包（Service Outsourcing），是企业将财务结算、人力资源管理、信息技术等非核心业务外包给其他专业服务机构。服务外包于 20 世纪 80 年代兴起，在 20 世纪 90 年代实现迅猛增长。据统计数据表明，2004 年世界服务外包的总量达到 3040 亿美元，2005~2007 年年平均增速达到 20%；2010 年服务外包总量达到 1.2 万亿美元。根据联合国贸易发展会议估计，在未来的 5~10 年间，世界服务外包数量将递增 30%~40%。

服务外包浪潮体现国际比较优势的转移，我国通过与其他发展中国家进行比较可以发现，在进行服务外包方面有明显的比较优势。我国的人才储备量很大，从 2003 年开始，我国应届毕业的大学生人数在世界上是最多的；生产力成本较低；我国是“世界工厂”，在嵌入式软件、产品软件方面具有很大优势；我国具有大规模和高质量的通信、交通等现代基础设施。

服务外包业务在我国取得非常大的发展，同时更多的外资也必然会投资于服务业。这是因为：第一，我国在服务外包领域具有很大优势，因此国外跨国公司愿意在华从事服务外包。第二，国外发包方将业务发包给中国企业时，会使资金流入我国，最终促进我国对服务业外资的吸引。第三，服务外包对促进我国高新产业的发展有利，并能够优化投资环境，带动产业升级，有利于中国抓住世界产业转移机会，吸引大量外资。第四，服务外包会通过资本积累的效应来增加服务业国外直接投资总额。发包企业通过服务外包能更好地利用比较优势，提高利润水平，从而积累更多的对外直接投资的资本。

二、并购成为新的进入方式

随着中国政府减少对跨国公司在中国进行并购的限制，跨国公司开始普遍选择用并购方式进入我国。

（一）跨国并购的相关概念

跨国并购指跨国公司等投资主体按照一定渠道和程序，依据东道国法律获得东道国现有企业部分或全部资产的所有权。绿地投资与跨国并购成为两种国际投资的典型方式。绿地投资存在风险大、建设周期长、灵活性差、速度慢等不良因素，而跨国并购有利于经营范围扩大、资本迅速扩张、廉价获得资产以及进入方便，因此跨国并购成为跨国企业对外投资的最主要的形式。

我国已融入到世界经济体系之中，因此，对跨国公司在中国进行并购的现状及其发展趋势进行研究，并制订出相应策略，对有效利用外资、提高对外开放水平、促进国家经济发展以及推动产业结构升级都有重要意义。

（二）跨国公司在华并购现状

1. 从并购行业看

跨国并购一般集中在基础材料工业领域、供应领域、能源生产领域，以及具有长期增长潜力和巨大市场规模的消费品生产行业。如钢铁、化工原料、电力燃气、酒类、化妆品、药品等行业。随着我国逐步调整和放宽吸引外资的政策，跨国公司对金融服务、批发零售商业、旅游、保险等服务业进行并购的案例也逐渐增多。如美国新桥并购深发展的股权，TESCO 并购乐购超市等。不论从服务业并购数量还是从交易额看，都超过同期外资在制造领域的并购投资，这说明国外跨国公司对华并购进入迅速发展阶段，增速甚至可能超过制造业。

2. 从并购规模看

跨国企业并购金额不断攀升。据统计，2000~2005 年，跨国公司在华进行企业并购的活动中，大部分并购案例的金额超过 1 亿美元，有的并购案金额更是达到 10 亿美元。如美国宝洁并购了和记黄埔公司；香港汇丰并购了中国交通银行 19.9%的股份。这些案例所涉及的金额均达到 10 亿美元。

3. 从并购对象看

外资企业必须绝对控股、必须使预期收益达到 15%、必须并购行业的龙头企业，这三个“必须”是目前一些跨国公司在华选择并购对象的一般要求。具有核心资源的中国企业将成为国外跨国公司的并购对象，如具有核心竞争力的企业（如中兴通讯、青岛海尔）；行业内龙头企业（如深万科、青岛啤酒）；已与外资建立战略合作或合资的企业（如东方通信、熊猫电子）；获得进入许可或拥有完善的营销网络的企业（如电广传媒、上海医药）。

4. 从并购类型看

国外跨国公司越来越关注我国上市公司，而且将并购我国上市公司作为进入中国市场的战略选择。自 1995 年开始，外商开始控股国内的上市公司，借助证券市场来并购我国企业。我国加入 WTO 以后，逐步放开外资在开放的区域和行业等方面的限制。可以预测在我国将掀起国外跨国公司并购我国上市企业的浪潮。

5. 从并购方式看

外资针对中国上市公司的并购方式可分为资产并购和股权并购两种。其中以股权并购为主，占到并购总数的 93%，可见外资重视对公司股权进行控制。并且，外资收购方式已不仅仅通过协议收购的方式，在市场中不断出现一些金融创新方式，包括发行可转移债券、定向增发、收购母公司、收购流通股等。

6. 从并购区域看

并购区域主要集中在我国东部地区，西部地区呈增长的趋势。到 2004 年底，在中国实际利用外资总额中，东部地区占其中的 86.37%，中部地区占其中的 9.35%，西部地区占其中的 4.76%。由此可见，与中西部地区相比，东部沿海地区拥有良好的政策环境，发达的经济，坚实的投资基础，高素质的人才储备以及较好的产业基础等区位优势，外资并购的地点选择必然会受到这些优势的影响。但随着我国振兴东北老工业基地以及西部大开发战略的逐步实施，中国政府出台各种优惠政策，跨国公司受到东北、西部地区市场的吸引，将会适当调整其投资战略，占领东北和西部市场。

7. 从并购者看

占主导地位的是来自欧盟和美国的并购者。从正式披露的国外跨国公司针对中国企业进行并购的 30 多起案例看，美国企业进行并购的案例最多，占其中的 30.2%；欧盟企业占 27.3%；香港地区和东盟国家的企业占 9.1%；日本企业占 6.1%；印度、加拿大企业各占 3.1%。

（三）跨国公司在中国并购的趋势

1. 外资并购总趋势

我国近年来逐步调整利用外资的相关政策，从利用外资方式看，逐步从传统合资方式向并购方式转移。外资并购随着中国政府逐步取消外资准入限制而迅速展开。目前在那些限制持股比例或并购行业中，国外跨国公司一般首先通过合资的方式进行投资，然后过渡到控股阶段。预计今后，在国内各行各业将掀起外资并购的浪潮。

2. 并购的主要目标为国有企业

中国现存近40万家国有企业，特大型国有企业约500家，大型企业约1万家，中型企业约4万家，其余为小型企业。当前被国外跨国公司并购的中国企业，多数是国有企业以及外商投资企业，并且其中一部分为上市公司。但从各地规模比较小的并购案例看，被并购企业的构成出现多元化的趋势，针对民营企业进行并购的案例正明显增加。

3. 并购成为国外跨国公司的战略性举措

随着当今中国融入世界经济体系中，尤其是加入WTO后，中国与国际惯例、规则接轨，外商在华投资逐渐由初期的试探性投资向大规模投资转变。特别是随着大量跨国公司进入中国，其主要动因是增强世界竞争力和占领中国市场。跨国公司转变在华投资战略，大大加强对在华子公司收益权和控制权的需求，这要求跨国公司调整已经在中国建立的投资公司的组织管理和股权结构，实现业务重组。并购是外商在华加强收益权和控制权并且最有效地进行业务重组的方式。跨国公司通过并购可以加强其总公司与在华公司的联系，并有利于跨国公司实现中国市场资源配置的优化，深化对中国市场的参与，实现在华投资的战略转变。

4. 外资在华并购的垄断倾向

跨国公司目前在中国进行的并购中，加大控股并购力度，以取得企业控制权，这个意图越发明显。外资同时采用系统并购方式，试图获得行业控制权。另外，外资并购着眼于控制品牌，这导致中国品牌迅速流失，会使很多国内品牌在跨国并购中产生生存危机，在市场中消失。

（四）我国应对跨国公司在华并购的建议

跨国公司在华进行这种并购活动使我国形成寡占市场结构以及侵蚀我国经济主权，这些消极影响不容回避。若任由国外跨国公司在中国自由进行并购，将使我国企业行业竞争能力不断下降，缺乏核心技术，严重时甚至威胁国家经济安全。因此，随着跨国公司在我国掀起并购浪潮，中国政府如何既鼓励跨国公司进行并购活动，又同时做到防止并购时产生产业垄断和控制，保障经济安全成为一个极为重要的问题。

1. 建立和完善外资并购的申报、审批、登记和审查制度

在中国并购时，外资遇到的阻力较小，其主要原因是我国外资并购审查程序还不够公开，而且审查机构精力有限，无法进行充分的调查，影响对外资并购意图的

判断。因此，应建立完善的外资并购的申报、审批、登记和审查制度，以此作为一项避免企业利用并购行为来垄断市场的事前预防措施。

2. 构建国家经济安全体系

国外跨国公司通过对我国企业实施并购，扩大其对我国市场的占有份额，甚至在某些行业实现产业垄断和控制的战略目标。如果外资形成对市场的垄断地位，不仅将冲击我国民族产业，使国内企业纷纷倒闭，而且还会扭曲市场结构，抑制市场竞争，降低社会福利，最终出现整个社会财富净损失的结果，外资在某些重要行业的垄断甚至危及国家经济安全。因此应该足够重视跨国并购对经济安全的消极影响，采取一定措施来引导和控制跨国并购投资的方向，限制跨国公司对我国产业控制权的掌握，保护我国的稀缺资源。为确保我国的经济安全，应尽快启动经济安全的立法工作，建立国外投资保障法律制度。

3. 以《反垄断法》为核心建立并购规则体系

规范跨国公司并购行为，则应当做到法制先行。我国必须借鉴发达国家关于跨国并购相关法律的制定经验，使跨国公司进行并购活动有法可依。一般来说，规范跨国公司并购行为的法律体系包括《反垄断法》、《证券交易法》、《跨国并购审查法》、《破产法》、《社会保障法》、《公司法》等法律法规。

（五）积极应对国外跨国公司在中国进行并购的思路及战略

1. 动态把握在华跨国并购

欧盟、东盟、亚太经合组织、北美自由贸易区等区域经济组织的出现，推动了经济全球化的发展。随着经济全球化进程的不断深化，跨国公司不断调整经营战略，在全球进行资源配置。跨国公司通过跨国并购，对自身的规模、结构、体制和功能等重新进行组合及战略调整。随着经济全球化的发展，跨国公司虽然没有改变实现最大化经济利益的最终目标，但在经营理念和方式上发生巨大转变。跨国公司不断改善与东道国之间的关系以确保其长远发展，减少对东道国企业恶意的并购，而更多以合作的态度进行跨国并购活动。在海外进行投资，日本松下公司坚持六项原则，其中第一条就是“在国外从事受东道国欢迎的事业”。我们如果仍以狭隘的观念，片面强调国外跨国公司并购所带来的问题，进而对其大加限制，则将失去参与全球竞争的时机。所以，我们应该以全新的观念，用历史的思维，站在一定高度上，用动态的眼光看待跨国并购，调整引进外资的战略。

2. 借鉴他国的经验与教训，积极参与引资竞争

首先，依据世界贸易规则，针对有关利用外资的政策法规进行调整和完善。中国加入 WTO 后，需要遵守由世贸组织相关协议构成的国际规则，履行“入世”时

的承诺，面对投资自由化和经济全球化的发展趋势，应该总结、调整并完善国内利用外资的政策法规。

其次，针对跨国并购的特点来制定相关政策。跨国并购方式既有换股方式又有现金方式，但换股方式越来越成为大型跨国企业青睐的融资方式。跨国并购所涉及的行业包括第二产业和第三产业，从发展趋势看，第三产业的跨国并购案例的数量快速上升。欧美国家虽然是跨国并购的主体，但发展中国家跨国公司之间并购案例的数量迅速增加。这需要我们针对跨国并购特点，制定相关政策。当前，除了要保留引进外资方面非常有效的优惠措施以外，还要针对跨国并购的特点，做好以下工作：建立产权交易市场，加快国有资产的产权改革进程；适当对外开放证券市场；探索新的金融创新工具和方式；扩大第三产业的准入；引进和培养具有投资经验的国际中介机构，从而提供跨国并购投资方面的优质服务等。

最后，要树立诚信意识，不断完善信用体系。国内许多企业长期以来信用观念淡薄，经常发生相互侵权、欺诈的事件。我国加入WTO后，面对国外跨国公司的竞争与合作，应尽快制定关于对信用进行管理的规则，并不断完善信用环境；在企业间形成守信用、重契约、以信用求得发展的理念，创造公平的有利于企业发展的竞争环境，以吸引更多跨国企业与中国企业进行合作。

3. 把握跨国公司在华投资的行为规律，引导和规范跨国公司在华并购活动

在中国进行跨国并购过程中，毫无疑问会产生很多负面问题。我们主要的任务是要对其进行管理，做到趋利避害，使跨国公司在中国的并购活动同中国长远的发展目标协调一致。在引导过程中，最重要的问题是如何把握国外跨国企业对外投资特别是在华投资时的行为规律。最初国外跨国公司在华进行投资的原因，主要是想利用中国廉价的劳动力或将其国内的夕阳产业转移至中国，所以在20世纪90年代初，投资是分散而单个的，而且很少进行研发投资，将投资主要集中在制造业。但从90年代末开始，随着世界经济一体化，跨国公司在华的竞争环境发生巨大变化。为巩固在华投资的项目，跨国公司展开与中国企业和其他跨国公司之间的竞争，开始实施本土化战略。不仅实施营运管理本土化和人才开发本土化战略，而且还实施研发本土化战略。通用汽车、摩托罗拉、汉高、松下、IBM、三星、西门子、爱立信等著名跨国企业均在中国进行研发项目的投资。据统计，国外跨国公司已经在中国设立了1200多个研发中心。跨国公司为便于对中国的经营活动开展一体化管理，还在中国设立地区总部，由此可见，跨国公司在华投资已经上升到更高层次。所以，我们应该根据在不同阶段跨国公司的行为规律，因势利导，做出正确决策。如研发中心与在中国进行投资的跨国公司总数相比较，其数量还很少，而且大部分正

处于开发适应性阶段，还没进入开发创新性阶段。我们应该采取较优惠的措施来积极引导、鼓励跨国公司在中国设立研发中心，以提高吸收外资的水平和质量。对于重要的战略性行业，要考虑增强中国企业的竞争力，使企业竞争力与政策放开的程度同步增强。

4. 发展大型企业集团，积极参与跨国公司的合作与竞争

加快中国大型企业集团的发展既是我们积极参与国际合作与竞争的重要途径，也是中国企业成熟发展的必然趋势和重要标志。从外国经济发展的经验看，伴随着国力成长，都形成和发展了一批具有国际竞争力的大企业。这些大企业又反过来积极促进了本国经济的高速发展。中国形成和发展具有国际竞争力的大型企业集团应当从以下三个方面努力：通过同业并购整合和战略联盟等方式形成和壮大大型企业集团；加强国有大企业改革，使过去计划经济下行政垄断性企业市场化进程加快，参与国际竞争，不断提高国际竞争力；为更多的中国企业，包括非国有企业提供良好的服务，创造更好的外部环境，不仅要引进来，而且要走出去，在竞争与合作中发展中国自己的大型跨国公司。

三、撤资现象凸显

我国外资管理工作长期以来一直强调引进外资的重要性，大多数相关的政策法规倾向于引资，而对于撤资问题的研究还不够。因此，我们应该加强对国外跨国公司在撤资方面的问题进行研究，并且充分认识到撤资所造成的影响及产生的原因，将危害控制在一定范围内，这理应成为我国外资管理方面今后一段时期的重点工作。

（一）撤资的影响

1. 对就业的影响

一旦母公司将其海外子公司关闭，特别当企业是劳动密集型时，东道国的众多该公司的劳动者面临失业。若跨国公司达到一定规模的撤资，就会使东道国就业状况严重恶化，失业率快速上升，对国家政治、经济将产生极大压力。此外，跨国公司在东道国开展生产经营活动时，会增加对金融业、交通信息业、保险业等产品和服务的需求，这就会在这些行业增加就业机会，如果撤资当然将使这些行业减少就业机会。

2. 对技术转移的影响

国外跨国公司的投资不仅给东道国带来包括资本在内的有形资源，而且还为其

带来组织管理技能、技术、研发等无形资源。如果出现撤资的情况，则使这些无形资源无法在东道国国内进行扩散，进而阻碍东道国技术的进步。

3. 对利用外资的影响

据国际投资带动效应和引力定律所述，如果经常发生国外跨国公司撤资事件，东道国政府却不采取一些有效措施来改变这种状况，那么将可能给投资者这样的一个信息：该国国际投资的吸引力在减弱，没有良好的投资环境，国外跨国公司不容易生存和发展，从而必然对其他国外跨国公司造成恶劣影响，使其失去到该国进行投资的信心，不但使该国不能进一步利用外资，而且将使现有的外资出现大量回撤的现象。

4. 对国际收支的影响

在一般情况下，撤资会影响东道国的收支平衡及其他经济目标。首先，撤资意味着资本流出东道国，东道国减少了外汇储备。其次，撤资对东道国进出口贸易造成很大影响，导致出口减少，进口增加，从而增加了平衡经常项目的难度。

5. 对产业结构的影响

国外跨国公司的投资在调整东道国产业结构方面发挥重要作用。它使东道国的新兴产业得到发展，使其对传统工业进行技术改造，进而加快其产业结构的升级。而如果发生撤资现象，必将在很大程度上延缓这个进程，甚至使东道国陷入调整产业结构的困境。

（二）关于跨国公司的撤资理论研究

国际上有大量文献对跨国公司的撤资理论进行研究，其中具有代表性的有以下几种理论：一是博递温撤资条件学说。这个理论是邓宁国际生产理论的逆应用，博递温认为跨国公司撤资应该具备三个条件：首先，与竞争者相比不再拥有优势；其次，虽然拥有一定的竞争优势，但该企业认为将其租赁或出售给国外企业会比通过海外投资来运用这些优势更有利可图；最后，认为凭借其在本国的竞争性优势并不能实现海外投资的成功。只要具备这三个条件中的一个，就可能发生撤资行为。二是乔和哈密尔顿撤资的决定因素学说。该理论认为主要有三个造成公司撤资行为的决定因素：首先是外部环境造成的影响，如恶劣的宏观经济环境等；其次是公司出现高度多元化或资本短缺等情况；最后是公司财务状况恶化，如国外子公司出现严重亏损等。乔和哈密尔顿认为其中最后一个因素是最重要的撤资因素，因为企业的生存必须依靠良好的财务绩效，虽然在短期内企业出现亏损是正常的，但如果长期处于亏损状态，则撤资就会成为必然的选择。三是波特撤资障碍学说。他认为有以下几个壁垒阻碍企业的退出行为：固定成本、资产专用性、战略退出壁垒、情感壁垒、社会和政府壁垒、信息壁垒。尽管存在上述的退出壁垒，波特认为当采取各种竞争战略都无法使子公司成功时，企业必须进行撤资。撤资的条件包括以下内容：退出壁垒低；为阻止竞争者进入而创造壁垒的机会很少；现有或潜在的竞争者拥有资源优势；竞争者有意进行恶意竞争。四是归核学说。一些学者认为撤资是针对公司过度多元化而进行逆向调整，目的是集中资源做好核心业务的经营，并增强公司竞争力。皮塞特罗、马里奥蒂、约翰逊、格林芬等人在此领域都做出了大量研究。穆勒等认为由于公司过度实行多元化策略而蒙受损失，公司必将修正这一错误，所以常常被迫撤资。哈密尔顿同样发现，当出现高度多元化或资本短缺等情况时，企业可能会进行撤资活动。

在关于国际撤资的研究方面，国内学者集中于针对外资在华撤资情况进行分析并提出相应对策。薛敬孝认为跨国公司撤资是不可避免的符合经济的现象。蒋敦福、毛蕴诗等人系统阐述了当代国际撤资理论及其发展趋势。他们指出从某个国家或地区撤资是跨国公司进行全球化经营的组成部分。适当采取撤资战略可以优化企业资源的配置，并帮助企业恢复甚至加强其竞争优势。除此之外，研究发现许多跨国企业在中国经历投资—撤资—再投资的循环过程。李玫、徐艳梅认为市场进入发展的转折期、市场期望过高、投资决策者的决策失误、国际资本流动发生变化、源于母国的障碍以及合资企业出现内部管理的失误构成国外跨国公司从中国撤资的主要原因。王志乐通过研究发现三种情况再现时，跨国公司可能出售投资项目：亏损性撤资、获利性撤资和重组性撤资。

（三）跨国公司从中国撤资的原因

1. 经营不善，出现亏损或未达到预定的投资回报率

许多撤资行为显示，跨国公司选择从中国撤资的主要原因是其在华控股企业或子公司经营不善，没有达到预期的投资回报目标。根据调查，大部分跨国企业都认为在投资过程中，获取各地区的市场、产业、政策环境、人力资源等方面信息时会产生很高的信息成本，并且经常导致其在不完全了解东道国情况的时候，通过主观判断选择投资决策。这就很可能造成其决策不能适应中国市场环境，进而使其在华控股公司或子公司经营状况不佳甚至严重亏损，最终可能导致撤资。

2. 母公司在全球范围内调整经营战略

从跨国公司发展历程看，一度掀起多元化经营的浪潮，但是随着时间推移，企业核心业务不断弱化，降低了核心竞争优势，日益显现多元化发展的弊端。因此，许多企业为加强其自身的核心竞争能力而不断降低地域多元化或业务多元化的程度，逐渐收缩战线，对业务板块进行调整。在海外战略方面往往表现为通过资产剥

离或业务剥离的手段，在一些国家的一些行业采取撤资行动。跨国公司从中国撤资一般属于公司战略的归核化战略。

第一批在我国进行电力行业投资的国外跨国企业基本上已全部撤出。除了政策性因素外，一些公司因为采取归核战略而进行撤资。美国赛德集团就是其中一例。美国赛德集团是位于纽约的一家独立的电力开发公司。1996 年其在大洋洲、亚洲和北美洲已拥有 25 家发电厂，1995 年投资建立东莞厚街电力公司。赛德集团在 2001 年准备放弃经营能源行业，将传媒和娱乐作为该企业的核心业务。尽管当时电力行业前景很好，而且东莞厚街电力公司也有可观的盈利，赛德集团并没有继续经营东莞厚街电力公司，而是选择在其股权溢价时将其股权出售。爱立信公司是在业务面临困境，产品竞争力不断降低的情况下，开始实施归核战略，逐步将 IT 服务、光纤等业务进行外包、出售或剥离，力求巩固其核心业务（如通信系统）的竞争优势。在这种竞争战略的指导下，爱立信在 2002 年从移动通讯公司（与熊猫电子合资）中退出，将其股权出售给芬兰的 Microcell 公司。

3. 外部环境的变化

从跨国企业母国的政治方面进行分析，当两国经贸摩擦加剧、外交紧张时，常常会影响跨国企业的经营决策。如当中日两国外交陷入僵局时，许多日资企业在中国更谨慎地进行投资，也有些企业缩小规模甚至采取撤资行为。从跨国企业母国经济发展方面来分析，母国经济一旦出现问题，必然引发跨国企业缩小对外投资规模，严重时甚至采取撤资行动。最具有代表性的案例发生在亚洲经济危机时，危机使日资、韩资企业及东南亚在华企业陷入困境，纷纷采取撤资行为。1998~2000 年的 3 年间，仅韩国连续从中国撤资的总额就达到 14.56 亿元。

从中国政治角度看，政策存在一定的不稳定性。这是由于我国仍处于市场经济的发展初期，市场的建设并不完善，较频繁地变更各项政策法规，还存在前后期政策出现相悖的情况，甚至有些地方政府为其地方利益，制定一些有悖中央政策的引资政策，而当外商资金到位，企业开始运转起来时，又往往向其征收各种税费，从而导致外商撤资。随着我国加入 WTO，政策措施和市场机制日趋得到完善，原来因制度以及市场不规范给跨国公司带来的优惠投资条件将会变化。优惠政策消失的结果必然使跨国企业寻求更有利的环境，因此撤资在所难免。

从我国经济发展的角度看，实行 30 多年的开放政策使中国企业得到良好的发展，在各个行业逐渐成长出一批能够与国外跨国公司相互竞争的企业。行业竞争的不断加剧促使部分跨国企业在中国的生存环境出现变化，如果不能及时调整竞争战略，很可能在竞争中失败，最终出现撤资行为。

四、关注公司治理

在华跨国公司的建立一般通过合作、合资和独资三种方式，从而形成中外合作企业、中外合资企业以及外商独资企业，这就是我们经常说的三资企业。跨国公司在中国的内部治理集中在公司管理层，外部治理则侧重于人力资源、技术垄断、原材料供给和产品销售等方面。

（一）在华跨国企业的内部治理

1. 在华跨国企业的股东大会

要对在华跨国企业的股权结构充分理解，则必须搞清楚三类在华跨国企业及其各自的性质。第一类是独资企业，即跨国公司在中国设立的子公司，其经营目标和方式一般来说完全遵从母公司的意愿。第二类是中外合资企业，我国法律已经具体规定其公司性质。我国《中外合资企业法》中的第四条已明确规定“有限责任公司是中外合营企业的形式”；在《证券法》中也明确规定“不允许外资、合资企业在中国境内上市”。由于在华跨国公司是有限责任公司，而且不能在中国上市，员工不能持有其股份，因此没有必要设股东大会。在中外企业共同投资的合资企业中，股权结构一般是中外企业各自所占的股份。第三类是中外合作企业，这类企业没有股权结构，这是因为此类企业通常是由中国企业提供劳动力、土地（使用权）、现有厂房、自然资源、水电设施和设备等，外国企业通常提供资金、技术、材料、先进设备等。

2. 在华跨国企业的董事会

董事会的产生及人员组成根据公司性质的不同会有所区别，其董事会职能的发挥和权力配置与母公司董事会进行比较也存在较大差异。在中外合资企业里，通过中外企业协商产生董事会成员，公司股权结构决定其比例。如果中外企业所持股份相同，则中外企业的董事人数相等。简言之，占有较多股份的一方，其董事会成员相对较多。由双方协商选举产生的董事成员组成董事会，双方进行洽谈时可以拟定董事长人选，但必须被董事会所认可。

独资企业由母公司委派董事长和董事，按照母公司经营战略意图制定和实施在华企业的战略；通常由母公司做出一些重要决策，如高级主管任免、增资、选择产品销售市场以及撤资等，独资企业是一个国外跨国公司的子公司，母公司对其行为和组织结构进行严格监督，董事会一般不能行使行政权力，但是对母公司负责仍然是它的基本职能，母公司有权力撤换那些不称职的董事。在中外合资经营企业的董事会里则存在角逐权利和利益的现象，中外双方董事一方面通力合作来促进企业的发展，另一方面也要为母公司争取利益。

由于是母公司确定董事长人选，因此在华跨国企业的董事会没有很大的人事任免权，董事长的职责是负责召开董事会议。董事长通常是外部董事，由母公司委派进入在华企业，一般不担任公司内部的行政管理职务，主要职责是监督公司的运营情况。总经理虽然由董事会任命，但通常也是事先确定好的。总经理对董事会负责，主抓全面管理工作。总经理有权任命副总经理和部门经理，中方的副总经理通常由中方公司委派，但必须得到外方总经理的认可。

3. 监事会机制

大多数在华跨国企业未设立监事会，只有部分在华企业设立监事会或类似监事会的机构。根据调查天津开发区在华跨国企业的治理结构得出结论，只有 10.1%的跨国企业已经设立监事会，20.1%的跨国企业已经设立类似监事会的机构，未建立监事会的企业占 60.7%，未做选择的企业占 9.1%。

4. 财务监督机制

合资和独资的在华跨国公司在财务监督机制方面的情况是不同的。独资企业通常由母公司进行审计工作，一般由母公司的审计委员会或聘请专业审计机构进行审计。最终将审计结果报送当地政府的有关部门和母公司。跨国公司通常不允许其子公司财务管理方面独立自主，而是对其加以严格控制。

在合资企业中通常有两套审计系统，但与独资企业相比有很大区别，主要表现在其两套审计系统都来自外部，一是母公司对其进行审计，通常是由母公司聘请审计机构来完成审计，这一点类似独资企业审计。每年母公司都要请在国际上知名的审计机构对其子公司财务状况进行不定期的监督，以免子公司虚报行为和做假账。二是当地政府对其进行审计，当地政府为防止本国公司资产流失而进行审计。

5. 经理人员业绩评价和激励机制

母公司通过对经理人员的业绩进行评价并采用激励机制，从而影响了在华子公司的治理结构。根据调查发现，大多数在华子公司以母公司的评价标准来对经理人员进行业绩评价。在部分子公司中，依据不同标准来评价外方经理人员和中方经理人员，小部分的企业选择针对不同岗位进行考核。评价总经理业绩的基本依据是利润率和企业成长性，其次是市场占有率和员工满意度，当然追求利润和企业发展是主要的考核指标。

在华子公司的高级经理的来源和任命根据企业的性质而有所不同。中外合资中的企业高管主要是在人才市场上招聘来的。外方总经理通常是母公司派遣的内部人员，中方公司一般在人才市场招聘副总经理，并由主管部门批准后上岗。高管的业绩考核构成合资企业重要的治理机制。

在华子公司的经理人员激励机制一般分两种：一是针对在华子公司的外方经理进行激励；二是针对在华子公司的中方经理进行激励。外方经理不仅有按母公司货币计算的基本年薪，而且通常如果经理人员业绩突出，还有目标奖励。根据企业的发展前景，经理人员还可以有股票期权。经理人员如果业绩突出，可以很快获得升迁，回国担任母公司的较高职务。此外，经理还享受一定的在职消费。如果外方经理同家人来到中国，一些公司甚至为其家庭成员安排工作，而且还提供一些福利待遇，这些外派人员的待遇基本相当于其在国内的待遇，有的甚至比在国内高出许多，而且中国消费水平、总体收入和物价都相对较低，因此其待遇就具有比较优势。通常针对外方经理的激励比较充分，有利于对经理人员积极性的调动。

在华子公司的中方经理可以享受与外方经理相同的基本工资。与外方经理不同的是，中方经理最终不能完全拥有这些待遇。中方经理的收入要划拨至中方母公司账上，之后由母公司二次分配给中方经理。

（二）在华跨国公司的外部治理现状

对于中外合资企业而言，其外部治理通常包括产品市场、母公司的控制、法律法规、人力资本市场。在法律上，中外合资企业与母公司是独立的企业关系，二者具有平等的地位，从这个意义上而言，母公司针对合资公司的监督和控制构成中外合资企业的主要外部治理机制。母公司对合资公司的外部治理主要体现在员工治理、技术垄断、原材料供给和产品销售方面。

1. 员工治理

由于合资企业不能运用股东大会进行有效管理，只能借助母公司企业文化进行管理。因此为增强企业竞争力，在华跨国公司普遍开展企业文化建设活动，将母公司设计好的行为方式和经营理念向企业员工传导，使他们按照企业所倡导的方式开展工作。这样做一方面增强员工对母公司价值观的认同，另一方面还能使员工能够监督管理人员。以天津开发区为例，已经形成三种企业文化：一是以可口可乐、摩托罗拉、梅兰日兰等为代表的欧美型企业文化。它表现出以人为本的企业价值观，充分调动员工积极性及创造性来参与企业生产管理，从而树立一流企业形象和产品形象。二是以雅马哈电子、天美汽车配件等为代表的日本型企业文化，它追求“至善”、“人和”的群体意识，强调“报恩”、“献身”精神，对等级秩序严格遵守，极力提倡服从大局、约束个性等理念。三是以新加坡、韩国企业为代表的企业文化，这种文化吸收东西方企业管理和经济发展的特点，具有较强的亲和性。

雇员通过企业文化来对公司进行治理的，这种治理有被动的色彩，公司占主导地位。为了增强企业的竞争力，公司开展企业文化方面的建设。母公司将优秀的行为方式和经营理念向合资企业员工传导，增强员工对企业的认同感，并监督管理人员行为。然而，企业文化不可能进行根本性的公司治理，职工没有机会参与决策。董事会做出公司决策，有些公司甚至由母公司进行决断。三资企业中的工会一般不参与治理，几乎不能制约董事会和总经理。

2. 技术垄断

在华跨国公司的技术大多数情况下由外方公司提供，其结果是合资企业被跨国公司进行技术控制。外商主要通过三种方式进行技术控制：一是只将处于成熟和衰退阶段技术转让到合资公司，而且从技术内容看，普遍只是标准化产品或下游环节的生产技术，涉及上游产品工艺技术、生产环节、产品研发技术等内容较少。二是向合资企业转让技术时，一般只转让其普通技术，而保留其关键性的、核心的技术，导致合资企业不能形成独立的技术体系，许多关键的零部件、原材料必须由外方提供；外方设法阻碍企业生产或在国内购买核心零部件、原材料，借此长期获取相关贸易的巨额收益。三是利用中外双方技术开发能力差距和中方急于实现国产化、跟进先进技术的迫切要求，以动态技术转让为名义，将中方企业里原有的研发部门转为国产化服务部门，使中方彻底丧失了独立自主的技术开发能力，合资企业最终彻底依赖外商提供技术。

3. 原材料供给和产品销售

外商一方面控制所需原材料的采购渠道或产品销售渠道，另一方面控制品牌。合资企业的原材料供给和产品销售受到国外母公司的控制。如在产品销售方面，天津富士通电子正处于成长期，尚未形成独立的销售渠道，其生产的产品几乎全部由母公司包销。

在华跨国公司品牌同样影响其治理结构。这方面主要表现在，外商利用其著名的商标、品牌、国际经验的优势，实际上对创建和使用合资企业的商标和品牌进行控制，从而达到了控制合资企业产品生产和销售的目的，最终控制该产品的市场。

第五章　在华跨国公司发展战略演进

第一节　在华跨国公司发展战略的影响因素

跨国公司在华设立的分支作为跨国公司整体网络的一个节点，这个网络可以分为内部网络和外部网络。内部网络是跨国公司与各分支之间的关系网络；外部网络是跨国公司与组织外部的供应商、销售商、联盟伙伴以及政府等相关利益者的关系网络。作为跨国公司全球网络中的重要节点之一，在华公司的战略决策受到跨国公司全球战略以及中国经济、政治、文化环境等因素的影响。因此，跨国公司在华发展战略的影响因素归纳为以下三个方面：第一，跨国公司全球战略因素；第二，在华投资环境因素；第三，在华公司自身因素（见图 5-1）。

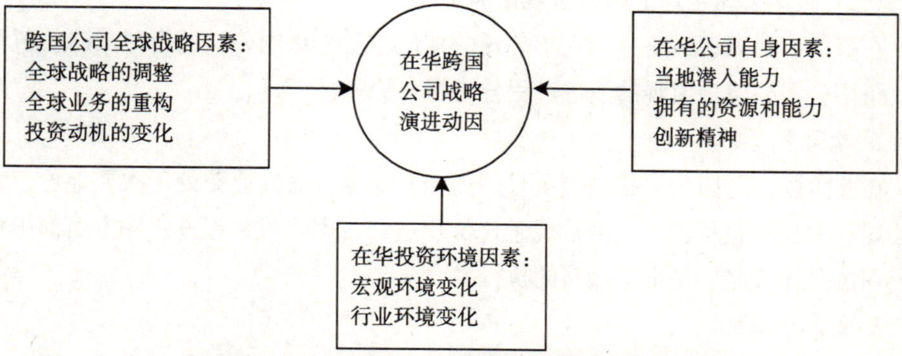

图 5-1　在华跨国公司战略的影响因素模型

一、跨国公司全球战略的因素

跨国公司作为在华公司的母公司，掌控优势的资源和能力，在整体网络中处于主导地位，因此，在华公司的战略演进必然受跨国公司全球战略调整的影响。跨国公司对其在华战略演进的影响主要表现在以下三方面：跨国公司全球业务的重组，将改变在华公司的业务范围；跨国公司全球战略价值观的演进，导致在华公司在整体网络体系中的战略地位也将随之变化；跨国公司投资动机的演进，亦将改变在华公司战略使命与承担角色。

（一）跨国公司全球业务的重组

跨国公司的战略目标是在全球范围进行资源优化配置，以实现整体利润的最大化和企业的持续经营。经济全球化、信息技术的迅猛发展和知识经济的到来，致使世界经济的环境发生了重大变化，跨国公司必须根据自身的资源和能力不断调整全球业务，以适应外部环境的变动。当跨国公司主动调整全球业务布局时，在华公司战略也需要相应改变，与跨国公司的全球战略保持一致。

随着中国本土企业“全球制造单位”地位的日益突出，一些知名跨国公司，如思科（Cisco）、索尼（Sony）、微软（Microsoft）、惠普（HP）等企业，内部生产能力已经远离核心竞争优势，生产的资产和人力密集型性质使得公司无法专心从事高附加值活动，如产品创新、营销和客户认知等。在这些企业里，制造已经不再产生高附加值，其回报主要来自于对客户需求的了解、设计和分销。因此，这些跨国公司将制造环节通过外包（Out-sourcing）等方式交付给其他单位完成，而在华跨国公司也将战略重心由产品的生产转到跨国公司的全球战略重心上，与跨国公司全球战略保持一致。

（二）跨国公司全球战略价值观的演进

在跨国公司全球战略中，在华公司的地位主要受跨国公司的全球战略价值观制约。跨国公司战略价值观的演进过程分为四个阶段：[①]

1. 母国中心观

在此阶段，跨国公司战略侧重母国的经营业务，海外业务处于次要地位，海外子公司作为战略服从者，在经营观念、价值观念、生产与管理方式等方面都服从跨国公司的总体战略，是全球战略的执行者。

2. 多国中心观

在此阶段，跨国公司意识到本国市场的局限性和国际市场的重要性。于是当在华公司本土化压力增大时，跨国公司对其制定特别的政策和计划，使其适应当地市场，更好地融入当地环境，在华公司具有相对较高的战略自主权。

---

① 薛求知. 无国界经营［M］. 上海：上海译文出版社，1997.

3. 地区中心观

在此阶段，跨国公司战略以一定范围的地区为基础，寻求跨国公司整体利益与在华公司利益的有机结合，在该地区实现最大利益与合法经营地位的平衡。此阶段的在华跨国公司更具有战略独立性，对跨国公司全球战略的影响程度也更大。

4. 全球中心观

在此阶段，跨国公司在世界范围内寻求公司资源的最佳配置。决策者放弃局限于一国一地的观念，通过在世界各地开展经营活动，实现扩大市场和增加收益的目标。此阶段的在华跨国公司可能在某一行业或领域成为跨国公司战略体系中的领导者，甚至是跨国公司的战略顶点。

综上所述，随着跨国公司的全球战略价值观从母国中心观向全球中心观的转变，在华跨国公司也逐渐从被动的战略执行者向主动的战略贡献者演进，战略自主权以及在跨国公司网络中的地位也逐步提升。

（三）跨国公司投资动机的演进

跨国公司在全球市场的投资动机不尽相同，如寻求资源、市场、利润以及分散风险等。不同的投资动机决定了不同分支所承担的角色不同，以至于在战略使命和战略任务上存在差异。跨国公司在华的投资动机，已经从寻求资源、低成本劳动力为主，向以开拓市场和寻求更大利润为主的方向转变。这个转变将引起在华公司的战略演进，体现在以下几方面：

1. 跨国公司更注重对研发、营销等具有更高附加值的价值链环节进行资金、技术和知识上的支持

早期，跨国公司更多将中国作为生产基地来降低生产成本。随着中国加入WTO以及跨国公司投资规模扩大和经营中心转移，越来越多的跨国公司不再将中国视为单纯的生产制造基地，而将其作为重要的销售市场和利润来源，纷纷在华设立地区总部，注入优势资源，建立市场竞争力，提高运营效率。

2. 在战略地位方面，在华公司位居跨国公司全球网络体系中的地位及重要性日渐提升

由于跨国公司对中国市场越来越重视，在华跨国公司的战略重要性日益凸显。近年来，多家跨国公司相继在中国设立投资公司或区域总部，扩大投资和经营规模，协调在华业务，实现优势整合。如霍尼韦尔公司将亚太总部从新加坡迁到上海，追加在华投资，将亚太区人力资源培训中心、战略研究中心、市场调度指挥中心都移师上海，凸显出在华跨国公司战略地位的提升。

3. 在战略取向方面，在华跨国公司的当地化趋势越来越明显

中国本土企业迅速成长以及其他跨国公司竞相进入，市场竞争愈演愈烈，只有更贴近和满足消费者的需求，才能获得竞争优势，获取更大的利润。因此，在华跨国公司在研发、原材料采购、市场运营、人力资源等职能领域的本地化程度日益增强。如仅在2006年，就有日本NTT、富士通、三洋电机和德国西门子等分别在大连投资设立了研发中心。又如诺基亚公司，其在中国拥有员工5000余人，其中本地员工占90%以上，公司管理层从总裁到区域经理都由华人担任。①

二、在华投资环境的因素

投资环境和行业特性也影响在华跨国公司发展战略的演进。在华投资环境因素可以划分为宏观环境和行业环境两个层面。

（一）宏观环境

宏观环境的变化对在华跨国公司战略演进有如下影响：

1. 宏观经济环境

改革开放以来，中国经济持续快速增长，市场规模不断扩大，其规模和容量对跨国公司的全球战略至关重要。在全球市场上，发达国家的市场相对成熟且饱和，要在这一市场增加份额比较困难；发展中国家的市场大多相对较小，因此中国庞大且迅速增长的市场尤为引人注目。能够迅速进入中国市场、扩大在华市场份额，对增强跨国公司全球竞争力意义重大。

同时，中国市场也在迅速分化和变化。自20世纪90年代以来，人均收入持续增加，各种阶层逐渐形成，中国市场的风格越来越多样化，跨国公司需要进行战略调整以适应这一变化。中国经济的增长，实际是二元结构下的增长，是低成本劳动力无限供给条件下的增长，跨国公司增加在华投资，扩大在华业务规模，以较低的成本取得所需的劳动力，这样在华业务可以保持低成本的优势。

此外，中国政府大力开展基础设施建设并提高职能部门服务水平，巨大的市场潜力和日益改善的经济环境，吸引越来越多的跨国公司来华投资，已投资的跨国公司也相继加大投资规模。如摩托罗拉公司制定了2006年在华投资、销售、采购3个100亿美元的目标，而松下、三星、飞利浦、西门子等众多知名跨国公司都将扩大在华投资规模作为公司的战略方向。

---

① 周小亮，郭雅坤. 跨国公司在华的新发展及对策［J］. 企业导报，2009（12）.

2. 政策法律环境

在华跨国公司的成长与发展要适应中国的政策和法律环境。改革开放以来，外资政策和涉外经济法规经历了全面的调整，尤其在“入世”后三年中的调整力度最大。政策法律环境的变化对在华跨国公司的战略演进的影响体现在以下方面：

（1）在华跨国公司股权安排的独资化趋势。2000 年以来，中国政府对《中华人民共和国外资企业法》、《中华人民共和国中外合作经营企业法》以及《中华人民共和国中外合资经营企业法》进行修订，取消对外资企业外汇自主平衡、出口业绩和当地原材料采购以及股权比例等方面的限制。此后，越来越多的在华跨国公司通过增资扩股等方式开始寻求绝对控股，并逐渐实现独资化经营。

（2）在华跨国公司对于投资公司的设立和其区域中心的兴起。2003 年 6 月，商务部颁发 《关于外商投资建立投资性公司的规定》，进一步扩大投资性公司的经营范围，并鼓励跨国公司在华设立研发中心和地区总部，允许跨国公司在华地区总部从事进出口贸易。之后，跨国公司开始在华建立投资性公司或地区总部，整合在华的经营机构与各项资源，实现在华战略的统一性。

（3）在华跨国公司投资行业与投资区位范围的扩大。为适应规模经济结构调整和 WTO 协议的要求，中国于 2002 年颁布了新版《外商投资产业指导目录》，明显加大对外商投资的开放程度，进一步开放银行、保险、旅游、会计、审计等服务贸易领域，而且对外商投资西部地区实施优惠政策。在此基础上，在华跨国公司投资的行业范围向服务业转移，并在地理区位上向中西部地区渗透。

加入 WTO 之后，中国法律和外商投资政策法规等制度环境日益完善，为跨国公司增加在华业务以及实施战略调整提供了良好的体制环境，对外资的政策由超国民待遇与限制并举向国民待遇转变。为了鼓励竞争、提高效率，政府也开始退出某些行业，根据 WTO 的相关条款，中国对一部分领域的投资规定出地域、过渡时间以及对应的最高持股比例。而新修改的《外商投资产业指导目录》将之前禁止外资涉足的电信、燃气、热力和供排水等城市管网首次对外开放，增加了 76 条鼓励类项目，限制类大幅减少近 2/3，同时《国有股减持政策》、《收购兼并细则》等法规对外资国内上市公司提供法律依据及操作程序。这些都为跨国公司战略演进提供了制度基础。

3. 社会文化环境

社会文化是一个社会的民族特征、宗教信仰、教育水平、社会结构、风俗习惯、语言文字、价值观念等的总和。中国文化与跨国公司母国文化之间的差异会对在华跨国公司的成长与发展产生重要影响。如果不注重中外文化的融合而将跨国公司原有的产品、品牌、管理模式和经验等全盘移植，极易引起文化冲突，导致战略失误。

（二）行业环境

在华跨国公司所处行业的竞争度以及行业中竞争对手、顾客、供应商等都会影响其战略演进。

1. 在华跨国公司所处行业的竞争程度

竞争主要来自两个方面：一方面来自中国的本土企业。改革开放后三十多年的发展，中国本土企业特别是民营企业成长迅速，在生产设备、管理水平、质量控制及生产组织方式等方面，都达到了国际市场的要求。在许多低端产品上，中国本土企业已经完全具备了与在华跨国企业进行面对面竞争的能力，在华跨国公司在一些产品的制造技术方面的竞争力已不能成为其持续发展的核心。如家电等行业，中国企业已具备很强的国际竞争力。近年来，海尔、华为等民族企业迅速崛起，使跨国公司感受到中国本土企业的竞争压力，促使其调整在华战略。另一方面来自其他在华跨国公司。各跨国公司都把中国市场作为全球战略的重要组成部分，注入资金、先进技术等优势资源或在华设立区域总部和研发、销售、采购中心。外国大型的跨国公司以及零售商、批发商，为进一步降低产品成本，并稳定供货来源，也愿意对部分企业投资，控制一定的股权，参与供货企业的重大决策，防止对手的进入。

面对上述两方面的竞争压力，在华跨国公司必然更主动地响应当地消费者的需求，获取当地经营的知识与能力，同时寻求更大的内部支持。如汽车、电子产品等激烈竞争的行业，最新技术与产品纷纷第一时间在国内亮相。

2. 行业中竞争对手、顾客、供应商的策略

根据波特的“五力竞争模型”，在华跨国公司所处行业的竞争对手、顾客和供应商都是主要的竞争力量，对战略决策有重要影响。而同行业的竞争对手是最直接的竞争力量，其策略的改变直接影响在华跨国公司的策略选择。如日化、家电、汽车等跨国公司相对集中的行业，一旦有竞争对手率先降价，在华跨国公司一般就要及时调整营销策略。而顾客需求的快速变化使在华跨国公司必须及时调整产品和营销战略，以迅速响应市场的变化。当地供应商的质量越稳定，供货越及时，在华跨国公司就越倾向于当地采购；反之则倾向于选择跨国公司内部采购。

三、在华跨国公司自身因素

在华跨国公司通过嵌入中国当地的网络，获取本地化运营的专有知识、能力

和网络关系资本，积累跨国公司原本不具备的竞争能力和优势。竞争能力的逐步增强促使在华跨国公司高管层的创新精神得到提升，并逐渐形成自身的成长与发展目标。三方面因素的共同作用影响着在华跨国公司的战略演进。

（一）在华跨国公司的当地嵌入能力

当地嵌入是指公司与东道国的顾客、政府、供应商、销售商等利益相关者之间形成紧密共生的联系。跨国公司在华经营的过程中，只有主动与本地的供应商、销售商、联盟伙伴和政府机构形成紧密的嵌入关系，才能吸收并开发出根植于当地的专有知识和技能，这是跨国公司本身无法给予的。因此，在华跨国公司通过与顾客互动及时掌握顾客需求的变化，与供应商和销售商建立快速、高效、稳定的供销网络，与政府、科研机构合作等方式，提升当地嵌入能力，主动寻求当地发展。

（二）在华跨国公司拥有的资源与能力

如果拥有的资源与能力水平都很低，在华公司需要跨国公司的资源和优势注入，并且在战略决策上完全服从，如果在华公司的资源和能力较丰富，并曾出色地完成过跨国公司委派的任务，就可能得到跨国公司的充分信任，并被委派更多的职责，在华公司从事的活动会进一步扩展，拥有的资源和能力进一步增强。此外，在华公司更熟悉中国的经营规则和环境，因此可能争取到更高的当地决策自主权。总之，拥有资源和能力越丰富的在华跨国公司，在争取内部资源、在活动和职责委派的过程中越有利，并有能力主导其战略演进方向和战略地位提升。

（三）在华跨国公司高管层的创新精神

高管层的创新精神是指高层管理人员倾向于主动发现并利用机会，勇于冒险、强烈进取的价值观念和取向。伴随在华公司的成长，高层管理者不断积累当地化经营和管理经验，全球视野不断开拓，创新精神也不断增强。具有高度创新精神的高管层，会不断寻找且有能力发现外部环境所蕴含的市场机会，并敢于冒险和承担责任，动用在华公司的资金、人力对可能的机会进行投资。因此，高管层的创新精神越高，在华跨国公司越有可能主动与外部供应商和顾客进行合作，并根据当地的经营环境自主拓展业务范围，实现战略目标，完成战略转型。

第二节　在华跨国公司演进的阶段模型构建

在华跨国公司的演进历程受跨国公司全球战略、在华投资环境和公司自身因素的共同影响。随着全球经营环境的动态性和不确定性越来越高，在华公司如果仅仅被动执行跨国公司的战略与授权，已难以在激烈的竞争中生存。因此，在华跨国公司只有自主寻求发展机会，根据当地需求进行能力开发与业务拓展，才能在竞争中脱颖而出，并为公司的全球整体业务带来价值增值。

一、在华跨国公司演进阶段模型的纵向分析

以跨国公司全球授权和在华公司的能力与主导创新行为作为两大维度，可以构建出在华跨国公司演进的阶段模型（见图 5-2）。随着在华公司从低级向高级阶段演进，能力与主导创新行为水平不断提升，获得的跨国公司授权范围不断扩大。一方面，在华公司通过成功实施主导创新行为增强了当地化经营的能力，不仅完成跨国公司的基本授权，甚至在授权之外的范围也取得成功，从而获得跨国公司的充分信任，得到更大范围的授权；另一方面，跨国公司对在华公司授权的范围增大，使在华公司有机会从事更多领域的价值增值活动，并提升自身的能力和主导创新行为水平。

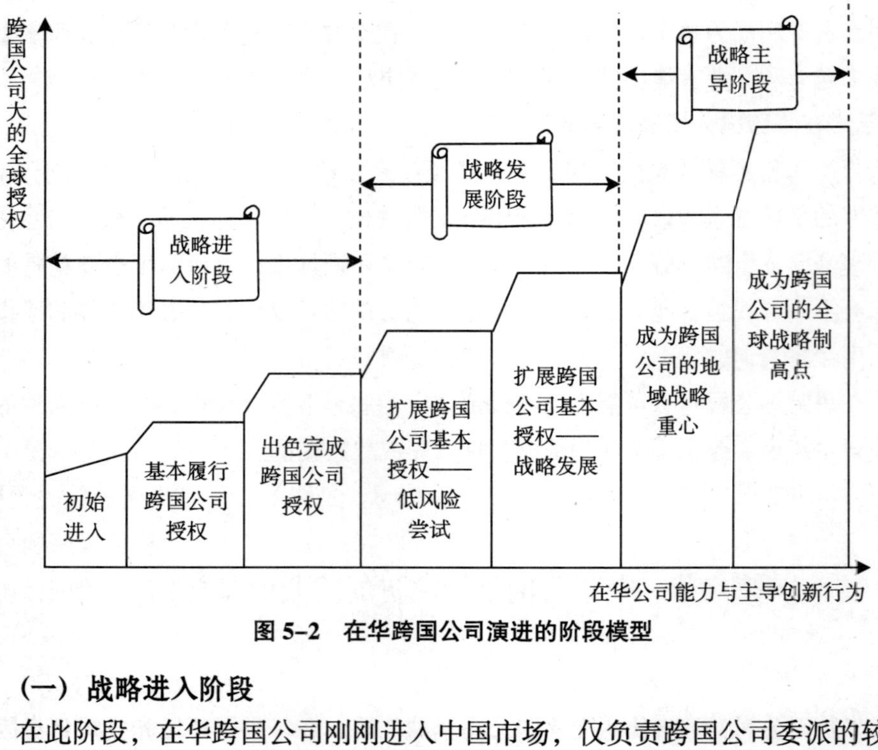

图 5-2　在华跨国公司演进的阶段模型

（一）战略进入阶段

在此阶段，在华跨国公司刚刚进入中国市场，仅负责跨国公司委派的较窄范

围的授权，同时自身的当地化运营经验和能力都十分欠缺，需要依靠跨国公司优势资源的注入。此时，成功获得跨国公司的重视与信任，是在华公司成为跨国公司内部的关键单位，并取得对某产品系列的开发与运营职责的重要平台。按时间顺序，战略进入阶段可划分为三个子阶段：

1. 初始进入

该阶段的在华公司有如下特点：通常刚刚建立；完成授权的业绩表现仍有所欠缺；基本是由跨国公司外派管理。

2. 基本履行跨国公司授权

该阶段的在华公司有如下特点：在收益、成本和预算方面达到基本要求；跨国公司对在华公司绩效很少指责；仍然没有表现出超出其他子公司而成为“标杆”企业的能力。

3. 出色完成跨国公司授权

该阶段的在华公司有如下特点：在初始授权范围内有超乎跨国公司期待的表现；被跨国公司视为“标杆”企业，开始接受同类子公司经理人员的参观学习；仍然在跨国公司授权范围内运营。

（二）战略发展阶段

从进入中国市场到出色完成跨国公司初始授权之后，在华公司开始向更高级的阶段演进。在战略进入阶段末期，在华公司的高管层面临选择：是满足于完成跨国公司基本授权的现状，还是承担一定风险去尝试新的机会，拓展授权范围？如果高管层具有一定的创新精神，选择通过自身的主导创新行为去抓住新的市场机会和开辟新的市场领域，那么在华公司就进入了战略发展阶段。

在战略发展阶段，在华公司的主导创新行为水平提升，并增强了自身的资源与能力，使跨国公司考虑向其委派更大范围的授权。按时间顺序，战略发展阶段可划分为两个子阶段：

1. 扩展跨国公司的基本授权——低风险尝试

当在华公司准备通过主导创新行为拓展授权范围时，必须寻找与自身资源和能力比较匹配的价值增值活动或业务领域进行尝试，如果贸然涉足毫无经验的领域，将面对巨大的风险。因此，处于该阶段的在华公司有如下特点：出色完成跨国公司的基本授权；在此基础上，低风险涉入具有发展潜力的领域，尝试拓展跨国公司的基本授权。

2. 扩展跨国公司的基本授权——战略发展

低风险尝试扩展跨国公司的基本授权成功之后，在华公司把目光投向更具战略重要性的领域。此前谨慎的尝试为该阶段战略性发展奠定了基础。处于该阶段的在华公司有如下特点：出色完成跨国公司的基本授权；在此基础上，向更具战略意义的领域进军以拓展跨国公司的基本授权；在华公司的业务扩展为跨国公司带来持续的价值增值。

（三）战略主导阶段

从战略发展阶段进入战略主导阶段，意味着在华公司达到了一个对跨国公司整体战略至关重要的阶段。此阶段，在华公司已得到跨国公司的充分信任和授权，并对跨国公司全球战略的制定与实施起举足轻重的影响，甚至在一定程度上代替跨国公司的部分职能。战略主导阶段是在华跨国公司演进的最高阶段，跨国公司全球授权范围以及在华公司的能力和主导创新行为水平都达到了最高点。按时间顺序，战略主导阶段可划分为两个子阶段：

1. 成为跨国公司的地域战略中心

该阶段的在华公司有如下特点：出色完成跨国公司的基本授权，并在基本授权以外从事具有战略重要性的业务活动；在跨国公司的全球运营活动中占据关键位置；从事如研发、营销、采购等价值链关键环节的增值活动；统管跨国公司在某一区域（大中华区、亚太区等）或某一职能领域（研发、营销等）的经营活动。

2. 成为跨国公司的全球战略制高点

该阶段的在华公司有如下特点：在华公司对某一关键业务领域具有独立自主的决策权，并自负盈亏；从事几乎整条价值链环节的增值活动；某种程度上取代跨国公司进行全球战略的制定与实施。

需要注意的是，在华跨国公司按阶段依次演进的历程并非一蹴而就，而是循序渐进的过程。然而并不是所有的在华公司都必须经历所有的子阶段之后才能最终达到战略主导阶段，成为跨国公司的全球战略中心。

二、在华跨国公司演进阶段模型的横向比较

由纵向分析可知，在华跨国公司的演进历程可划分为战略进入、战略发展和战略主导三大阶段。处于不同演进阶段的在华公司，所承担的战略角色、投资动因、战略目标、战略取向、运营模式等方面都会存在差异，具体比较分析如表5-1所示。

表 5-1 在华跨国公司演进阶段的横向比较

在华公司演进历程的差异要素	战略进入阶段	战略发展阶段	战略主导阶段
战略角色	完全服从型	相对独立型	中心领导型
投资动因	低劳动力成本 低税收成本	市场开拓，追求利润	全球整合与协调
战略目标	执行母公司的战略意图，完成母公司战略使命；熟悉中国市场，在当地立足生根	扩大市场占有率和市场份额，提高当地利润回报；建立投资性控股公司或区域中心	成为区域或全球的战略中心，某种程度上代替母公司的全球战略
价值链构成	单一价值增值活动（以生产制造为主）	向高端价值增值活动延伸（销售、研发）	形成完整的价值链体系
股权结构	以合资为主	增资扩股以实现控股	以独资为主
一体化程度	高	较高	非常高
当地化程度	低	高	很高
自主权程度	低	较低	高
区域中心与地区总部	无	部分建立	全部建立
跨国公司的联系	紧密	较紧密	不紧密
与跨国公司内其他公司的联系	不紧密	不紧密	紧密

资料来源：赵景华. 跨国公司在华子公司战略比较研究［M］. 北京：经济管理出版社，2006.

（一）在华公司的战略角色

在战略进入阶段，在华公司承担完全服从型的战略角色，完全听命于跨国公司的安排，一切在跨国公司制定的战略和政策框架下开展活动。在华公司尚未形成独有的竞争能力和优势，职能范围相对有限，与跨国公司的全球运营存在高度的一体化特征。

在战略发展阶段，在华公司承担相对独立型的战略角色。随着积累当地化的竞争能力和优势，在华公司的战略自主权不断增加，当地化程度显著提升，并拥有了在华市场开发新业务、拓展新市场的相对战略独立性。

在战略主导阶段，在华公司承担中心领导型的战略角色，处于跨国公司在某一区域或全球战略领导者的地位，独立运作价值链体系的全部功能，拥有极高的战略自主权，对跨国公司全球战略有重要影响，在跨国公司网络中扮演战略中心的角色。

（二）投资动因

在战略进入阶段，在华公司主要利用中国低廉的劳动力成本和税收成本，开展生产加工与制造业务；在战略发展阶段，在华公司从要素导向转为市场导向，侧重开拓在华市场和获取当地利润；在战略主导阶段，在华公司处于区域或全球战略中心的地位，更注重全球业务的整合与协调。

（三）战略目标

在战略进入阶段，在华公司的战略目标是执行跨国公司的战略意图，完成跨国公司的授权，熟悉中国市场，在当地立足；在战略发展阶段，在华公司的战略目标转为扩大市场占有率和市场份额，提高当地利润回报，并通过建立投资性控股公司或区域中心以整合区域市场业务；在战略主导阶段，在华公司的战略目标是成为区域或全球的战略中心，并在某种程度上代替跨国公司制定与实施全球战略。

（四）价值链构成

在战略进入阶段，主要从事生产加工为主的单一价值增值活动；到战略发展阶段，向研发、采购、营销等价值链高端活动延伸；进入战略主导阶段，形成完整的价值链体系，从事几乎价值链的全部活动。

（五）股权结构

在战略进入阶段，由于中国政策限制和当地市场运营经验的欠缺，多数在华公司选择合资经营；到战略发展阶段，政策的松动和当地化能力的提升，合资经营的在华公司纷纷增资扩股以达到控股比例，开始独资化经营；进入战略主导阶段，基本采取独资经营。

（六）战略取向与战略自主权

从战略进入向战略主导阶段的演进历程中，在华公司的当地化程度不断增强；一体化程度除了在战略发展阶段略有下降外，基本趋势不断增强；战略自主权不断提升。

（七）区域中心与地区总部

在战略进入阶段，在华公司只是跨国公司战略的执行者，没有建立区域中心和地区总部；到战略发展阶段，部分在华公司开始建立投资性控股公司或者中国总部、大中华区总部等机构以整合、协调区域业务；进入战略主导阶段，在华公司成为全球战略中心，行使亚太总部或全球总部的职能。

（八）与跨国公司和内部其他公司的联系

在战略进入阶段，在华公司作为执行者与跨国公司联系紧密，几乎不联系其他公司；到战略发展阶段，在华公司仍受跨国公司控制，与跨国公司联系比较紧密，与其他公司联系却不紧密；在战略主导阶段，在华公司作为区域或全球中心，承担跨国公司的部分职能来协调区域或全球市场业务，与跨国公司联系不紧密，而与其他公司联系很紧密。

第三节　在华跨国公司发展战略演进模式

在华跨国公司采取的战略随时间的发展而演进，具体分为战略体系、战略态势、战略取向的演进。

一、战略体系的演进

企业的战略体系由不同的战略层面相互协同、相互支撑而构成。在华跨国公司包含三个互动的层面，即公司层战略、业务层战略和职能层战略，每个层面都由若干具体的成长与发展战略组合而成。

（一）公司层战略的演进

公司层战略是在华跨国公司成长与发展的最高层战略，主要指在华跨国公司根据所需完成的战略使命和战略目标而采取的获取超额回报和加强竞争优势的一系列战略组合。

1. 多元化战略到归核化战略

第二次世界大战后，许多大型跨国公司为了分散风险，普遍采用多元化经营战略。但其弊端也逐步显现，如摊子过大或不熟悉非相关领域等，导致收益降低甚至高负债。20 世纪 90 年代以来，跨国公司出现了“归核化”的趋势，越来越多实施非相关多元化战略的跨国公司剥离非核心业务，把经营重点放在核心行业价值链自己优势最大的环节，强调核心能力的培养、维护和发展，以应对全球经营环境的变革并培育核心竞争力。在华跨国公司，为配合公司全球战略的调整，也剥离非主营业务，越来越多地采取专业化经营和高度相关的多元化经营。

2. 战略联盟

近年来，面对不断变化的消费者需求，日益缩短的产品和技术生命周期以及日趋复杂激烈的全球竞争等现实，跨国公司逐步意识到，仅依靠一已之力来单打独斗的发展思路应对日益激烈的全球竞争已经力不从心。因此，全球战略从单纯的竞争战略向“竞合”战略转变，而跨国战略联盟的逐渐兴起便体现了跨国公司的战略意愿向追求“双赢”演进。在“入世”以后，随着跨国公司的大举进入，在华跨国公司更注重与中方企业开展平等互利的合作与联盟，联盟的动机向降低采购成本、提升当地生产能力和共享销售渠道转变，以建立合资企业、共同研究开发、许可经营、特许专营、合作生产和销售、勘探协议等形式形成战略联盟，好处在于可以共同分担研究开发费用、分散与减少风险、取长补短、优势叠加、取得技术协作溢出效应等。如2002年，日本三洋公司与海尔公司宣布结为21世纪战略伙伴关系，三洋公司希望利用海尔覆盖中国的销售网络与营销能力扩大其产品在中国的销量，并将自身居于世界领先地位的零部件供应给海尔，成为海尔最大的供应商。

3. 并购战略

相对新建项目而言，跨国公司并购可以比较方便地获得在华的战略资产，投资周期短，适应性快，迅速渗透当地市场，在争夺在华市场方面处于有利的地位，在国际上被跨国公司广泛采用。愈演愈烈的全球并购浪潮表明，跨国并购成为目前跨国公司全球投资经营的主要方式。但在我国由于法律和制度的限制，以及本土企业发展不够成熟，2000年以前外资基本采用三资企业方式开展投资。近几年，随着在华投资环境不断改善以及2004年《国务院关于推进资本市场改革开放和稳定发展的若干意见》出台，跨国公司在华业务不断扩展，推动并购战略的实施。如英国BP公司收购广东顺德燃气公司，世界最大的钢铁公司米塔尔收购华菱管线的股权，美国亚马逊公司收购卓越网络等屡见不鲜。从母国国别看，美国与欧盟的在华跨国公司是并购战略实施的主体；从并购对象看，国有企业是外资并购的首选，而民营企业逐渐受到关注；从并购动机看，提升在华生产能力、缩短进入中国市场的时间、占有和利用并购企业的品牌和渠道等优势资源是目前实施并购的主要动机。

4. 重组战略

跨国公司在幅员辽阔的中国市场上设立了许多分支机构或子公司，多者达几十个。由于投资项目迅速增加，如何整合在华各项资源，如何设立在华总部来统领各经营机构以形成整体竞争优势，如何通过若干运营中心开展业务等问题，成为在华跨国公司必须解决的问题。为此，在华跨国公司通过建立投资控股公司或成立企业集团来完成在华业务的重组，如松下、诺基亚、阿尔卡特等，通过实施重组战略，跨国公司在华各分支逐步形成一个有机整体，由过去分散的单打独斗的个体演进为具有统一目标、统一战略、统一品牌和统一协调的企业集团。[①]

（二）业务层战略的演进

业务层战略是一种竞争性战略，是指在华跨国公司通过对某一特定产品市场核心竞争力的应用来为顾客创造价值，获取竞争优势，精髓在于“以不同于竞争对手

---

① 王志乐. 2005跨国公司在中国报告［M］. 北京：中国经济出版社，2005.

的方式采取行动或选择采取不同于竞争对手的行动”。迈克尔·波特（Porter，1996）提出的低成本战略、差异化战略和聚焦战略是企业获取竞争优势通常采用的三种基本竞争战略。

在华跨国公司的发展历程中，在进入初期，在华跨国公司将低成本战略作为首要竞争战略，主要目的是获取中国廉价的原材料和人力成本，以获取生产成本的优势；随着中国经济增长和市场环境的改变，在华跨国公司更加注重差异化战略的运用，逐渐向低成本战略与差异化战略的整合应用转变。在华跨国公司非常看重中国廉价的劳动力和税收优惠政策，这说明跨国公司对成本控制的重视程度。因此，早期的在华跨国公司以寻求要素为导向，旨在通过低成本战略来降低生产成本。

中国加入 WTO 后，跨国公司大举进入和本地企业迅速崛起，市场竞争日益加剧，在华跨国公司单纯凭借低成本战略已经难以满足消费者需求的快速变化。为获取更加持久和难以模仿的竞争优势，在华跨国公司通过产品、技术、服务等各方面创新和品牌营销等多种手段实现差异化战略。

传统战略理论认为，实施差异化战略的代价是成本的提高。近年来，在华跨国公司越来越意识到大规模定制的重要性，开始向低成本战略与差异化战略的整合运用转变。戴尔公司一方面运用客户定制模式满足客户的差异化需求；另一方面运用直销模式实现零库存，通过规模生产降低经营成本，成为中国 PC 市场的龙头企业。

（三）职能层战略

职能层战略是指在华跨国公司为赢得在华的竞争优势，配合公司层战略和业务层战略而采取的依托价值链增值活动中不同环节的战略组合，如研究开发战略、人力资源管理战略和市场营销战略等。它为公司层和业务层战略提供基础性战略平台，配合和支撑公司层和业务层战略的实施。

1. 研究开发战略

20 世纪 90 年代，跨国公司在华的重点是将中国作为生产基地。近年来，在华跨国公司的研发战略成为跨国公司全球研发体系中的重要环节，研发资金的投入和研发机构的数量都在快速增长。

首先，研发当地化水平不断提升。在华研发人员大部分从中国本地招聘，如朗讯科技公司在华的 1000 余名研发人员中，95%以上在中国招聘。与中国高校、科研机构的合作进一步深化，如宝洁公司与清华大学共建全球科研中心。研发中心的本土化，一方面充分利用中国廉价丰富的人力资源，降低研发成本；另一方面使跨国公司对准本地市场，更有针对性地开发技术、产品和服务，更好地满足当地消费者的需要。如摩托罗拉、诺基亚手机中文操作系统的研发团队，基本都是以中国本土技术人员为主，在研究和改进原有技术之后，更多考虑了中国人的操作习惯，使其更符合本地消费者的消费需求。

其次，研发级别显著提升。部分跨国公司在华研发机构开始向区域研发中心和全球研发中心升级，如微软公司1998年投资8000万美元在华设立的大中华区技术支持中心，于1999年升格为亚洲技术支持中心，并于2001年再次升格为全球技术支持中心；研发项目也开始从单纯针对中国的应用研究向全球的基础研究转变，如摩托罗拉中国研究院、微软亚洲研究院、贝尔实验室中国基础研究院等都开始从事相应技术领域的基础研究工作，研发内容也达到世界领先水平。

最后，研发的产业特征、区域特征和国别特征明显。在华研发的产业分布集中于新兴行业和高新技术行业，以电子信息、交通工具、一般消费品、化工、医药等行业为主；研发机构主要分布在以北京为中心的环渤海地区、以上海为中心的长江三角洲地区和以深圳为中心的珠江三角洲地区；美国在华公司的研发机构数目最多，欧盟、日本、韩国等在华公司的研发机构数目也在逐年增加。

2. 市场营销战略

在华跨国公司市场营销战略的演进体现在以下方面：

首先，营销本土化日趋明显。跨国公司刚进入中国时，基本将国外产品和技术直接引进到中国，对国内的实际需要和接受程度并不多加考虑。但一些产品并非按照中国的消费需要以及技术要求而设计，在满足国内需要上存在一定问题。随着跨国公司在华规模的扩大和竞争的加剧，在产品研发和设计、服务保证、市场调研和预测、分销渠道控制与管理、目标市场选择等营销策略方面，跨国公司更加注重营销本地化和中国国情，创造本土化的品牌和价值认同。

其次，顾客满意度是在华跨国公司营销战略最关注的指标。提升顾客满意度、实施顾客关系管理、提升品牌和公司形象是在华跨国公司最重视的营销策略。消费者已经不再盲目崇拜国外产品，而更加注重产品的功能和作用。因此，跨国公司必须迎合消费者的需要、生活习惯和民族文化。

最后，对营销渠道的控制与整合力度日渐增强。在华跨国公司越来越意识到渠道的重要性，着力扭转通路不畅的被动局面，纷纷对在华营销渠道进行整合，加强控制，以在竞争中掌握主动。宝洁公司将中国的分销商整改为专营商的举措便体现了这一趋势。

3. 人力资源战略

在华跨国公司人力资源战略的演进体现在以下方面：

首先，人力资源本土化趋势明显。刚进入中国时，在华跨国公司任务简单，规模较小，本土人才也较匮乏，少数本国人员就可以满足需要。随着在华跨国公司规模不断扩大，从最初的产品销售和技术转移，到随后的产品生产，以及如今将中国发展成为跨国公司的区域中心，跨国公司逐步改变从母国派员的战略，更倾向于雇用那些熟悉本地市场环境和运作方式、了解本地文化的本土人才，以便更加迅速地打开市场，降低信息成本及劳动力成本。在华跨国公司在员工招募、员工培训、职位配置和绩效考核等方面的自主权较大，员工的当地化配置比例越来越高。在中高级经理的当地化方面，美国跨国公司最突出，在华公司 CEO 绝大多数是华人，相比之下欧洲公司则少了许多，日本公司则最少，但日本大型跨国公司纷纷表示要增加任用当地人士。

其次，在华跨国公司十分重视当地员工的培训。摩托罗拉、贝尔、通用电气等知名在华跨国公司都将员工培训作为人力资源战略中的重要环节，采取多种多样的培训提升当地员工的素质和能力。

最后，总经理及关键职位仍然主要由跨国公司外派管理。虽然有部分在华公司启用本地人员担任在华公司领导职位，但多数跨国公司对在华的高级经理和关键职位还是倾向于实施外派人员管理，以加强对子公司的控制。

二、战略态势的演进分析

所谓战略态势，是在目前的战略起点上，决定企业的各战略业务单位在战略规划期限内的资源分配和业务拓展的方向。根据传统的战略管理观点，企业的战略态势可分为增长型战略、稳定型战略、紧缩型战略和混合型战略等。在华跨国公司演进的战略态势也可分为增长型、稳定型和退却型三种。而每种战略态势都会对应一系列的具体战略。

（一）增长型战略态势

增长型战略态势是在华跨国公司处于优势地位时的一种能动性成长的战略态势。在生命周期的初始进入期和快速成长期，在华跨国公司多表现出增长型战略态势。在华跨国公司利用跨国公司的优势资源和当地化便利条件，迅速拓展在华业务，扩大在华经营规模和公司的市场份额。增长型战略态势对应如多角化战略、并购、一体化成长、市场渗透和产品开发等战略。

（二）稳定型战略态势

稳定型战略态势是在华跨国公司处于不利或弱势地位时采取的一种战略态势。在华跨国公司在生命周期的成熟阶段一般采取稳定型战略态势。稳定型战略态势可以分为消极稳定和积极稳定两种。

消极稳定表现为维持型的战略态势。如在华跨国公司战略地位下降，在跨国公司全球体系中处于被忽视的地位，但受制于在华公司角色的约束，不得不维持在华经营的现状。

积极稳定是由维持到增长型战略态势的过渡。在华跨国公司在维持现有竞争地位的同时，通过在华寻求新的成长契机和向跨国公司争取优势资源来完成战略转折和组织蜕变，使在华跨国公司的战略态势重新转为增长型战略态势。另外，在华跨国公司通过业务重组、市场整合，采取暂时的紧缩战略来增强公司的核心能力和竞争优势，也是其积极稳定的一种表现形式。

（三）退却型战略态势

因为行业成熟与饱和导致在华跨国公司的生命周期进入衰退期，或因在华公司战略选择与实施的失误严重影响了绩效，在华公司在跨国公司战略调整的压力下做出退却型的战略态势，具体表现为在华跨国公司的破产、清算和撤资。

三、战略取向的演进分析

在华跨国公司的演进同时受跨国公司内部机制和在华投资环境的影响。因此，战略制定与实施可能表现出当地化的战略取向或一体化的战略取向。寻求经营当地化和全球一体化之间的动态平衡是在华跨国公司永远面对的问题。

进入中国市场以来，在华跨国公司出于当地竞争压力的不断加剧，一直在加强当地化的战略取向。特别是近几年，部分在华跨国公司当地化进程过快，与跨国公司的全球战略发生抵触，导致在华公司在制度上的不一致和文化上的不统一，进而在产品质量、市场营销、企业环保、社会责任方面出现了一系列的危机。中国市场的地位急剧提升，成为跨国公司全球战略的重要关注对象。为规范在华跨国公司的管理，确保公司品牌和企业形象不受损害，协调中国市场和跨国公司全球市场的行为，一些跨国公司在调整在华角色战略的前提下，通过改进公司制度、调整高管人员、重组业务结构，出现了在本土化进程中关键节点上的跳跃和突变，产生了“逆本土化”现象。

由此可见，过度当地化可能导致在华公司失去跨国公司的品牌个性和特色，难以与跨国公司整体和谐发展；而过度一体化又会无法满足当地的差异化需求，缺乏灵活性。因此，只有柔性化地处理一体化取向与当地化取向之间的动态平衡关系，才能保持在华跨国公司快速、健康的发展。

针对此问题，Praharad 和 Doz 从跨国公司对外部环境的反应出发，沿着一

化压力和本地化压力两个维度将跨国公司的战略分为：一体化战略、多重心战略和本地化战略。最初，他们将跨国公司面临的环境压力分为三个维度：全球一体化的压力、全球战略协调的压力、本地化的压力。后来由于他们认为全球一体化的压力和全球战略协调高度相关，因此将三个维度整合成两个基本维度——全球一体化和当地化（Integration–Responsiveness Framework，称为 IR 模型，如图 5–3 所示）。全球活动一体化指在持续经营的基础上对分散在不同区域的活动进行集权处理；当地化是指主要针对地方性的竞争和消费要求，由在华跨国公司自主作出决策。

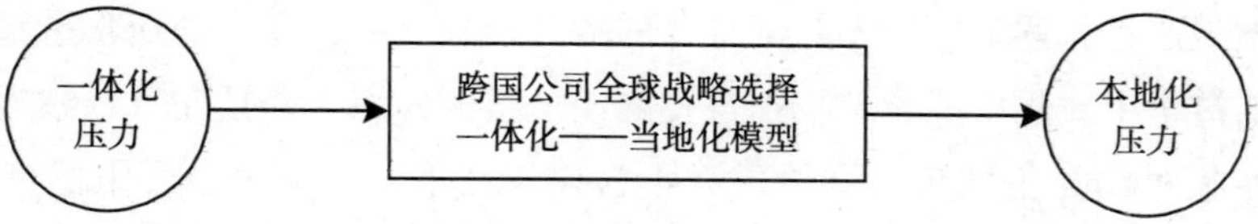

图 5–3　跨国公司一体化——当地化模型

第六章　在华跨国公司战略实证研究

伴随着全球经济的发展，跨国公司经历了从单一企业到集团企业而后再到跨国企业的发展历程，逐渐从世界经济舞台的幕后走到前台，在紧密地联系起本国与其他国家的过程中，正发挥着越来越重要的经济纽带作用，并且在日趋激烈的国际竞争中逐步显示出竞争优势。这些优势不仅体现在不完全竞争条件下的产品规模效应、市场垄断地位和内部交易下的成本最小化，而且还体现在其优秀的公司治理上。跨国公司公司治理问题是研究跨国公司战略，关乎跨国公司生存和发展的关键点，也是近年来学术界和理论界重点关注的内容，本章基于辽宁省外资企业公司治理状况的实证调研，从股权结构、董事会治理、经理层治理和利益相关者治理等几个方面分析了跨国公司海外子公司的治理机制；并对中国企业海外投资公司的公司治理结构选择提出了建设性意见。本章同时也对 LG 公司中国市场本土化战略进行了案例研究，基于 LG 电子进入中国的历史背景、必要准备、阶段推进以及本土化战略实施等内容进行了可行性分析。

第一节　在华跨国公司公司治理实证研究
——基于辽宁省的调查

一、相关文献与理论回顾

（一）公司治理基础理论

狭义上讲，公司治理是指股东及所有者（委托人）制定的一系列措施和机制，以确保经理人员（代理人）的行为能够给企业所有者带来与预期投资风险相称的投资回报；广义上讲，公司治理是关于公司控制权和剩余索取权分配的一整套文化、法律和制度性安排，这些安排决定了公司目标、谁在什么状态下实施控制、具体如何控制以及风险和收益如何在不同企业成员之间进行分配等一系列问题。而跨国公司治理，从狭义上讲，是有关跨国公司母公司与子公司管理层的结构、功能以及股东权利等方面的制度性安排；从广义上讲，是有关公司控制权和剩余索取权在跨国公司内部各成员公司之间以及各成员公司内部进行分配的一整套文化、法律和制度性安排，这些安排决定了跨国公司的整体目标、谁在什么状态下实施控制、具体如何控制、如何在各成员公司之间以及各成员公司内部进行风险和收益的分配等问题。

公司治理作为当代企业制度的核心，是有关企业所有者、受托者以及企业管理者之间联系的制度安排，是公司利益相关者之间解决争端的机制（李维安，2001）。公司治理作为企业的利益相关者和要素投入者之间的一种制度安排，通过合理地运用监督机制、用人机制和激励机制，以及对资本结构、股权结构、治理机构设置和职权安排的合理配置，有力地解决了利益相关者的相互关系，为公司形成统一的战略目标并卓有成效地对战略实施和控制提供了平衡工具（朱廷柏等，2005）。在适应经济环境变化的过程中，公司治理作为企业基础性制度决定了企业的发展目标和行为，“公司治理作为一种内生的自实施机制与外部环境参数的耦合”（青木昌彦，1999）导致了企业管理模式和竞争优势的形成。发达国家企业的发展经验表明：公司治理与战略的互动性和与管理的内部一致性能够提高企业的核心竞争力，从而形成竞争优势。所以，公司治理方面形成的优势已经成为企业竞争优势的重要来源（青木昌彦，1999）。

公司治理由两方面构成：内部治理和外部治理。内部治理结构也被称为法人治理结构，主要是指公司内部股东、董事、责任和义务关系、经理人员之间的权利，以及人力资源的薪酬与激励计划。公司股东通过股东大会选举董事会和监事会成员、批准合并与资产重组、批准公司分配方案等重大事项。董事会聘任和解雇经理人员、决定经理人员的报酬并对公司的重大决策进行审批。经理人员管理公司日常生产经营活动。公司内部治理结构的基础归根结底就是产权制度，是所有者行使自己的权利、承担相应责任的关系框架。外部治理是指资本市场、经理人市场、法律法规、市场接管与并购等外部力量对公司管理行为的监督。资本市场是公司所有权进行交易的市场，有效的资本市场能够客观地评价公司业绩。经理人市场潜在的竞争者使现任经营者加倍努力工作。反垄断、信息披露、审计、证券交易等方面的法律法规从外部实施强制监督。而资本市场的监管与并购能够淘汰效益低下的企业经营者，并且通过公司资产重组达到企业资源的最优配置。

普遍地讲，公司治理模式就是我们常说的公司治理，即公司治理系统特征的外在化。如谁是系统中的主导力量、保护投资者权益的人文环境与法制如何等。公司治理模式是在一定市场环境下形成的各种相互依存的公司治理机制的特定组合。公司治理模式包括两部分：公司治理结构和公司治理机制。公司治理结构是指公司董事会的结构与功能、董事长和管理者的权利与义务以及相应的聘任、监督与激励方面的制度安排。有的人将公司治理结构概括为资本结构、股权结构以及治理结构设置等。公司治理机制是指公司机构的配置及其相互关系，主要包括用人机制、监督机制和激励机制等。公司治理机制有企业内部治理和企业外部治理之分，也有广义和狭义之分。内部治理机制是指由股东、董事会和经理人三个方面形成的管理与控制体系，实质上是一个关于安排企业所有权（剩余控制权和剩余索取权）的契约，包括控制权配置和行使；董事会、经理人员及职工的监督和评价；激励机制的设计和实施。外部治理机制是指通过市场竞争形成的委托人及代理人之间的激励约束机制，如产品市场和经理人市场、资本市场等。公司治理机制分为狭义的治理机制和广义的治理机制。狭义的治理机制仅包含有关公司董事会的结构、功能、董事长或经理权利以及监督方面的制度安排；广义的公司治理机制还应包括公司的各项收益分配激励制度、财务制度、经理聘任与人事管理制度、企业战略发展、公司管理结构、决策管理系统、企业文化和一切与企业高层管理与控制有关的其他制度。

欧美发达国家的跨国企业利用其成熟的公司治理模式，保证了其海外的投资企业成为母公司的重要利润来源，如摩托罗拉、诺基亚、宝洁等公司在中国的合资、独资企业的盈利能力都很强。近年来，中国在不断吸纳外资的同时，积极地实施“走出去”战略，鼓励国内企业对外投资，并且中国企业也具备了“走出去”的实力，如 2005 年中国石油以总价值约 41.8 亿美元收购了哈萨克斯坦 PK 石油公司就是典型例证。截止到 2008 年末，中国对外投资达到了 559 亿美元，增长了 111%，在全世界排名第 12 位，在所有转型经济体和发展中国家排名第二位。虽然中国企业跨国投资正如火如荼地进行，但李骥（2001）的研究认为，对治理机制进行改造是中国企业跨国投资的前提，中国企业必须像欧美发达国家的跨国企业一样建立一整套科学的治理结构和治理机制才能保证获得应有的海外投资收益。

（二）古典管家理论

古典管家理论是在新古典经济学的理论基础上形成的。根据新古典经济学理论，企业被看作是具有完全理性的经济人，信息和资本能充分自由地流动，市场是一个完全竞争的市场，企业不需要费用便可获取信息。在新古典经济学关于完全竞争和具有充分信息的条件下，尽管企业所有者与经营者之间仍然存在代理关系，但是，所有者可以随时监督和观察经营者的行为，经营者在管理和经营企业的代理行为中也没有违背所有者的意愿。古典管家理论认为不存在代理问题，这是一种无私的信托关系。在这个意义上，公司治理表现为股东主权至上。股东、董事会、经理层之间的关系，是建立在良好和可靠的信托基础上的。它保证经营者会按照股东利益最大化的目标自觉地履行代理行为。事实上，现代公司所处的市场环境与古典管家理论的前提假设并不一致，它既不是一个信息充分完备的市场，也不是一个完全竞争的市场。因此，古典管家理论明显不能解释现代经济条件下的公司治理行为，对现代公司治理的研究基本上不具有任何意义，但它被认为是公司治理理论的最早萌芽。

（三）委托—代理理论

现代企业理论最重要的进展之一是委托—代理理论，该理论的主要代表人物有斯宾塞和泽克豪森（1971）、罗斯（1973）、莫里斯（1976）、霍姆斯特姆（1979）、格罗斯曼和哈特（1953）等。这一理论主要研究投资者、管理者和员工三者之间的权利和制约关系，阐述委托人（投资者或管理者）通过设计一项激励契约以达到控制代理人（管理者或员工）的目的。企业内部的委托—代理实际上就是在契约不完备或信息不对称的情况下，通过设计一整套必要的组织结构、控制程序及激励机制，对不同层次的委托人配置权利、责任和利益，使剩余控制权（对于合同收益权而言，指的是企业收入在扣除所有固定的合同支付后的余额的要求权）和剩余所有权效用最大化。

（四）利益相关者理论

现代公司开始关注利益相关者的利益，利益相关者理论渐渐兴起。利益相关者是指能够影响一个组织或者能够被一个组织所影响的任何团体或个人。从广义上说，它包括供应商、股东、顾客、雇员、环境、社会团体、政府、政治组织、媒体等；从狭义上说，它只是指顾客、供应商、融资者、雇员以及社会团体。利益相关者理论是指认为公司中的管理者应该对利益相关者团体负有责任的一系列观点。其中心思想是：公司是一个由不同要素提供者组成的系统，多种因素促成了公司价值的形成，公司所有利益相关者的共同行动决定了公司价值的最大化。因此，公司不仅要为股东利益最大化服务，而且还应为所有公司利益相关者创造财富服务。既然公司的服务是为了所有的利益相关者财富最大化，这就要求利益相关者享有参与公司治理的权利。此外，该理论还认为，在现代市场经济条件下，公司是一个社会责任主体，还必须在一定程度上承担社会责任。公司价值不仅体现在为股东创造财富的方面，而且还体现在公司为社会创造财富、提升价值的方面。

利益相关者治理模式是对传统的股东至上治理模式的重大修正，既修正了工人自治、劳动雇佣资本的单边契约自治逻辑，也超越了股东至上、资本雇佣劳动的单边企业治理逻辑，体现了企业治理模式由一元激励向多元激励的转变。目前利益相关者治理模式主要有：由股东、职工组成的二元结构治理模式以及由股东、工人、关系客户、债权人等共同组成的多元治理模式。

1. 由股东、职工组成的二元结构治理模式

二元结构治理模式主要是美国企业的管理层和职工持股计划。20世纪80年代在美国由于管制放松掀起了敌意收购浪潮。为了保护企业利益相关者的利益，并减少敌意收购所引起的各种不良影响，美国29个州的政府及企业管理层要求收购企业时应考虑各企业利益相关者的利益。这标志着美国开始接受利益相关者理论。①董事会的独立性得到了提高，董事会的职能和结构发生了变化。董事会可以独立于股东，也可以局外人的身份去管理公司，在进行重大决策的过程中，在追求股东利益的同时充分考虑非股东利益相关者的利益，因此，提高董事会独立性可以避免董事会股东片面追求股东利益最大化。②员工开始参与公司治理中，其表现为设立职工董事。员工持股是指员工拥有股本或通过购买股票成为本企业的股东，从而法定地取得参与企业管理和了解本企业经营状态的权利。在公司内部和外部设立专门机构（员工持股信托基金或员工持股会），这种机构通过借贷方式形成购股基金，之后帮助职工购买本公司的股票，从而使本公司员工从中分得一定比例或一定数额的股票红利。③进一步加强银行与公司的联系，在公司治理中银行发挥了证券市场所不能承担的“相机治理”的监督作用。

2. 由股东、工人、关系客户、债权人等共同组成的多元治理模式

德国的公司治理模式被看作是典型的利益相关者治理模式，该模式也是由股东、工人、关系客户、债权人等共同组成的多元治理模式的体现。在德国，一般企业都下设两个委员会——管理委员会和监事会。股东大会选举股东代表。董事会是控制实体，其半数代表由股东选举，半数代表由雇员选举。2/3的雇员代表是公司雇员，另外1/3是工会代表。与此较相似的是日本，日、德两国都有自己独特的文化价值观，两国提倡团体的凝聚力，强调共同主义。德国对外部资本的依赖性很强，以银行和职工持股为特征；而日本以法人交叉持股和“债权人相机治理”为特征，但是德、日都以内部治理模式为主，即表现为比较集中的股权，更加关注利益相关者的利益，而不像英美股东一样利用“用脚投票”去损害其他利益相关者的利益。

综合公司治理相关理论，在分析公司治理结构与公司治理机制时，可以发现公

司治理结构突出的是各构件的不同地位与作用，而公司治理机制则是指各部分之间的相互关系。治理结构远不能解决公司治理中的所有问题，有效的公司治理不仅需要一套完善的公司治理结构，还需要有一个良好的公司治理机制，这样才能产生互动和绩效，同时治理机制作用的发挥也需要治理结构作为平台。相同的治理结构和治理机制并不一定会产生相同的治理绩效，治理结构通常比较容易克隆，但是治理机制却难以模仿。二者的关系如图 6-1 所示。

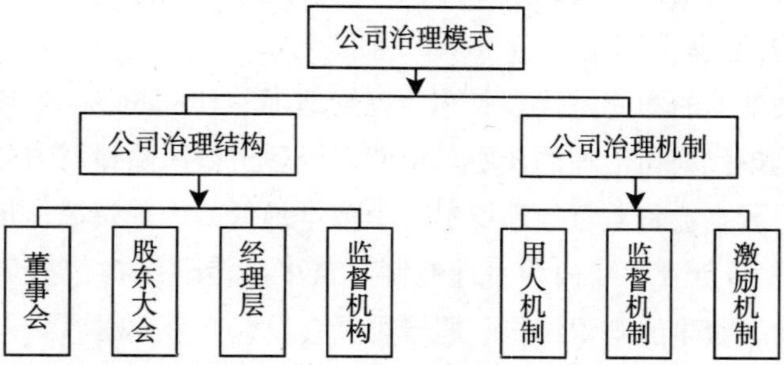

图 6-1 公司治理结构与公司治理机制二者之间的关系

二、主要研究内容

基于相关文献与理论回顾，结合现代公司治理的研究要点，把股权结构、董事会治理、经理层治理和利益相关者治理作为主要研究对象，从股权结构、董事会治理、经理层治理和利益相关者治理四个方面分析了跨国公司对海外子公司的公司治理结构与机制。

（一）股权结构

自 Berle 和 Means（1932）在其著作《现代公司与私有财产》中第一次明确提出了“所有权与控制权分离”的观点，安排企业控制权和剩余索取权就成为理论界和企业界关注的核心问题之一。控制权是参与者影响公司活动的权利，关于分配控制权的大量文献涉及不完全契约之争（姚伟等，2003）。不完全契约理论认为只有物质资本所有者才能拥有剩余控制权，它天然地归物质资本所有者所有，并赋予所有权的定义就是剩余控制权与剩余索取权的统一。Jensen 和 Meckling（1976）从企业知识结构的角度出发，得到公司治理中企业控制权配置有效的结论是剩余控制权与剩余索取权相匹配。现代产权理论则认为，企业所有权就是企业剩余控制权和剩余索取权相统一，但是在股权高度分散的情况下，很容易导致剩余控制权和剩余索取权的分离，即“内部人控制”问题。所以，在投资中跨国公司倾向于通过股权设置来确保股东的剩余索取权和剩余控制权。在保护投资收益方面，取得剩余控制权是十分关键的。

追溯外资企业股权变更的历史可以看出，外资企业逐渐由合资合作经营向独资经营转变，据周新军等（2007）通过对天津和重庆外资企业的调查显示：外方控股和外商独资企业合计共占 82.5%，占绝对优势。这充分说明了跨国企业更愿意通过股权集中来规避公司治理风险，从而保证投资收益。

（二）董事会治理

董事会“最基本的职能是代表股东监控管理层”（Robert A. G. Monks，Nell Minow，1994），是现代公司治理的核心。虽然对经理道德风险最有力的约束是公司控制市场，但是，董事会是监督经理层的一个成本最低的内部资源。董事会治理的主要内容包括：董事会治理结构和治理机制。董事会治理结构包括董事会规模、构成、领导权结构、董事的知识结构、职能委员会设置五个方面。

董事会规模指董事会中董事的人数。Lipton、Lorsch（1992）、Jensen（1993）、Yermack（1996）和 Eisenberg 等（1997）人的研究表明董事会规模越小越有效，人数应当限制在 10 人以内；李维安（2002）的调查结果也表明中外合资企业的董事会规模比较小（中日合资企业平均人数为 6.3 人）。董事会构成指每位董事的从属关系，董事会构成一般利用独立董事比例作为度量指标。Pearce 和 Zahra（1991）的研究显示外部董事与公司绩效存在正相关关系，而 Dulewicz（2004）的研究表明二者之间并没有明显关系。周新军（2007）认为独资企业中由于董事会成员之间复杂的背景，也存在着互相监督的关系。董事会领导权结构指董事长与总经理的两职设置，即董事长与总经理的职位应该是合一还是分离，Jensen（1993）的研究结果表明两职合一使董事会监督高级经理人的有效性降低。Boyd 在引入环境变量的基础上提出：对处于高度变化行业中的企业来说，两职合一有利于提高经营绩效。董事的知识结构是其胜任职责的关键，具备高级专业知识的董事能够更好地发挥其职能作用。董事会职能委员会可以有效地促进董事会决策的科学化和行为的规范化，提高董事会的治理水平。

董事会治理机制包括决策机制、监督机制和激励机制。决策机制是指决策权的分配和决策程序；监督机制是指董事及经理的绩效考核方式；激励机制是指董事及经理的报酬形式及持股水平。Dalton 等（1999）和 Mehran（1995）的研究分析表明，董事持股与公司绩效之间不存在显著性关联关系。合资公司中的董事会是执行母公司战略的重要环节和部门，其最基本的职能就是按照母公司的要求执行公司的重大决策和对总经理进行绩效考核。董事会的各种机制设计的主要目标是防止经理层发生机会主义和道德风险。

（三）经理层治理

经理层治理是公司治理的内核，国内外对经理层治理的研究大多集中在激励约束效果的实证分析上。Loderer 和 Martin（1997）发现经理层薪酬与公司绩效两者之间存在显著的正相关关系，Jensen 和 Murphy（1990）的研究结果表明经理层薪酬对公司价值的影响是微弱的，而 Yermack（1996）实证分析的结果显示公司经理层薪酬与公司价值之间不存在显著的相关关系。所以，有关经理层薪酬激励效果并没有一致的结论。

Meconnell 和 Servaes（1990）通过选取 1976 年和 1958 年两个不同时期的 1000 多个公司的横截面数据来研究管理层股权与公司绩效的关系，研究结果发现管理层股权对公司绩效有显著影响。此外，外资企业的经理层治理还表现出明显的母公司控制特点；投资方通过关键管理技能和核心技术等知识优势进行控制（许垚等，2005），如直接任命财务部门负责人、技术部门负责人等。同时，外资企业都有明确的经理层考核机制。

（四）利益相关者治理

Blair（1995，1996）在研究中提出应该让那些向公司注入了关系专用性资产，并承担该资产失效风险的利益相关者（如供应商、债权人、员工）拥有剩余控制权、参与公司治理，并提出了通过设立股东大会和董事会制度、企业大会、职工大会来完善公司治理的建议。外资企业的利益相关者主要包括债权人、顾客、员工和当地政府等，本章主要从员工及员工的组织，工会和党支部几个方面研究公司内部利益相关者。

三、对象、方法及样本构成

本章的研究对象为辽宁省 15000 余家外资企业，根据外资企业的地域分布情况，重点选取沈阳市的外资企业作为研究对象，先后联系了 763 家外商投资企业，投递问卷 500 余份，回收问卷 142 份，经过反复沟通、认真核实，最后确认有效问卷为 65 份。

研究方法采用问卷调查分析，根据公司治理理论知识，设计包含股权结构、董事会、经营管理层、独立董事、监事会五个部分的调查问卷，共计 48 道题，涵盖公司治理结构和治理机制各个方面，并通过专家意见法来确定问卷的最终内容。

参与本次调研的外资企业有米其林、沈阳农心、华晨宝马等大型跨国企业，来自美国、日本、澳大利亚、韩国、新加坡、法国、中国台湾、中国香港等国家和地区。具体分布如表 6-1、表 6-2 所示。

表 6-1 样本分布

国家或地区	频率	占比（%）	投资额合计（万美元）
澳大利亚	3	4.6	1250.00
韩国	11	16.9	104374.00
美国	9	13.8	14159.70
欧洲	8	12.3	100550.00
日本	3	4.6	7898.10
中国台湾	1	1.5	2980.00
中国香港	19	29.2	64897.43
新加坡	4	6.2	1399.50
其他	7	10.8	19170.00
合计	65	100.0	316678.73

表 6-2 投资额与企业性质分布

投资额	频率	占比（%）	企业性质	频率	占比（%）
500 万美元以下	22	33.8	独资企业	28	43.1
500 万~1000 万美元	11	16.9	合资企业	29	44.6
1000 万~3000 万美元	16	24.6	未知	8	12.3
3000 万~5000 万美元	8	12.3	合计	65	100.0
5000 万美元以上	8	12.3			
合计	65	100.0			

四、研究结果分析

（一）股权结构

调查显示，在所有外资企业中，外方控股的企业占 65%，其中外方独资的企业占 45%，这与周新军（2007）的研究结果大体一致。说明跨国公司充分利用东道国（中国）的政策，通过股权控制取得全部控制权，降低风险。

而且，从公司成立以来，股权比例发生过变化的企业只有 16.9%，其中，变动一次的达到 70%，股权变动的原因主要是增资扩股和中方转让，股权变动后董

表 6–3　控股股东与持股比例交叉表

单位：家

		公司控股股东		合计
		外方	中方	
公司控股股东的持股比例	30%以下	1	1	2
	30%（含 30%）~50%	9	4	13
	50%（含 50%）~99%	12	6	18
	100%	27	0	27
合计		49	11	60

注：部分外资企业的数据缺失。以下同。

事长和总经理基本不变，这是因为外商投资初始就绝对控股，所以股权变动不是很明显。同时也说明随着我国监管制度的不断完善，跨国公司对合资公司的控制逐渐由非股权控制转向绝对股权控制（见表 6–3）。

（二）董事会治理

根据《中外合资企业实施条例》第 5 章规定，合资企业董事会的人数最少为 3 人，在重大事情的决议方面，需董事会 2/3 以上成员同意方可通过。调查表明，外企的董事会规模大多集中在 3~5 人，占 75%以上，最多的为 9 人（见表 6–4）。同李维安（2002）的调查结果相一致，董事会具有更小的规模，这样更便于母公司的控制，控制权更加集中；而且外方成员在董事会中略占优势，这样就更加增强了母公司对外资公司董事会的控制（见表 6–5）。

表 6–4　董事会规模

董事会成员数量（人）	频率	占比（%）
3	25	45.5
4	5	9.1
5	12	21.8
6	5	9.1
7	7	12.7
9	1	1.8
合计	55	100.0

表 6–5　董事从属关系

董事从属关系	频率	占比（%）
外方指派	25	39.7
中方指派	1	1.6

续表

董事从属关系	频率	占比（%）
股东会选举	26	41.3
双方指派	11	17.5
合计	63	100.0

调查显示，董事主要由股东会和外方指派选举产生，但由于股东会多为外方控制，所以实际上是外方控制外资企业董事会。这也有利于外资企业更好地执行母公司的战略意图。样本中约有 15%的企业董事会中拥有独立董事，其独立董事比例低于 30%的占 90%；独立董事多来自管理专家，通过董事会秘书或听取经理层汇报获取信息，以专家的身份解决企业的管理难题或对经理层进行培训，并对公司的重大决策问题具有一定的影响力。由于独立董事从企业领取报酬，所以大股东和实际控制人影响其作用发挥，与公司绩效之间关联不明显。而且，调查还显示：董事在母公司与公司经理层双重兼职的比例约为 1/3，由于董事来自母公司的各个部门，这也能够形成一定的监督约束。

董事长与总经理双职合一有利于提高企业经营绩效，但同时也会降低经理层的创造性发挥。通过合资企业与独资企业的对比发现，双职合一在两类企业中的情况不足 1/3（显著性概率为 0.883），说明外资企业对于董事长与总经理是否应该由同一人担任没有特殊要求，但在一些合资企业，一般都是中方出任董事长，外方出任总经理，董事长与总经理是要求分开的，这样的安排更有利于跨国公司取得合资企业的实际控制权（见表 6-6）。

表 6-6 董事长与总经理双职合一情况

单位：家

		总经理由董事长兼任			合计
		是	否，但由其他董事兼任	否，且未由其他董事兼任	
企业性质	独资企业	12	8	8	28
	合资企业	11	8	10	29
	合计	23	16	18	57

除此之外，调查还发现外资企业的董事会下几乎都不设立专门委员会，少数外资企业拥有 1~2 个专门委员会，其中以审计委员会居多，说明外资企业多数是母公司主导型，无需进行复杂的决策，母公司更多时候是通过审计委员会监督投资

公司的经营行为（见表 6-7）。通过对外资企业董事的专业背景进行调查显示，多数董事具有财经、法律、技术背景，这些专业知识有利于董事职能更好的发挥（见表 6-8）。

表 6-7 专门委员会统计

专门委员会		频率	占比（%）	
没有专门委员会		52	80.0	
有专业委员会	审计委员会	8	61.5	20.0
	提名委员会	2	15.4	
	薪酬委员会	3	23.1	

表 6-8 董事专业背景统计

专业背景	频率	占比（%）
财经	24	27.6
法律	11	12.6
技术	25	28.7
其他	27	31.1

调查结果表明外资企业董事长主要是由外方母公司直接任命或由外方推举提名的董事当选，约有 1/3 的外资企业进行定期考核，并根据考评结果确定董事的报酬；董事的报酬主要包括津贴（固定薪酬）和股权收益，董事会成员除公司最终控制人外，其余持股多数在 5%以下（见表 6-9 和表 6-10）。可见，股权激励并不是外资企业的首选，其原因可能有二：一是跨国公司通过股权结构已经全面控制外资企业的董事会，随时可以撤换不合格董事；二是董事在外资企业的待遇较高，通过提高董事的机会成本，防止其道德风险和机会主义的发生。调查还发现大多数企业的董事会有权进行占公司净资产的 10%（含 10%）以上 50%以下的决策，决策自主权具有很大的灵活性。公司重大战略决策不是由控股母公司来决定，几乎全部由合资企业或独资企业的董事会决策，这与以往的母公司主导型治理模式存在很大差别，说明经过长期的实践，跨国公司的在华子公司已经发育成熟，具备了独立进行重大决策的能力。也说明跨国公司都十分注重投资子公司的自主经营能力（见表 6-11 和表 6-12）。

表 6-9 董事报酬形式

报酬形式	频率	占比（%）
津贴（含固定薪资）	28	48.3
股权收益（如分红）	16	27.6

续表

报酬形式	频率	占比（%）
股票期权	1	1.7
无	7	12.1
母公司薪资	1	1.7
津贴加股权收益	5	8.6
合计	58	100.0

表 6-10 董事会成员持股情况

董事会成员持股情况	频率	占比（%）
5%以下	17	28.3
5%以上但对公司控制权无明显影响	9	15.0
5%以上对公司控制权有一定影响	11	18.3
5%以上，并为公司最终控制人	20	33.3
不持有股份	3	5.0
合计	60	100.0

表 6-11 董事会决策权

董事会决策权	频率	占比（%）
占公司净资产的 10%（含 10%）以上 50%以下	25	54.3
占公司净资产的 10%以下	18	39.1
1 万元以内	2	4.3
10 万元以内	1	2.2
合计	46	100.0

表 6-12 公司重大战略决策权

公司重大战略决策	频率	占比（%）
董事会决定	55	85.9
由控股外资母公司决定	7	10.9
不进行战略决策，由总经理执行控股母公司的战略意图	2	3.1
合计	64	100.0

（三）经理层治理

跨国公司可以通过对经营层的控制实现对投资子公司的控制。投资方往往通过任命总经理、派驻董事、任免财务等关键部门的经理来取得剩余控制权。调查显示，总经理的任命多数情况下最终还是由跨国母公司确定；而对一些中高层管理人员则实现本土化经营，采用对外招聘本地人才的方式（见表 6-13 和表 6-14）。虽然外方在管理层中的人数大大减少，但在财务部、营销部、技术生产部等关键部门还是外方来主管；并且跨国公司在外资公司中拥有监控财务及董事、总经理、关键部门的经理等高级经理人员的直接人事任免权的特权，这些机制保证了跨国公司对投资子公司进行强有力监管和控制（见表 6-15 和表 6-16）。与此同时，这也充分体现了股权控制的特点，以前的一些非股权控制方式，如垄断关键技术、控制原材料供给和产品销售的采用越来越少。

表 6-13　总经理来源

总经理来源	频率	占比（%）
母公司指派	25	38.5
董事会选聘，由母公司确认	18	27.7
董事会自行决定	17	26.2
控股股东指派	3	4.6
非控股股东指派	1	1.5
其他	1	1.5
合计	65	100.0

表 6-14　管理人员来源

中高层管理人员来源		频率	占比（%）
对外招聘		41	66.1
控股母公司直接任命		9	14.5
非控股股东直接任命		1	1.6
内部提拔		11	17.7
合计		62	100.0
人才倾向	本地人才	26	49.1
	非本地人才	27	50.9

表 6-15　外方主管部门

外方主管部门	频率	占比（%）
财务部	27	29.7
技术生产部	26	28.6
营销部（含市场和销售）	12	13.2
采购部	7	7.7
行政部	5	5.5
人力资源部	5	5.5
其他	9	9.9
合计	91	100.0

表 6-16 母公司的特权

母公司特权	频率	占比（%）
撤换不称职的董事	25	21.7
总经理的任命	32	27.8
直接任命关键部门的经理	17	14.8
垄断关键技术	8	7.0
控制产品销售和原材料供给	9	7.8
监控财务	21	18.3
无特权	3	2.6
合计	115	100.0

合资企业的激励机制是在对经理人员的业绩评价制度基础上建立起来的。调查显示：超过 50%的外资企业董事会对经理层定期考核，并根据考评结果确定其报酬和晋升。总经理报酬的主要形式是工资+奖金，对其考核以企业成长性、企业利润率和市场占有率为关键指标。从激励机制角度看，这充分显示出跨国公司的利润最大化导向。而外资企业的董事会主要对一般经理进行监督和评价，表面上跨国公司没有过多的干涉海外子公司的决策，体现了一种子公司独立决策的现象；但跨国公司已经通过股权结构取得了经理层和董事会的实际控制权，所以，在决策机制上只需要按照公司程序进行，损害投资利益的情况便不会出现（见表 6-17~表 6-20）。

表 6-17 总经理业绩评价依据

总经理业绩评价依据	频率	占比（%）
利润率	43	37.4
市场占有率	25	21.7
员工满意度	10	8.7
企业成长性	35	30.4
其他	2	1.7
总计	115	100.0

表 6-18 总经理薪酬

总经理薪酬	频率	占比（%）
工资+公司股票	5	7.9
工资+股票期权	3	4.8
年薪制	18	28.6
工资+奖金	33	52.4

续表

总经理薪酬	频率	占比（%）
其他福利	4	6.3
合计	63	100.0

表 6-19　经理评价依据

经理评价依据	频率	占比（%）
由母公司制定政策、考核评价	14	21.2
由董事会制定政策、考核评价	31	47.0
外方经理与中方经理评价标准不同	7	10.6
工会参与经理人员的业绩评价	2	3.0
其他（层层考核）	8	12.1
未建立业绩考核制度	4	6.1
合计	66	100.0

表 6-20　经理监督途径

经理监督途径	频率	占比（%）
母公司的财务审计	17	26.2
董事会的业绩评价	34	52.3
工会或党组织的信息披露	1	1.5
监事会监督	12	18.5
其他	1	1.5
合计	65	100.0

调查还显示超过68%的外资企业高层管理者（总经理、副总经理、财务负责人与三总师等）不持有公司股份。对董事和高级经理人员不采用股权或期权激励，这是完全不同于母公司的做法，究其原因，由于跨国公司在经理层控制和股权控制等方面采用了多层防控措施，所以母公司有理由相信子公司的经理层一定能够实现以利润最大化为导向，防止损害投资利益行为的产生。所以，在海外子公司的经理层，并没有采用股权或期权激励，这是与以往研究的不同之处。

（四）利益相关者治理

虽然从理论上说，债权人、员工等利益相关者应当参与公司治理，但从实际出发，这样做的难度非常大，因为与投资方相比，债权人、员工等利益相关者由于自身实力、信息获取等原因明显处于劣势地位，无法与投资方平等地参与公司治理。调查也显示，八成外资企业工会的主要作用是协助公司管理，是公司与员工沟通的桥梁，而超过60%的企业党支部和债权人都没有太大地影响到公司的决策和经营（见表6-21~表6-23）。

表6-21 债权人作用

债权人的影响	频率	占比（%）
不干预公司决策	40	67.8
仅在公司出现财务危机时才参与决策	9	15.3
经常干预公司决策	6	10.2
无债权人	4	6.8
合计	59	100.0

表6-22 党支部作用

党支部作用	频率	占比（%）
仅仅是一个组织	12	19.0
监督公司经营	14	22.2
力量很强，足以影响公司决策	8	12.7
没有党支部	28	44.4
与公司经营无关	1	1.6
合计	63	100.0

表6-23 工会作用

工会作用	频率	占比（%）
仅仅是一个法定要求的组织	7	10.9
协助公司管理，与员工沟通的桥梁	52	81.3
力量很强，足以影响公司决策	1	1.6
没有工会	4	6.3
合计	64	100.0

五、结论

外资公司的治理结构和治理机制是跨国公司在多年的海外投资实践中探索出来的，对其进行分析、总结是十分必要的，是确保“走出去”战略实施效果的重要课题。本章在对辽宁省外资企业进行抽样调查研究的基础上得出下面一些结论。

第一，跨国公司通过独资或绝对控股取得了外资企业的绝对控制权，逐渐从非股权控制向股权控制转变，并且独资倾向严重。第二，跨国公司十分重视通过董事会治理和经营层治理来控制外资企业，保护投资收益。具体地说，主要采用以下三种方式：首先，保持较小的董事会规模，并且不设立专门委员会辅助决策、不聘请独立董事，便于掌控董事会；其次，拥有董事和总经理等关键岗位的人事任免权，实施以公司成长性、利润率和市场占有率为目标的考核体系，保证外资企业董事会在以利润最大化为导向的前提下，做出一些重大经营决策；最后，对公司进行审计，拥有财务监控的特权。第三，外资企业对董事或高层管理者一般不进行股权激励，这是与以往研究的不同之处。第四，债权人、雇员等利益相关者对外资企业的公司治理并未发挥明显的作用。第五，外资企业在选择治理结构方面从最大限度地保护投资收益出发，而不着重考虑其先进性。因为任何一种治理结构都离不开当地的社会、法律要求，而且不应该以先进与否来衡量治理结构的选择，而应当回归到事情的本质，即是否能够最大限度地保护投资者的收益。所以，中国企业海外投资公司的治理结构选择，应当以保护投资收益为主，加强母公司的主导权，激励经理层实现投资的利益最大化，如在建立初期保持较小的董事会规模，不设立独立董事，进行股权控制等。在设计治理机制方面，不要轻易对董事和高层管理者进行股权激励或期权激励，要通过监督机制、决策机制、考核机制的设计加强对海外投资公司的审计和监管，实现投资收益最大化的目标，如可采用保留董事、总经理、财务部门负责人等关键岗位的人事任免权，对董事或经理层实施以投资收益最大化为目标的绩效考核，加强董事之间的监督约束，拥有财务监控特权等措施。

由于一些影响因素的存在，本章的实证研究依然存在一定的局限性。首先是样本的选取数量不足，虽然联系了500多家外资企业，但是由于各种原因，使有效问卷数量较少，造成选取的样本代表性不足；其次是样本选择的地域界定在以装备制造业为支柱产业的辽宁省，导致样本企业的行业分布以制造业为主，推及总体时可能会带来一定的偏差。今后的研究可以选取更大的样本量、扩大地域范围进行更加深入的研究。

第二节　在华跨国公司本土化战略案例研究——基于LG电子的调查

本章阐述了LG电子进入中国的背景、目的、必要准备和阶段推进，特别讨论了其成长为“成功的中国企业”而一直坚守的本土化战略，以为中国企业的海外创业提供积极意义和借鉴。

一、LG 电子进入中国的历史背景

LG 电子成立于 1958 年，是消费电子、家电和移动通信领域的全球领导厂商和技术革新者之一，是以收音机生产企业金星社为母体的世界性数码家电生产企业。经过半个多世纪的发展，LG 电子已成为世界电子产业的重要组成部分。尤其是在生活家电领域，数码电视、显示器和信息通信领域，LG 电子凭借其高端技术和全球化的生产体系已达到世界顶级水平。目前，LG 电子在全球设有包括 80 家分公司在内的 120 余个分支机构，员工人数超过 82000 人。2007 年，LG 电子的总销售额为 439.7 亿美元，业务涉及 4 个领域：移动通信、数字家电、数字显示器和数字媒体。同时，LG 电子在中国的销售业绩保持着稳定的增长。2007 年，LG 电子在华销售额达到 100 亿美元。

（一）新海外市场的必要性

早在 1968 年 LG 电子就在美国纽约设立海外支社，但其海外事业是从 1978 年设立美国销售法人（LGEUS）、1981 年设立美国生产法人（LGEAI）正式开始的。1980 年，LG 电子加快海外进军速度，其原因在于韩国国内市场狭小，而且 LG 电子在与外资企业竞争中因劳务费节约而带来的价格优势在逐渐消失。

LG 电子关注中国市场是从中国经济对外开放之后开始的。随着中国经济的持续成长，中国市场在全球地位的重要性日益凸显。随着 1992 年中韩建交后中国投资条件向好，具有香港地区间接投资经验的 LG 电子开始有了对中国直接投资的意向。

（二）中国市场的优势

中国有 13 亿人口，是一个巨大的新兴市场，巨大的购买力足以超越想象。中国的大中型城市和部分沿海地区中小城镇普遍完成工业化，开始向后工业化或信息化社会转变；同时，工业化过程全面向农村推进。东部的绝大部分地区、西部地区的城镇及部分农村居民生活水平将会达到小康，一部分城镇和农村将开始向富裕小康迈进。中国市场对 LG 电子来说是具有重大战略意义的市场。

中国经济飞速增长、内需强劲的同时，还存在着丰富的廉价劳动力。如果将劳动力成本和土地征用费用、厂房、设备等生产要素的投入纳入企业的综合成本中去考虑，在中国的生产费用仅为在韩国的 1/8，这意味着 LG 电子将有更大的赢利空间，可以在同行业竞争中赢得更多的商机。

中韩两国是一衣带水、隔海相望的近邻，具有地缘上的便利性。两国间的艺术、文化交流源远流长。在长期的历史岁月里，韩国在大量吸收、消化汉文化的基础上，发展了自己独特的民族文化，形成了具有韩国特色的东方文化。文化上的相似性，大大增加了彼此沟通上的适应性。在这一点上，LG 电子较之美国、欧洲等国家企业具有明显优势。

中国经济增长开始于 1980 年，依靠的是廉价劳动力和丰富资源的成本优势。LG 电子以其高科技优势和生产性优势为中国政府所青睐并被允许以更优越的条件进入中国。

二、必要准备

LG 电子是在韩国大企业中较早进入中国的企业。早在两国建交之前的 1988 年 1 月，LG 就设立了中国最初的合资企业——京乐企业有限公司（生产玩具）。

LG 电子虽然有在美国、欧洲、南美、香港等国家和地区的投资经验，但中国是第二次世界大战以后迅速成长的社会主义国家，并且对外开放不久，以往的经验无法建立 LG 电子的中国战略。LG 电子若要实现在中国短时间内获益的计划，就需要有对中国深厚的理解力。如果缺乏对中国的政治、经济、社会、文化、商务情况的了解，特别是如果没有充分理解政府的政策特性，则投资失败的可能性极大。因此，LG 电子在正式进入中国之前的 1993~1995 年的两年间，启动了名为“Understanding China”的对中国的社会、经济、文化的全面研究计划。研究内容包括：

（一）地理环境

中国是一个地大物博的国家，生产基地之间相距较远，运输需要较长时间，而且运输过程中产品破损或丢失的风险较高。沿海地区和内陆之间的差异较大，特别是地区间的特性不同，因而差异也较大。

（二）基础设施

虽然目前交通运输和通讯基础设施建设等硬环境方面日趋完善，但在改革开放初期的情况实为恶劣。首先，交通不便。1980 年到 1990 年初，工业增长率为年均 12%，在同一时期铁道运输量增长仅 3%，这足以说明运输能力的薄弱性。1980 年以来，中国虽加大了对交通运输业的投入，但大部分设施集中在沿海地区，又加大了沿海和内陆地区间的差距。道路窄而且路况不好，又因可利用河川的局限性水上运输也成问题。其次，能量不足。随着工业生产的发展，出现了电力不足的现象，这已经成为影响生产活动的重要因素。而且大部分电力设备都已老化，为改造这些设备需时间和资本的投入。

（三）法律法规

对外开放是中国的基本国策，积极吸收外商直接投资是中国对外开放基本国策的重要内容，且在涉外经贸投资活动方面已经形成一套比较完善的法律体系。但在政策执行上却有差别，特别是在外商投资企业办理许可时的条件要求更苛刻，视投资额和在中国的产业成熟度而决定。所以韩国企业进入中国时，必须考虑中国这些法律因素来决定进军方式。在电子产品方面虽然中国内部市场已经饱和，但是中国为了提高本国的技术竞争力而鼓励电子产品的进入，因此办理这种许可相对容易。随着中国加入 WTO，很多限制性条款会逐渐取消，政策环境会趋好。

（四）消费者特点

消费者阶层的多样性会给试图进军中国的外国企业带来经营上的困难。中国区域间差别大，各阶层间存在着贫富差异，企业在分析各阶层的消费特性，在进行产品生产决策、营销战略决策时颇感困惑。用年龄和地区区分中国消费阶层似乎有困难，但从整体上对中国消费者的基本判断是：好奇心很强，关心各类促销活动，多冲动型购买，价格敏感度高，质量方面很在意，对品牌也很重视。调查显示，中国消费者虽然在产品选购上很挑剔，但 50%~60%的人一般比较相信身边使用过该产品的人们的现身说法。

（五）竞争状况

中国内地家电市场的竞争可以说是“家电的奥运会竞技场”。因市场的魅力，世界上的知名企业都聚集在这里，中国当地的家电企业之间的竞争也很激烈。如中国国内的空调企业就有 100 多家，其中国有企业有 70~80 家，其他是外国企业，这些外国企业大部分是日本和美国的世界著名企业。在这种情况下，LG 电子只有质量上占据绝对优势，价格维持在中国水准才有可能生存下去。

三、阶段推进

1995 年，LG 电子经过两年的调查和准备后进入中国，在北京设立 LG 电子（中国）有限公司，负责 LG 电子在中国市场的销售。其后的历史进程大致可分为如下三个阶段：

（一）在中国建立雄厚的多元化业务基础（1993~1998 年）

1992 年中韩建交后开始进入中国进行投资生产，1993 年 LG 电子在中国惠州建立第一条自动化生产线，1995 年在北京设立 LG 电子有限公司，为集团电子部门在中国的投资与再投资提供服务。LG 电子以中国有限公司为中心，现已拥有惠州、天津等19个生产法人（产品工厂）、8个分公司（地区营销业务）、63个营销部和10个技术服务中心，运营700多家家电特约网点和300多家手机特约网点。LG电子还以在北京成立的中国研发中心为主，加上天津、烟台和南京三地的研发中心、各生产法人的研究部门以及北京设计所，形成了完整的中国研发体系，中国成为LG电子在全球的重要制造基地。

（二）规模化发展阶段（1999~2003年）

中国是一个有潜力的巨大消费市场，LG集团在中国经历了几年的发展，取得了一系列的成功，开拓了自己的市场，积累了相当的经验，试图趁大好机会在中国大展宏图。对一些处于生命周期成长期或成熟期的电子产品进行规模化生产，通过扩大规模降低生产成本，采取全面成本领先战略。LG生产的产品包括DVD、显示器、冰箱、彩电、微波炉、洗衣机、空调及数码产品。2001年在国内销售排名中，CD-ROM驱动器（第一位）、微波炉（第二位）、显示器（第三位）、洗衣机（第五位）、空调（第六位）等均进入了前十名。在国外市场上，LG电子超过松下、索尼等世界著名企业，电视出口居在华企业之首。

LG电子利用规模经济优势，参与市场的价格竞争，在中国市场低价运作，又通过收购、与国产品牌合作等手段，凭借市场上的价格优势，快速上位，迅速扩大了市场占有率。LG电子在中国的营业额也由2000年的20亿美元、2001年的30亿美元、2002年的40亿美元，到2003年的70亿美元。LG电子更在2003年《商业周刊》全球IT百强排名中位列榜首。

（三）战略转型阶段：从“亲民”走向“高端”（2004年至今）

从2004年开始，LG电子实现在中国经营战略的转型，即LG电子的品牌定位从“亲民”向“高端”拔升。作为中国事业的动力源泉，LG电子的业务——家电、通讯、IT全面进军高端品牌。如果说在中国的过去10年是LG开疆拓土打根基的卧薪尝胆的话，那么今后10年无疑是其争品牌抢高端的绝地反击。

2004年1月1日，原LG天津工厂法人厂长孙晋邦升任LG电子（中国）有限公司总裁，全面负责LG电子在华业务，原总裁卢庸岳副会长留任LG电子（中国）有限公司的顾问。伴随着这次人事变动，LG在中国的转型战略逐渐清晰化。LG电子在家电、IT和手机领域全力推广高端产品：2004年，在中国与全球同步发布了XD引擎及一系列PDP新品，双模、324万像素手机等高端产品；2005年，推出世界首例60英寸FullHD等离子电视，全球领先的空调节能装置多电源系统等。

2006年1月，来自韩国总部、有10多年欧美等海外市场运营经验的禹南均接替前任总裁孙晋邦，正式出任LG电子中国区总裁，并在中国部署全球高端转型战略——“蓝海战略”。所谓“蓝海战略”，是在原有强调靠降低成本和提高效率来取得竞争优势的“红海战略”的基础上，打破价值与成本之间的平衡，将独特的价值创造纳入企业的竞争优势中。在蓝海战略的统一部署下，从2006年起，LG电子的所有新品都将采用最尖端的技术，开辟“无竞争”市场，以确保全球市场的平均利润率由9.1%提升至15%。LG电子全球总裁金双秀表示，2006年LG电子正式启动全球第一计划——“新市场开拓项目”（BOP），生产出世界一等产品，到2007年成为全球家电TOP1。进一步地，LG电子提出了2010年力争实现全球消费电子领域TOP3的目标，落实此目标的具体措施是：2010年实现两倍卖出、两倍利益率和两倍股东价值，其中30%的卖出和50%的利润都将来自具备增长潜力、市场领导性和利润改善性的“蓝色海洋产品”。同时，LG电子将在基础设施和研发发面新增投资25亿美元，其中的11亿美元将用于设施建设，另14亿美元将投入研发。研发投资则涵盖了新的业务领域，如家庭网络、车载信息娱乐电子、PostPC、OLED和DMB，以及旗舰产品领域的数码电视、PDP和手机等。

伴随着战略转型，LG电子在中国的销售方面取得长足的提升。2004年，LG电子在中国的销售与出口总额跃升到100亿美元。2005年，LG电子在全球的销售收入为360亿美元，净利润为61亿美元，发展势头良好。2006年4月19日，LG电子公布了2006年第一季度经营业绩。得益于显示器业务的有力增长和家电高端产品的热销，截至3月31日的第一财季，LG电子实现了1.64亿美元的净利润，同比增长约92.8%。2007年，LG电子的总销售额为439.7亿美元，业务涉及四个领域：移动通讯、数字家电、数字显示器和数字媒体。而在CDMA手机、空调、光存储产品、DVD播放器和家庭影院系统领域，LG电子是全球最大的生产商。

四、本土化战略

进入中国市场以来，LG电子的策略一直与其他跨国公司不一样。当索尼、三星、飞利浦等跨国公司一直坚持依靠品牌的力量推销高附加值产品的时候，LG电子却一直在推行着本土化策略。LG电子当地生产、当地销售、当地研发的本土化战略是其较其他企业更具竞争优势的重要因素。综观LG电子在中国的阶段推进，贯穿始终的是“全球化思考，本土化行动”理念指导下的中国方略。其中国本土化战略可细分为如下几个战略：

（一）生产战略

LG电子在中国实施“现地一条龙”本土化的生产策略。针对中国市场的需求进行产品的设计开发，零部件先是由随 LG 进入中国的韩国公司生产，随着中国当地零件制造技术的发展，国产化率已达 80%以上，计划在不久的将来，达到 100%的目标，即实现从核心零配件到成品的中国生产。如 IT 产品中的光驱在惠州工厂生产；笔记本电脑核心的主要部件液晶模块在南京的液晶模块工厂生产；彩电的显示产品中最主要的零配件是等离子模块，等离子生产线已经在南京开工；天津工厂的空调，无论是压缩机或是外壳，从配件到整机，都是在自己的配套线上完成；沈阳的 LG 彩电所用的显像管采用的是 LG 长沙显像管工厂的产品。

LG 电子最终的目的是在中国形成一个当地完结型的企业，从研发、生产到销售等一系列功能都在中国完成。在生产布局上，LG 电子在中国的各生产基地又几乎涵盖了所有 LG 产品，从而实现了专业化与多样化的协同生产。目前，LG 电子在中国的产业链结构已经相当完整。这意味着即使中国 LG 电子完全脱离韩国 LG 总部，也是一个完整型的企业集团，LG 电子将这种产业结构称为“完结型事业结构”。这种把众多核心零部件和高端产品放在中国生产，是基于 LG 电子对中国市场重要性的基本判断。在 LG 电子企业战略里，中国是一个必须从长远着眼的市场，要想最终胜出，必须从一开始就进行完整的产业架构。

（二）研发战略

从 2002 年 12 月起，LG 电子就已经在北京成立了大型尖端技术研发中心，致力于在信息通信和下一代信息家电领域设计和生产技术力量的提高。北京研究中心不仅担负中国地区的产品研究，还担负着 LG 电子在全世界范围内的产品研发。像这样的研发中心，LG 电子在全球除韩国本部外，只在北京才有。北京研究中心在大力强化数码电视显示器研究的同时，还力争与原有研究所保持有机的结合，最大限度地提高相互间的协同效力。

LG 电子在中国的各个生产法人都设立了研究所，LG 电子每年的研发费用为销售额的 5%。LG 电子在 2007 年投资方面支出 34.5 亿美元，15.6 亿美元用于资本支出，剩余的 18.9 亿美元用于研发。而 2006 年的投资支出为 30.2 亿美元，资本支出和研发分别为 14.6 亿美元和 15.6 亿美元。在研发方面这样巨大的投资额度是国内任何一家电子企业无法望其项背的。

（三）组织战略

在组织结构上，LG 电子把情报通信营业部门和家电营业部门进行了分离，加强各自营业部门的专业性。为了使分散在各地的营业组织，运营得更加有效率，LG 电子将中国地区分为华北、华东、华南、华西、东北五大区域进行集中化管理。在各个区域的重点城市即北京、上海、广州、成都、沈阳建立大分公司体制。五大分公司作为中国内销事业的主体，是同时拥有权限和责任的独立经营体制，强化市场对应能力，积极推进本地化建设。

LG 电子在中国设立的 LG 电子（中国）有限公司控股以合资形式设立的子公司，负责制定战略方案和管理中国国内这些公司的产品销售，统一协调 LG 电子在华的相关工厂的资源。这些子公司是与中国当地生产电子产品的企业达成协议的生产基地，负责产品生产。

LG 电子选择与当地法人合资是为了引入当地资本，减少海外经营的风险。而且，LG 电子可以通过这些当地法人获得市场和产品价值的信息、政府政策信息等，也有利于协调与其他利害相关者的关系。

选择中国合作者的标准有两个：一是目前正在中国生产 LG 电子所需产品的企业或与 LG 电子合作能起到协同效应的企业。尽管 LG 所选择的生产法人之间相距较远，彼此间的联系也不紧密，但可以把各个工厂作为该地区的销售基地，更好地发挥区域优势。二是这些企业虽然有生产特定家电产品的能力，但并不是知名度最高的企业。美国或日本企业一般是选择中国最有实力的国有企业作为合作伙伴，即所谓的“强强联合”。但与日本或美国企业知名度相比，韩国要稍逊一筹，所以会选择经营情况稍差一些的国有企业合作，即所谓的“强弱合作”。LG 电子采取的就是这种方式，LG 天津电机有限公司就是一个与经营困难的中国国有企业成功合作的典型案例。这样做的出发点在于：选择实力弱一点的公司合作可能会在技术、人力、销售等方面有困难，但可确保经营上的独立性。

（四）人才战略

LG 电子副董事长兼 CEO 南镛表示：“LG 电子目前正处于从制造商到市场驱动型企业的转型期。我们的目标是成为一家以创新为基础的企业，定期取得两位数的经营利润增长。我们非常重视从全球各大企业吸引最优秀的国际人才加盟，因为他们拥有丰富的专业知识和新颖的思维方式。”

自 1993 年 LG 电子进入中国以来，一直不遗余力地贯彻人才本土化的战略。在中国的 LG 已经进入到跨国公司本土化的更高境界。目前，LG 电子中国的 38000 余名员工中，有 98%是中国员工。此外，LG 电子大中华区总裁禹南均在上任伊始便制定出目标：到 2010 年，LG 电子（中国）有限公司要将经理层的本地化比重提升至 70%~80%。通过持续不断的投入巨资，致力于培养和扶持下一代中国本土优秀的经营管理人才。

为了确保中国优秀研究人员能够到研发中心工作，LG 电子在大规模网罗人才、培训人才、储备人才和积累人才。LG 电子把在中国招募到的人才派往韩国培训，再派回中国工作；从2002年起，在清华大学开设了ChinaMBA课程，将最优秀的精英员工送入中国最好的高等学府进行精选课程的培训。LG电子还在中国19所著名高等学府设立了"LG电子奖学金计划"，而能够获得LG电子奖学金的学生均为指定院校电子信息技术或管理专业综合排名在前20位的优秀学生。在人才争夺日益升温的今天，LG电子此举无疑就是从莘莘学子入手，从未来的企业栋梁入手，为LG电子中国研发中心人才来源布棋。

（五）品牌战略

在韩国，LG电子属于第一个进入中国的企业，但是与美国、日本、欧洲等国家企业相比，毕竟是后来者。所以，作为后进入企业，为了提高市场上的知名度和占有率，需要攻击性的销售战略。

中国消费者的特点之一是对品牌知名度非常敏感。怎么样在最短时间内、在与日本、美国、欧洲以及国内知名品牌竞争的环境中，让LG品牌家喻户晓，让LG标志深入人心，对LG电子来说是一个重要的课题。

一个企业的品牌知名度不但要靠过硬的产品质量来树立，更要不断地实施宣传自己。为了解决这个课题，LG电子首先利用电视、广播、户外广告、展销会、赞助公众活动等亲近消费者，扩大品牌影响。如LG电子举办首届"LG挑战冠军王中王卡拉OK总决赛"。LG电子买断丹东至沈阳旅游特快242/241次列车冠名权，首列冠名为"冠军号"，包括列车上的布局和车身上的方向牌都显示"冠军号"及LG的标识。其次是现场促销活动，让消费者认识这个品牌和这个品牌的质量。基于中国人喜欢根据其他人的购买经验决定产品消费的特点，在各个卖场安排促销人员，甚至安排品牌专门促销人员。LG电子为了培训这些人员，在每个分公司都安排了讲师，讲师到各个卖场作巡回讲课。LG电子采取的这种符合中国实情的销售战略与其他外国企业相比早了很多，这是适应中国当地企业竞争的一种必然选择。三是借助体育赛事开展营销活动，这些活动为LG提供了展示尖端技术和先进产品的国际舞台，不仅吸引了消费者的目光，达到提高销售额和利润的目标，而且体育运动所推崇的公正、公平还大大提升了LG品牌的知名度和在公众心目中的亲和力；另外，赞助体育对那些忠实的体育迷来说是一种富有亲和力的感情投资，它可以迅速地将体育迷对体育的忠诚转换成对LG产品的购买力量。

事实证明，LG电子已经不满足被称为"高科技的全球化电子企业"的称号，意图从现有的主流电子制造商中脱颖而出，成为真正的全球性领导型公司。为此，2008年LG电子追加4亿美元预算用于品牌投资。LG电子新品牌战略的目标顾客是"对设计和技术都有很高追求的人"，要给顾客提供一种"我觉得我是一个很有品位的人”感性的满足。

（六）投资战略

中国已经成功加入 WTO，加倍和加速增资与扩资是 LG 电子在中国投资的选择，这也是期望巩固和发展在中国的市场阵地，先声夺人的战略思考。因为这一战略能向中国政府表明 LG 电子长期投资中国的承诺，又能向竞争对手显示其扩大在中国市场地位的进攻性姿态。LG 电子自 1993 年正式进入中国以来，总投资已达 20 亿美元。除韩国 LG 电子总公司的资金流出量，还得益于 LG 电子资金筹措的当地化。

早在 2002 年，LG 电子郑秉哲便和中国工商银行在韩国汉城签署了携手战略业务协议。这个协议的要点是 LG 电子各个生产法人的投资资金和运营资金可从各个子公司所属的当地中国工商银行支行贷款（总 6500 万美元）。这个协议使中国境内的 LG 电子可以从中国工商银行得到较高的信用，从中国工商银行的银行网络中确保大规模资金，有利于开展中国事业。通过这次协议扩大了 LG 电子与总公司的资金往来规模，因汇率差异而出现的损失也大大减少。

从 2005 年开始，LG 电子果断放弃大众化策略，开辟出一条以产品差异化为核心的发展之路。截至 2009 年 3 月，LG 电子在中国的投资额已超过 25 亿美元，设有 13 家生产厂、5 个分公司及庞大的客户服务网络，工厂遍布华北、华中、华南及华东各区，生产各种家电、通信产品及电脑产品，包括空调、微波炉、洗衣机、冰箱、平板电视及手机等。

2009 年 2 月 28 日，LG 电子大中华区总裁禹南均在接受专访时表示，作为第一家到中国内地投资的韩资企业，LG 电子将进一步加大在中国的投资。

（七）形象战略

从 1993 年开始，LG 电子就曾先后在教育、助残、体育、文化、环保及卫生领域与中国相关政府部门或非官方部门展开多方面的合作。LG 电子在辽宁省多个县建立了 LG 小学、LG 中学和 LG 彩电村，协助推动农村地区的经济及教育发展；在抗击“非典”的过程中，LG 电子更集中体现了对用户、对社会的关爱。从一开始就以“当地人”的拳拳之心深切关注并加入到战斗中来。如从 2003 年 4 月下旬“非典”疫情的高潮开始，LG 电子就展开了一系列的捐赠事宜：LG 电子通过北京市卫生局向工作在第一线的医护人员捐赠了总价值人民币近百万元的家电产品，向朝阳区政府捐赠 10 万元，同时 LG 电子的内部员工还自发捐款 4 万元。自从 2008 年 5 月 12 日四川汶川地区发生 8 级强烈地震以来，LG 集团在第一时间通过中国红十字协会向灾区捐款 1700 万元人民币，其中 700 万元捐给业务合作伙伴长虹电器。通过社会公益活动，企业和消费者分享企业的利益，不但为企业作了宣传，而且赢得了广大消费者的信任和尊重，提高了企业的形象。

LG 电子把本土化战略推向高潮的最显著标志是：2005 年 4 月 23 日，LG 电子正式对外宣布，LG 电子（中国）有限公司将更名为中国 LG 电子有限公司。这被市场研究人士解读为“LG 的脱胎换骨”。

五、结论

综观 LG 电子在中国的阶段推进，贯穿始终的是“全球化思考，本土化行动”的经营管理理念。本章在对 LG 电子进行案例研究的基础上得出下面一些结论：

第一，LG 电子在中国的本土化战略呈现出明显的阶段性演进形态（起步—成长—成熟），进入中国之初（1993~1998 年），通过开拓空调、微波炉等产品在中国的市场，逐步建立起了雄厚的多元化业务基础；接着对处于生命周期成长期或成熟期的电子产品进行规模化生产，通过扩大规模降低生产成本，进入了一个规模化发展阶段；2004 年起开始实施战略转型，从“亲民”走向“高端”，逐步撤销低附加价值的产品群，将高端产品比重逐步提高。

第二，LG 电子着手全面实施生产、研发、组织、人才、品牌、投资、形象战略。这七大本土化战略充分体现其全球化的定位和思考。在生产战略方面，实施“现地一条龙”本土化的生产策略；在研发战略方面，成立大型尖端技术研发中心，扩大研发资金投入；在组织战略方面，积极进行组织结构调整，加强各自营业部门的专业性；在人才战略方面，重视从全球各大企业吸引最优秀的国际人才加盟；在品牌战略方面，努力从现有的主流电子制造商中脱颖而出，成为真正的全球性领导型优秀品牌公司；在投资战略方面，不断加倍和加速增资与扩资；在形象战略方面，加强与相关政府部门或非官方部门展开多方面的合作。

第三，LG 在实施战略转型过程中，把人才与技术作为自身核心竞争力的源泉。知识经济时代，人才是企业的核心战略资源，对于像 LG 这样的高新技术产业，人才更是决定企业兴衰的核心因素。LG 电子通过抓好人才资源管理，激发人才潜在能量，最大限度地调动技术人才在创造“一等产品”中的积极性，最大限度地调动管理人才在创造“世界一等企业”中的积极性，构建并提升了 LG 电子强大的核心竞争力。贯彻“技术领先”路线的 LG，追求的技术优势不仅是通过它去满足消费者现在的需求，而且还要能够满足消费者潜在的、未来的需求。在经营理念中，赋予了技术更多的人性化元素。

目前，中国的电子市场已渐趋饱和状态，世界上有强势竞争能力的公司都已进入中国，中国国内企业之间的竞争也很激烈。随着中国企业技术的发展，电子企业间的竞争将会更加激烈。可以说，在中国的LG已经进入到跨国公司本土化经营的更高境界，但LG如何跟中国本土的上下游厂商、友商、消费者"血肉相连"还不是一日之功。当今电子市场内企业间的竞争日益白热化，那些竞争力不强的企业必被淘汰无疑。在这种情势下，LG电子正努力在既定战略思想指导下，为成为中国最好的品牌和中国一等企业，跻身世界顶级企业而努力。

第三篇
中国跨国公司培育的战略路径

第七章　中国跨国公司的发展现状

改革开放三十多年来，特别是中国加入 WTO 以后，世界经济一体化进程逐步加快，2010 年中国成为世界第二大经济体和世界出口第一大国。据商务部统计，受世界经济和金融危机的持续影响，2009 年全球外国直接投资流量较上年下降了 43%。在挑战和机遇并存的背景下，2009 年中国对外直接投资再创历史最高值。中国企业逐步走出国门，参与到国际市场的竞争之中，随着中国经济、社会政策、法制的不断完善，使中国跨国公司的成长之路表现出自己独有的特点，但同时遇到的一些瓶颈也值得深思。

第一节　中国跨国公司的发展历程

一个国家的跨国公司的发展状况以及在世界上所处地位的形成过程中，判断其所处的阶段是一个重要的问题，因此对中国跨国公司的发展阶段做出判断具有实际意义。本节通过对中国跨国公司对外直接投资规模、各产业所占比重、地区分布、企业性质的变化发展的分析，将其划分为初步兴起、渐进成长、加快发展、迅速增长四阶段。

一、中国跨国公司起步阶段

新中国成立后，中国对外投资主要是以贸易性投资为主，真正开始对外直接投资是在改革开放以后，1979~1991 年是中国对外投资的初始阶段。在这个阶段里，中国企业的跨国投资逐步发展。最初的跨国公司经营领域主要集中在贸易金融领域，主要投资项目如表 7-1 所示。

表 7-1 我国对外直接投资初级阶段主要项目

时间	项目名称	项目内容
1979 年 11 月	北京市友谊商业服务总公司与日本东京丸一商事株式会社合资在东京开办“京和股份有限公司”	改造引进技术、设备；推广中餐文化等
1980 年 3 月	中国船舶工业总公司和中国租船公司与香港环球航运集团等合资在百慕大成立“国际联合船舶投资有限公司”	代理中国船舶及船用设备的进出口及经营国际航运业务
1980 年 7 月	中国银行与美国芝加哥第一国民银行、日本兴业银行、香港华润（集团）有限公司合资在中国香港创办了中芝兴业财务有限公司	金融业务
1980 年 9 月	中国人民保险公司与美国友邦保险公司共同投资在百慕大注册建立“中美保险公司”	国际保险业务
1984 年 10 月	中国国际信托投资有限公司投资 4000 万元人民币，在美国西雅图与一家美国公司合资建立西林公司	林业和木材加工业务

资料来源：张素芳. 跨国公司与跨国经营［M］. 经济管理出版社，2009.

在 1970~1983 年的 5 年里，经中国政府批准在国外开办非贸易性独资、合资、合作企业 180 多家，分布在 23 个国家和地区，非贸易性总投资额达到 1.77 亿美元。投资领域主要集中在咨询和航运服务、金融保险、承包工程和中餐馆等少数行业，基本没有涉及国际生产领域。

1984 年和 1985 年，境外企业发展较快，经政府批准在国外开办的企业共 119 个，比前 5 年开办的企业数增加了近一倍，总投资额 19477 万美元，其中，中方投资 13137 万美元。投资项目分布在 40 多个国家和地区，涉及的领域和行业更加广泛，包括资源开发、加工生产装配等方面。

在改革开放初期，中国政府对境外投资审批极其严格。1984 年，原外经贸部制定并颁布了《关于在境外开办非贸易性企业的审批程序和管理办法的试行规定》。这一规定下放了部分审批权限，简化了部分审批手续。但是，总体而言，中国政府并没有大张旗鼓地支持和推进境外投资。跨国投资主要是部分企业的自发行为。项目投资金额不大。此阶段中，中国跨国公司对外投资规模有了初步的增长，到 1991 年底，中国在海外开办的非贸易性企业达到 911 家，总的投资额达到 10.6 亿美元，达到上一阶段的近 6 倍，其中中方投资额度超过 100 万美元的企业有 89 个。这一阶段的对外直接投资主体大部分是国家大型企业集团和全民所有制大企业，主要以合资经营、独自经营、合作生产为主要的形式。

二、中国跨国公司成长阶段

1992 年以后，中国社会主义市场经济体系确定下来，对外开放的力度进一步加大，国民经济迅速的发展，中国跨国公司开始进行比较大规模的海外投资。1992~2000 年是中国跨国公司的发展阶段。1992 年首钢以 1.2 亿美元收购秘鲁铁矿公司是当时影响最大的跨国投资项目，该项目成为我国冶金行业跨国投资最早的尝试。三九、海尔、华为、小天鹅、TCL 等民营企业和民间资本参股的大型企业和集团都先后走出国门，使中国对外投资主体结构得到充实和优化，进一步增强了我国对外直接投资的扩展能力和总体水平，预示着中国企业对外直接投资多元化时代的到来。1992 年我国境外直接投资金额急剧增大达到 40 亿美元，1993 年又增加到 44 亿美元。20 世纪 90 年代初我国企业跨国投资出现了一些问题，主要表现在：一些没有完成改制的国有企业，由于产权不清晰，激励机制和约束机制不完备，跨国投资失控；一些企业违反国家规定，未经批准擅自在境外设立公司，致使“夫妻店”、“独人公司”等现象屡见不鲜；一些企业海外项目财务管理不规范，普遍存在“两本账”问题，给国有资产的保值增值带来隐患；一些腐败官员利用跨国投资将国有资产转移到个人名下，造成国有资产流失。为了解决上述种种问题，1994 年国家开始对企业海外投资进行整顿，要求各单位对本单位的境外企业进行清理，对境外投资制定了更严格的审批手续规定。经过整顿，盲目的境外投资得到遏制。与此同时，我国境外投资数量明显下降。

1999 年初，中国政府以推进境外加工贸易为起点推动中国企业海外投资，促进中国跨国公司的成长。国务院出台了鼓励企业开展境外带料加工装配业务的规定。

三、中国跨国公司稳定发展阶段

2000 年以后，中国经济快速发展，由经济大国向经济强国转变，世界工厂的地位得到确立。中国政府大力提倡“引进来”、“走出去”并举方针政策，人民币坚挺，外汇储备丰富，外汇管制放松。与此同时，中国加入世界贸易组织（WTO），中国企业可以享受和遵循各个国家贸易和投资自由化规则，不再受歧视地在国际市场上进行竞争。国内市场的竞争更加激烈，动力与压力的作用下使企业走出去面对国际市场，一大批中国跨国公司在这一阶段得到成长和发展，到 2000 年底，中国在外设立企业达到 6200 多家，协议投资额达到 113.6 亿美元，对外投资地域遍及全球160多个国家和地区。该阶段中国对外投资中机械加工生产业所占比重大幅提高，境外加工贸易类投资带动出口成效显著，占到20%以上，矿业、冶炼、渔业、森林开发占到30%以上的比重。2000~2003年是中国跨国公司的稳定发展阶段。

四、中国跨国公司快速发展阶段

2003年以来，我国对外直接投资速度明显加快，我国企业投资设立境外企业510家，中方投资额达20. 87亿美元，项目平均投资额超过400万美元。2004年我国对外直接投资额达到55.3亿美元，境外投资企业数达到7118家，中方协议投资额为119.86亿美元，累计对外投资总额为449亿美元。2005年达到122.6亿美元，呈现高速增长的势头。其中40.7亿美元为股本投资，28.5亿美元为利润再投资，占41.2%。2006年底，我国对外直接投资为161.3亿美元，中国海外直接投资企业总数达到10931家，累计对外投资总额达733.3亿美元，对外直接投资在投资方式上的一个显著特点是有82.5亿美元以跨国并购方式流出，占投资总额的39%。2007年，我国非金融类对外直接投资达到187.2亿美元。

大批中国企业已开始走出去到海外市场进行战略布局，呈现全方位、宽领域的跨国经营特点。跨国投资领域已拓展到海外的工业制造、建筑、石油化工、资源开发、交通运输、水利电力、电子通讯、商业服务、农业等行业，并在海外的环境保护、航天航空、核能和平利用、医疗卫生、旅游餐饮、咨询服务等领域也有长足的进展。

由于金融危机的影响，全球对外投资总额呈下降趋势，减少了13.5%，但是中国对外投资不但没有减少，反而增加111%。截至2008年底，中国对外直接投资流量达到418.6亿美元，累计对外投资总额达1839.7亿美元，中国成为新兴市场对外投资流量的第三大输出地区。2009年中国对外投资433亿美元，中国对外投资总额累计2200亿美元。金融业对外直接投资流量占商务服务业、金融业、批发和零售业、采矿业、交通运输业对外直接投资流量的九成。2010年，中国对外直接投资净额（流量）为688.1亿美元，同比增长21.7%，连续9年保持增长势头，年均增速为49.9%。其中，非金融类601.8亿美元，同比增长25.9%；金融类86.3亿美元。根据联合国贸发会议《2011年世界投资报告》，2010年中国对外直接投资占全球当年流量的5.2%，位居全球第五，首次超过日本（562.6亿美元）、英国（110.2亿美元）等传统对外投资大国。

第二节　中国跨国公司成长的基本特点

通过对中国跨国公司不同阶段的认识与分析，我们可以得到中国跨国公司在不同阶段的成长特点，并做出以下总结：

通过对大量文献及资料的查阅，现将 1990~2011 年的对外直接投资流量进行制图（见图 7-1）。

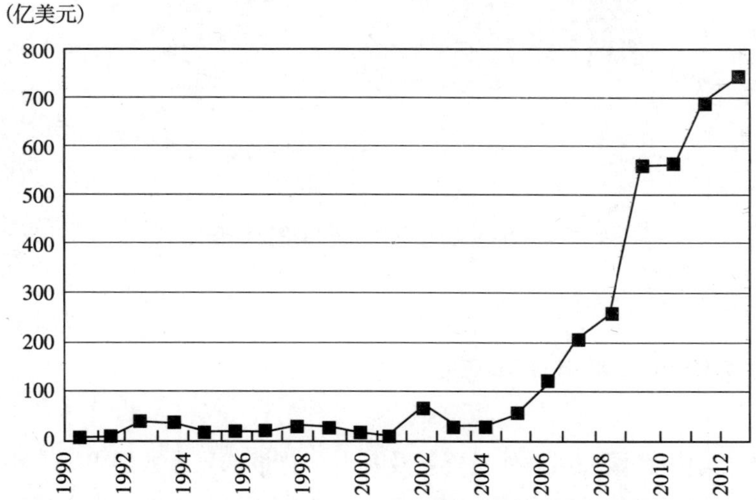

图 7-1　1990~2011 年中国对外直接投资流量情况

2009 年我国境内投资者共对全球 122 个国家和地区的 2283 家境外企业进行了直接投资，累计实现非金融类对外直接投资 433 亿美元，同比增长 6.5%。2010 年我国境内投资者共对全球 129 个国家和地区的 3125 家境外企业进行了直接投资，累计实现非金融类对外直接投资 590 亿美元，同比增长 36.3%。商务部、国家统计局、国家外汇管理局联合发布的《2011 年度中国对外直接投资统计公报》显示，2011 年，中国对外直接投资净额（流量）实现了自数据发布以来连续 10 年的增长，达到 746.5 亿美元，同比增长 8.5%，其中非金融类投资达到 685.8 亿美元，同比增长 14%。

一、当期利润再投资比率大规模增长

2009 年中国对外直接投资流量比例分布如下：利润再投资 161.3 亿美元，占到投资总额的 28.5%，新增股本占到 30.5%，其他投资 41.0%（见图 7-2）。其中当期利润再投资较上年增长 63.1%，呈现大规模增长。

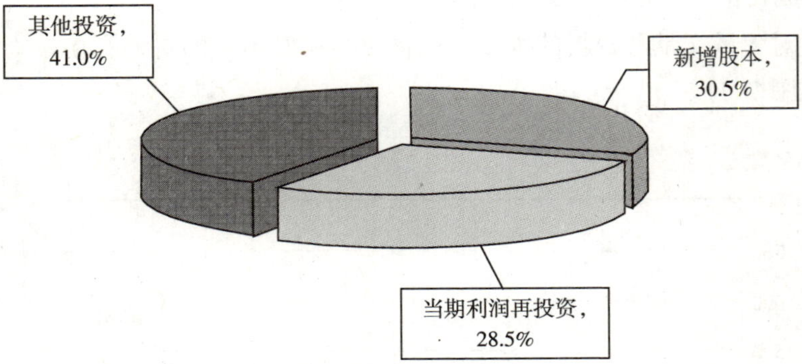

图 7-2　2009 年中国对外直接投资流量比例

二、投资规模小，投资水平低

从表 7-2 中国跨国公司对外投资量及其占全总量球比重数据可以看出，比重由 2004 年的 0.93%上升到 2008 年的 3.11%，年均同比增长 63.92，一定程度上说明中国跨国公司对外投资量在逐年增长，但所占全球比重基数较小，即规模较小，投资水平有待加强。

表 7-2　中国跨国公司对外投资量及其占全球总量比重

年份	当年投资额（亿美元）	同比增长率（%）	累计对外投资总额（亿美元）	流量（亿美元）	流量全球比重（%）	存量（亿美元）	存量占全球比重（%）
2004	55.3	93.0	449.0	7302.6	0.93	106719	0.55
2005	122.6	123.0	572.0	7787	1.68	106719	1.68
2006	161.3	31.6	733.3	8298	2.72	108625	1.85
2007	187.2	6.2	920.5	8563	2.70	109866	1.82
2008	418.6	65.8	1839.7	9122	3.11	111705	1.93

资料来源：中国商务部统计。

从表 7–3 中可以看出中国跨国公司海外员工数、海外资产相比于英国、美国、德国、日本和法国仍具有较大差距。中国跨国公司对外投资规模由 20 世纪 80 年代中期的 1.71 亿美元增加到 2010 年的 590 亿美元（非金融类），投资规模显著增加，但是中国跨国公司投资量在全球投资总量中所占比例甚小，与相关国家相比，无论是从海外员工人数还是海外资产总量来说都存在相当大的差距，在国际市场竞争中处于弱势。

表 7–3　各国最大五家跨国公司海外员工数、海外资产比较

国家	国外员工总数（人）	国外员工均数（人）	对外投资总额（亿美元）	对外投资均值（亿美元）
英国	470247	94050	550523	110104
美国	479986	95917	745906	150981
德国	566821	11364	303316	60663
日本	339862	67972	242338	48467
法国	345126	69025	362837	72569
中国	47956	9591	48795	9779

资料来源：中国商务部统计。

三、企业投资主体由单一向多元化发展

从企业性质看，中国跨国公司由单一的经济主体向多元化发展，大中型企业为主，尤其是国有企业及国家控股企业。表 7–4 数据显示，中国对外投资主体比重最大的国有企业，由 2004 年的 35%上升到 2008 年的 69.6%，同时集体企业、股份合作企业、联营公司、有限责任公司、股份有限公司、私营企业、港澳台投资企业、外商投资企业比重均有变动，私营企业比重竟然下降到 1%，其他性质企业比重均有所下降。

对外投资的主体初期主要是专业外贸公司和国际技术合作公司，接着以国家大型企业集团和全民所有大企业等国有企业唱独角戏，以海尔、三九、华为、小天鹅、TCL 等民营企业和民间资本参股的大型企业和集团的参与，使得中国对外投资更加活跃，到今天多种类型、规模的企业走出国门，增加了中国在国外市场的竞争力。虽然仍以国企为主，但民营企业的加入表明了中国市场机制的日益完善和成熟。

表 7-4　中国对外投资主体情况

单位：%

企业类别	2004 年	2005 年	2006 年	2007 年	2008 年
国有企业	35	29	26	19.7	69.6
集体企业	2	2	2	1.8	0.4
股份合作企业	1	4	9	9.8	1.2
联营公司	1	1	1	0.7	0.2
有限责任公司	30	32	33	43.3	20.1
股份有限公司	10	12	11	10.2	6.6
私营企业	12	13	12	11.0	1.0
港澳台投资企业	2	2	2	1.8	0.1
外商投资企业	5	5	4	3.7	0.8

资料来源：中国商务部统计。

四、对外直接投资行业由单一向多元化发展

根据商务部 2004~2008 年数据资料显示，中国跨国公司行业分布及投资情况汇总如图 7-3 所示。

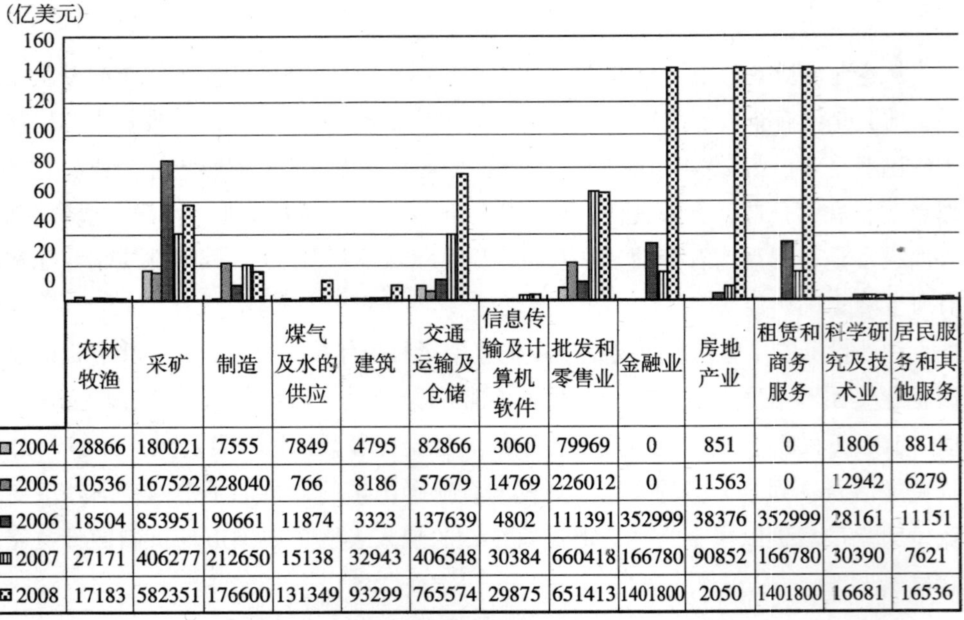

	农林牧渔	采矿	制造	煤气及水的供应	建筑	交通运输及仓储	信息传输及计算机软件	批发和零售业	金融业	房地产业	租赁和商务服务	科学研究及技术业	居民服务和其他服务
2004	28866	180021	7555	7849	4795	82866	3060	79969	0	851	0	1806	8814
2005	10536	167522	228040	766	8186	57679	14769	226012	0	11563	0	12942	6279
2006	18504	853951	90661	11874	3323	137639	4802	111391	352999	38376	352999	28161	11151
2007	27171	406277	212650	15138	32943	406548	30384	660418	166780	90852	166780	30390	7621
2008	17183	582351	176600	131349	93299	765574	29875	651413	1401800	2050	1401800	16681	16536

图 7-3　中国对外直接投资流量分布情况

新中国成立初期，中国只涉及简单的进出口贸易、餐饮、航运等少数领域，以贸易性投资为主，贸易投资占到80%以上，之后集中于建筑承包与咨询服务行业以及采矿、炼铝、远洋运输、森林开发、加工承包、金融保险等行业国际生产投资。从图7-3数据可知，中国对外投资已迅速拓展到通信、水利、农业、冶金、林业、航天航空、有色金属、冶金、煤炭、地质勘探、港口设施等国民经济涉及的各行各业，行业分布结构趋于平衡。

五、对外投资分布地区不均匀

通过对中国跨国公司历程的分析，我们可以看到中国对外直接投资已经从港澳、亚太地区向着北美、拉美、非洲、欧洲等地区渗透扩展，分布在世界160多个国家和地区（见表7-5），境外资源开发合作涉及50多个国家和地区，其中，劳务合作与对外工程承包则以亚洲为主。但是，综观整个中国跨国公司发展历程，我们发现中国对外直接投资地区分布不平衡，主要集中在亚洲、拉丁美洲、非洲等不发达国家（见表7-6），亚洲地区主要集中在港澳地区，欧美等发达国家则很少。

表7-5　中国对外直接投资地区分布情况

单位：亿美元，%

年份	亚洲	拉丁美洲	非洲	欧洲	北美洲	大洋洲
2004	30.0 (54.6)	17.6 (32.0)	3.2 (5.8)	1.7 (3.1)	1.3 (2.3)	1.2 (2.2)
2005	43.7 (35.6)	64.7 (52.6)	4.0 (3.3)	5.1 (4.2)	4.0 (3.3)	2.0 (1.7)
2006	76.6 (43.4)	84.7 (48.0)	5.2 (2.9)	5.9 (3.4)	2.6 (1.5)	1.3 (0.8)
2007	153.8 (62.6)	49.0 (18.5)	15.7 (5.9)	10.9 (5.8)	11.3 (4.3)	7.7 (2.9)
2008	435.5 (77.9)	36.8 (6.6)	54.9 (9.8)	8.8 (19.3)	3.6 (0.6)	19.5 (3.5)

资料来源：中国商务部统计。

表7-6　中国企业对外投资地区覆盖比例

单位：%

年份	亚洲	非洲	欧洲	北美洲	拉丁美洲	大洋洲
2004	91	79	80	75	43	45
2005	93	83	85	75	45	36
2006	91	81	73	75	53	36

续表

年份	亚洲	非洲	欧洲	北美洲	拉丁美洲	大洋洲
2007	90	81	74	75	53	42
2008	90	81	74	75	55	42

资料来源：中国商务部统计。

六、对外投资分布国内发展不均

从表 7–7 中国企业对外直接投资地方统计数据可以看出，沿海以及东部地区仍是中国企业对外直接投资比重较大的区域，西部不发达地区投资比重较小。浙江、辽宁、山东、上海和广东五省市 2009 年对外直接投资流量超过 10 亿美元，甘肃、新疆、内蒙古、山西、宁夏、贵州、青海、西藏等西部地区对外直接投资额还相差甚远，反映经济发展的不均衡。

表 7–7 中国企业对外直接投资地方合计

单位：万美元

序号	省市区名称	当年直接投资流量	序号	省市区名称	当年直接投资流量
	地方合计	1632026	14	湖南省	31135
1	浙江省	262139	15	天津市	30925
	其中：宁波市	52351	16	新疆维吾尔自治区	30664
2	辽宁省	177429	17	陕西省	28920
	其中：大连市	135058	18	海南省	22477
3	山东省	158750	19	江西省	21280
	其中：青岛市	51674	20	吉林省	18041
4	上海市	155811	21	黑龙江省	17314
5	江苏省	120105	22	广西壮族自治区	17249
6	广东省	119577	23	河南省	15618
	其中：深圳市	46009	24	湖北省	13832
7	安徽省	80967	25	甘肃省	10132
8	北京市	69383	26	新疆生产建设兵团	6682
9	福建省	47681	27	内蒙古自治区	3973
	其中：厦门市	21016	28	山西省	3863
10	云南省	47406	29	宁夏回族自治区	3080
11	河北省	42712	30	贵州省	510
12	重庆市	39882	31	青海省	110
13	四川省	34351	32	西藏自治区	29

注：表中未列省区暂无对外直接投资业务。

第三节　中国跨国公司发展瓶颈

一、现行管理体制和服务体系不完善

20世纪90年代末，中央提出实施“走出去”战略以来，我国政府主管部门针对境外加工贸易、推动与发展中国家合资合作、森林资源开发等业务先后出台了专项的支持性政策，包括财政支持、放宽外汇管制、增加政策性银行信贷规模等。但总体看，我国现行管理体制和服务体系仍然存在诸多缺陷，对外投资管理仍处于不成熟阶段。

在我国对外直接投资管理体制中，多头审批管理一直是一个比较突出的问题。在这种多层次的管理体制下，表面上各部门各司其职，但实际上职能交叉，管理内容重叠，缺乏一个权威的机构来负责统一协调，在实际操作中往往造成混乱，极易产生矛盾。国家对海外企业的监管不力，“重审批、轻监管”导致国有资产流失、企业非法经营、投资移民、资本外逃等问题。企业走出去的融资担保问题一直没有得到很好的解决，极大削弱了海外投资企业的国际国内融资能力。外经贸主管部门在为企业提供外国政治法律环境、投资贸易环境及文化风俗等信息方面做得还很不到位。为了适应我国境内投资者开展对外直接投资和跨国经营的需要，外汇管理局逐步放宽了对境外投资的外汇管理基本条件。因此，向社会提供公共产品是政府的应尽之责，全面、系统、准确、及时地向国内企业提供对外投资相关信息是政府具体实施“走出去”战略的重要一环。

二、现行对外投资保障制度尚不完备

我国对外投资立法严重滞后于海外投资实践的发展，还没有形成完善的对外投资的法律体系，难以适应当前企业海外投资的需要。而且由于目前我国对外投资仍处于多头管理状态，各项法规分别由众多管理部门制定发布，这些产生于各部门管理权限和目的之下的政策法规难免有不衔接甚至相互抵触之处，也在一定程度上导致了海外投资混乱无序的状态。

此外，海外投资保险制度尚不完备。企业从事跨国经营，往往面临着较大的政治和经济风险。中国出口信用保险公司作为政策性保险公司，已为境外带料加工装配等国家鼓励出口的项目、产品提供了政治风险（包括战争、动乱、政府征用）及非商业性风险保障。我国海外保险制度对实施“走出去”战略的支持力度远没有达到预期目标，主要原因是业务范围狭窄、业务规模较小以及保费费率过高。高保费加大了企业经营成本，使企业竞争力减弱，结果是企业宁愿舍弃国际业务，也不承担过高的保险成本，从而使开拓国际市场的规模和力度下降。这也使出口信用保险公司的业务规模难以扩大，信用受影响，单位运行成本趋高。我国海外投资保险制度的缺位加重了海外企业应对风险的成本。

三、市场开拓能力受限，缺乏国际品牌

我国企业跨国经营的规模有限，融资渠道较少，因而拓展市场的能力受到限制。由于我国跨国企业投资规模小、销售收入不高，因而通过自身积累扩大规模的能力比较有限。从融资渠道看，我国企业海外经营活动的规模亦受到很大限制。一般来说，大型跨国公司或是有自己类似财务公司的非银行金融机构，或是境内外有密切联系的金融伙伴，而我国从事海外投资经营活动的企业很少有自己的财务公司，又没有对外担保权和对外融资权，因此，很难在国内外通过直接或间接融资渠道筹集资金，难以与国际市场中堪称“航母”级的大企业进行市场份额竞争。

此外，我国企业拥有的国际知名品牌不多，已有的名牌也没有得到很好保护。名牌是获得国际市场份额的“通行证”，现在的国际竞争是以质量为中心，包含着高品质、高档次、高附加值、高技术含量的产品竞争，而品牌则成为这一系列要素的综合体现，名牌则是在市场竞争中获得公众认可的结果。现代商品市场在某种意义上是名牌产品争夺的市场。据联合国工业计划署调查表明，名牌在整个产品品牌中所占比例不足 3%，但其市场占有率却高达 40%以上。而在这方面，我国跨国公司差距很大，在国际上能够叫得响的中国名牌产品寥寥无几，世界上按商标价值排在前 100 位的名牌产品中没有一个中国产品。同时，我国企业还缺乏保护名牌的意识，许多已有一定知名度的品牌在国外已被他国企业抢注。

四、自主创新能力投资经营能力较弱

从跨国生产和经营的产品看，具有世界领先水平的高科技产品较少，工业主要

行业总体技术水平比发达国家落后 15~20 年，重点大企业和企业集团达到国际先进水平的比例也不高。据统计，我国现有工业企业技术设备中，性能较先进的仅占 13%，企业产品开发能力低下。世界 500 强企业 R&D 费用占销售收入的比例一般在 5%~10%，而我国大中型企业仅占 1%左右，导致企业产品开发能力低，缺乏持续开发独特产品的能力，缺乏拥有自主知识产权的产品和技术。

此外，中国跨国企业投资决策不够谨慎，造成我国海外经营失利。企业在进入目标市场之前，除对本行业所处市场的销售前景、供需现状及趋势、竞争对手的情况给予充分的估计之外，还必须对目标市场所在地的政治稳定性、经济结构、汇率变动状况、有关法律条文及风土人情、工会力量、劳动力素质等方面进行充分的调研，进行合理的项目投资评估，慎重地做出决策。而不应该在缺乏信息，调研资料不足的情况下，盲目地为扩大市场或进入市场而草率投资，选择不适当的合作伙伴，结果不仅没有扩大市场份额，就连投资也无法收回。

第八章　中国跨国公司培育分析

当今时代是一个全球化的时代，全球化背景下，科学技术日新月异，跨国公司作为文化、信息、知识交流的使者，同时也是技术、资金流动与商品服务交易的载体，正日益成为这个时代的主体，推动和促进着经济全球化的发展。对于目前的中国而言，为了更好地参与国际竞争，实现从经济大国向经济强国转变，要求成长起一大批具有自身特色的跨国公司。中国跨国公司培育分析必须认清其自身的培育基础，本章着重从中国跨国公司的成长条件和中国跨国公司的成长点两方面对中国跨国公司培育基础进行了分析，并结合成功跨国经营案例进行实证分析，以期对中国跨国公司的培育起到一定的指导性作用。

第一节　中国跨国公司培育的基础分析

从投资方式看，在过去的几年间，中国跨国公司进入国外市场的方式以跨国收购与兼并为主，2007 年和 2008 年两年跨国并购行为频频发生，其中 2007 年以跨国并购方式进行的投资额就有约 63 亿美元，占到了当年投资总额的 23.8%，2008 年以跨国并购方式进行的投资额有约 205 亿美元，占到了当年投资总额的 67.9%。

从投资流量的角度看，金融危机影响下，中国的对外投资非但没有减少，反而增加了。其中，2007 年，中国的对外投资流量达到了 26.51 亿美元，比上年增长了 25.3%。

2008 年的世界金融危机以来，全球的资产大幅缩水，从而掀起了新一轮的并购浪潮，数据显示，2009 年，中国企业完成跨国并购 38 起，同比增长 26.7%，交易总金额同比增长 90.1%。其中对外投资流向商务服务业、批发零售业、金融业、交通运输业、采矿业等的投资占到对外直接投资流量的 90%。上述数据表明，中国企业的跨国经营业务发展迅速。但这并不能掩盖一个事实，即中国的跨国公司规模相对世界知名企业还较小，中国企业想要成为优秀的跨国公司，就应具备优秀跨国公司的相关优势与条件。一个很好的解释企业对外投资行为的理论即国际生产折衷理论，该理论指出，可以在国外进行直接投资的公司，必须具有内部化优势、区位优势和所有权优势。内部化优势指的是公司将外部市场上的交易行为转变为内部交易，通过自身的协调与控制来配置资源、降低交易成本、减少经营风险，以获得经济效益；区位优势指的是东道国可以提供给投资者确定投资条件的优势，是投资者必须选择的有关优势；所有权优势是跨国公司应该有的自身优势和条件，并且这些条件和优势是其他国家的企业所没有或很难得到的。本节将就中国跨国公司的客观成长条件和企业自身条件进行分析。

一、中国跨国公司培育的客观条件

(一) 经济全球化

经济全球化是经济发展的必然结果，跨国公司和经济全球化是相互联系、相辅相成的一个整体。全球化导致生产要素的全球流动，使在经济全球化背景下形成的国际生产，成为经济全球化的基本形式。跨国公司是经济全球化的一个不可或缺的因素，其自身随着经济的全球化不断发展，同时又加强了经济全球化这一趋势。

进入 21 世纪以来，中国企业的对外直接投资量逐年增加，2008 年的对外投资报告显示，在全球范围经济衰退的 2008 年，全球外国直接投资下降 13.5%，但中国的对外投资却增长了 11.1%，外国直接投资流入量也同比增加了 30%，这很好地说明了中国的对外贸易、对外投资和对外经济合作已深深融入了世界经济之中。再一次证明，经济全球化是提高中国经济竞争力的有效手段，同时也是企业自身生存与发展的必然选择。

(二) 开放的市场政策

经济全球化的大背景下，各国都充分认识到国际资源的重要性，绝大多数国家都在积极加入世界贸易组织，寻求作为世贸组织成员国的消除贸易壁垒的最优待遇，从而节约运营成本。开放的政策，以促进扩大国际生产为动力，每个国家的开放、透明的宽松政策，在促进本国国民经济发展的同时，也为跨国公司更好地获取进入条件和机会提供保障，从而改善进入效率，降低运营成本。本书对各国对外直接投资国内规则变化情况进行了整理，如表 8-1 所示。

上述数据表明，为了更好地吸引 FDI 并增加相关收益，各个国家都在不断制定与完善相应的政策，以促进自身经济的增长与发展。

表 8-1 各国对外直接投资国内规则变化

单位：个

项目	2001 年	2002 年	2003 年	2004 年	2005 年	2006 年
投资体制发生变化的国家的数量	71	70	63	69	71	73
规章制度发生变化的数量	208	248	149	150	208	248
对 FDI 有利的数量 a	194	236	103	122	164	236
对 FDI 不利的数量 b	14	12	36	28	44	12

注：a 包括目的在于加强市场职能以及增加激励措施的放宽的改变；b 包括目的在于增强控制以及减少激励措施的改变。

资料来源：联合国贸易发组织，2003 年世界投资报告；中国商务部网站.

为了更好地吸收外资，许多国家还缔结了国际投资协议并建立投资促进机构，以吸引更多的外国直接投资。投资协议的签订已大大增强了各个国家对外资的吸收，同时促进了该国的外国投资框架的优化，加速了国家稳定和外国直接投资透明框架的形成，从而减少了外国直接投资的障碍。当外国直接投资和经济增长速度、规模、竞争力、经济因素和其他重要资源很好地结合起来时，不仅对吸引外商投资起到促进作用，还会导致经济的区位优势。

投资促进机构的建立加剧了吸引外国直接投资主体之间的竞争。截至 2008 年底，180 多个国家已经建立了投资促进机构。在投资环境日益激烈的情况下，各个国家变得更加积极为大型投资项目提供各种安全系统和保护系统，以吸引外国投资者，并努力通过提高透明度与建立良好的政策基础设施，以提供更合理的投资后续服务。

2008 年以来，全世界范围的经济危机沉痛地打击了世界经济，中国的跨国公司也遭受了此次浩劫。危机过后，渐渐复苏后的国际经济市场给中国企业对外直接投资带来了诸多机会。

2009 年以来，逐渐走出低迷的世界经济，呈现出新一轮的经济复苏，越来越多的跨国公司的对外直接投资信心得到增强，经济复苏同时也为中国的对外直接投资带来了更多的机遇。主要表现在如下四方面：①受经济危机影响，一些国家削减利率，从而减少跨境投资管理成本；②经济危机以来的两年导致的产能过剩，大规模的库存等因素促成了跨国公司对外投资的扩大；③伴随着世界经济的复苏，许多行业的需求强劲增长，企业自己的利润空间普遍得到改善，同时也增强了外商直接投资的业务拓展能力；④盈利水平的大幅增加，使企业得到了更多的资金支持。

客观地说，由于中国经济的世界地位飞速上升，中国企业与其他国家优秀企业的合作机会大大增加，通过并购外国企业，中国公司有了更多的机会借鉴他国先进管理技术与优秀企业管理经验。2004 年联想收购 IBM，2010 年吉利汽车收购沃尔沃都很好地说明了中国的跨国公司业已具备了较强的跨国经营实力。

（三）中国经济发展的现实状况

中国的经济改革和开放的快速发展浪潮举世瞩目，特别是近年来的社会主义市场经济体系及相关法律、法规的逐步完善，金融、教育和其他基本服务的逐步健全，无论是整体或综合国力在世界经济中都得到了大幅增加，企业的实际竞争力也得到了极大提高，发挥着越来越重要的作用，这将不可避免地促进与推动中国企业向国际化迈进。

1. 国家整体实力与综合竞争能力

进入 21 世纪以来，中国的国家整体实力与综合竞争能力飞速提高。2005 年，中国 GDP 总额达到 2.27 万亿美元，位居世界第 4 位，进口总额达到 14221 亿美元，位居世界第 3 位。2009 年中国 GDP 总额达 3.32 万亿美元，工业产品如钢、煤、水泥等的产量，农产品如肉类、谷物、水果等的产量都位居全球第一。事实上，中国的发展不仅体现在生产总量位居世界前列，更在于实体企业的飞速发展。据《2009 年中国跨国公司排行榜》显示，有 18 家中国跨国顶尖企业进入了此份排行榜。调查显示：截至 2007 年 12 月 31 日，中国跨国企业的顶尖 18 家企业有至少 160 亿美元的海外资产，雇用了超过 133594 名海外雇员，以及 913 亿美元海外销售额。2007 年中国对外直接投资总额达到 482 亿美元，仅是这 18 家企业就占到了总量的 33%。相较于 2008 年榜单，2009 年这 18 家企业的海外总资产和海外销售额分别增加了 36.6%和 19%。从这 18 家中国跨国公司的企业性质看，进入排行榜的 18 家中国跨国公司中只有联想和海尔两家为民营企业，位列第 9 位与第 18 位，其余 16 家中国跨国公司都是国有企业或是国有控股企业。相比于《2008 年中国跨国公司排行榜》榜单，2009 年的榜单上新增了 5 家企业，分别为华能（电力），中钢（钢铁），中国外运股份有限公司（交通），中国重汽（卡车）和中兴通讯（电信），也全部为国企或者国家控股。[①]

中央和地方政府的支持和促进加快了中国跨国公司的国际化扩张。目前中国已经拥有了较强的综合国力和国家竞争力。许多行业已处于世界领先水平，正在迎头赶超其他发达国家，这些都为中国的跨国公司跨国经营和参与国际竞争奠定了一个良好的发展基础。因此，国家整体实力和综合竞争能力是中国跨国公司成长和发展的坚实基础与后盾。

---

① 中国跨国公司持续增长：2008 年、2009 年中国跨国公司排行榜. www.vcc.columbia.edu.

2. 外汇储备充足，币值坚挺

2009 年底，中国的外汇储备达到 2.3992 万亿美元，同比增长了 23.28%。一方面，外汇储备的增长导致人民币的汇率上升，即本国货币的对外升值，使本国货币显示强劲的发展势头；另一方面，国际直接投资需要外汇收支款项与资本转移，如果跨国公司有一个强势的货币，必然会产生额外的收入。从国家经济角度看，人民币升值使中国的出口相对减少，去国外进行跨国经营，有效使用国际资源已成当务之急。因此，足够的外汇储备为中国企业跨国经营提供了坚实的资金支持。

二、中国跨国公司培育的企业自身条件

中国企业成为优秀跨国公司要以世界经济、中国经济的发展情况为客观前提，但中国企业自身也要具有一定的条件与能力，下面从中国企业自身的条件（包括企业竞争力、经营规模、技术等无形资产条件、人才、信息与资本条件）进行分析。

（一）企业竞争力

波特认为，很少有某一个产业会长期不停留在竞争的环境下或是完全主导市场的状态，竞争无处不在。从世界的范围看，企业的竞争力就是企业能否融入世界经济的大潮中去，能否在世界大舞台上发展直接作用。但就目前我国企业国际竞争能力水平看，还远不如发达国家的优秀企业。为了更清晰地对比中外企业的竞争力水平，本节将 2010 年世界 500 强企业及中国 500 强企业按行业、营业收入进行了排序整理，详见表 8-2。

表 8-2 2010 年世界、中国 500 强领军企业（行业）名录

世界 500 强企业				中国 500 强企业	
行业	公司	所属国家	营业收入（百万美元）	企业名称	营业收入（万元人民币）
零售	沃尔玛	美国	408214	百联集团有限公司	17387384
石油	皇家壳牌石油	荷兰	285129	中国石油	139195196
汽车	丰田汽车	日本	204106	东风汽车公司	26915955
保险	安盛	法国	175257	中国人寿保险（集团）公司	38950383
银行	荷兰国际集团	荷兰	163204	中国工商银行股份有限公司	47340600
电信	美国电话电报公司	美国	123018	中国移动通信集团公司	49012279
电子	三星电子	韩国	108927	华为技术有限公司	14925041
食品	雀巢	瑞士	99114	光明食品有限公司	7553083
化学	巴斯夫	德国	70461	中国化工集团公司	10803459
制药	强生	美国	61897	中国医药集团总公司	6449536

续表

世界 500 强企业				中国 500 强企业	
行业	公司	所属国家	营业收入（百万美元）	企业名称	营业收入（万元人民币）
工程	中国铁道建筑总公司	中国	52044	中国铁道建筑总公司	52044
采矿	力拓集团	英国	41825	中国五矿集团公司	17047434

事实上，营业收入是一个企业实力的直接表现，从表 8-2 可以看到，中国优秀企业相对同行业世界其他优秀企业在营业收入上差距仍然很大，究其原因，与背后的企业竞争力影响因素息息相关，我国企业竞争力低主要有以下几方面的原因。

（1）企业制度。波特和其他西方学者在对企业的竞争力进行分析时，都是在一个成熟的市场经济条件下进行的，研究对象也都是现代企业，具有适合市场经济体制运行的企业制度。因此，西方学者分析影响企业的竞争力因素时，企业制度几乎没有涉及。但对于中国的公司来说，企业制度的确是影响企业竞争力的因素之一。原因在于，中国国有企业竞争力得分显著高于其他形式的企业，对于中国企业制度和企业的竞争力显著的相关关系必须有一个清晰的认识（杨清等，2003）。通常情况，在没有一个有效的国有资本监督机制下，对外直接投资往往是资本外逃，化公为私的渠道和手段，这种对外国直接投资的国有企业监督机制的缺乏，结果往往导致失败。现代公司一个特征就是法人结构，强调所有权和经营权的分离是公司控制权和剩余索取权分配的制度安排，以董事会、监事会和管理层的形式来体现。大量的事实和理论研究表明，一个现代公司法人治理结构要比企业制度属性不明确，所有权单一的企业制度更有活力。因此，中国的国有企业必须加快重组，以适应国内和国际市场竞争的步伐。

（2）企业的管理水平。要想成为一个现代化的国际企业，中国公司必须重视管理的科学性和有效性。现代企业广泛应用信息手段，从产品的设计、生产和销售都需要非常高的技术，因此，中国跨国公司在管理过程中，必须注重技术的不断更新，同时加强灵活的管理。只有这样，才能更好地适应经济形势的变化，从而走出国门。

根据边际产业转移理论，跨国公司应选择低于或接近自己企业级的公司，选择资源条件适合自身发展的国家或地区，这将有助于发挥自身的优势。然而，我国的一些行业投资往往超过其自身水平，将不可避免地导致收益水平的下降。投资于超过其自身水平的国家或地区，要求企业有一个更高层次的管理水平和宏观决策能力。因此，跨国公司为了更好的发展，管理必须首先达到国际先进水平。

（3）企业的营销能力。营销是一个市场调研、市场发展的过程。在市场全球化已成的今天，市场的波动使市场成为一个充满创新和活力的新领域，因此企业的营销能力已成为企业竞争力的一个重要组成部分，在中国加入 WTO 以后，企业的营销竞争力更成为中国企业决胜国际市场的关键。

客观事实表明，虽然中国企业已经实现了全球跨境业务和营销，也已形成了全球营销战略的基础，但其营销水平和能力较弱，全球营销战略意识差，其产品设计和定位、营销目标和任务、国际市场准入方式、市场营销组织机构、营销信息收集方法等都处在较低的层次，有的甚至仍利用自己的经验操作。中国企业应以满足客户需求为中心，在注重市场信息的基础上积极利用营销组合策略，在产品定价、品牌战略、促销和销售渠道四方面全方位地开展营销活动，以提高营销竞争力。

（4）研发能力（R&D）。研发能力的强弱源于企业对研发的重视程度，发达国家企业对研发的投入占其销售收入的 3%左右，高技术企业则占到 5%以上，世界 500 强企业一般要占到 5%~10%，而我国企业在研发方面的投入相比于西方企业存在明显不足，但近年来，随着对研发的重视，研发投入也在不断加强，2002 年，中国 500 强企业平均研发投入占销售总收入的 1.6%；2003 年，中国电子 100 强企业研发投入占销售总收入比重的 3.6%。全国大中型企业研发投入占销售收入比重情况如表 8-3 所示。

表 8-3 全国大中型企业 R&D 支出占销售收入的比重

单位：%

年份	2003	2004	2005	2006	2007	2008	2009
R&D 占收入比	0.6	0.5	0.8	0.9	1.3	1.6	2.1

资料来源：张丽娜. 中国跨国公司成长研究［D］. 河北工业大学博士学位论文，2010.

表 8-3 显示，我国大中型企业在 R&D 投入量方面明显不及发达国家，由此不难得知以企业为创新主体的格局在我国尚未形成。但是，由表 8-3 还可以看到，2006 年以后，我国 R&D 经费比重明显加大，这说明我国的大中型企业，尤其是面对更多竞争和环境不确定性的跨国公司越来越重视科技创新。

（二）经营规模

30 多年的改革开放，使中国企业形成了一个巨大的国内市场和相对意义上的规模经营，占领了一些海外市场，如中国的制造业生产的商品占世界总产量份额的 50%以上，据不完全统计，共有 21 种。通常反映行业规模和能力的是产业集中度，一个产业集中度较高的行业，行业中的领先公司在规模、技术、管理能力、竞争等方面都会体现出来。

在国内钢铁业，2004 年钢铁企业年产钢量 500 万吨以上的只有 15 家，600 万吨以上的只有 11 家，但其行业集中度按产量最大的前 11 家企业计算只有 37.13%，而日本 2004 年新日钢铁和其他几家企业集团的产业集中度就达到了 73.3%，韩国的浦项制铁集团等两家公司就达到 82%，欧洲联盟前 6 位钢铁企业产业集中度达到 74%。中国 2003 年汽车行业集中度为 57.3%（1999 年的行业集中度为 43.6%），而美国早在 1958 年前四家公司的产业集中度就达到了 99%，英国在 1958 年的产业集中度为 90.4%。具体数据如表 8–4 所示。

表 8–4　各国部分行业内前四家企业生产集中度

单位：%

行为类别	中国	美国	日本
建筑机械行业	31.5	75.4	62.0
内燃机行业	26.8	65.3	53.5
轴承行业	28.7	93.2	84.5
电机行业	12.7	70.6	38.0
拖拉机行业	28.6	74.9	82.3
印刷机械行业	17.8	68.5	39.6

资料来源：魏昕，博阳. 中国企业跨国发展研究报告［M］. 北京：中国社会科学出版社，2006.

表 8–4 显示，中国企业的产业集中度是不够的。一直无法建立大批量集中生产系统，未能形成一批具有国际竞争力的大型企业和企业集团，也未能形成一系列按合作规模组织生产的专业化配套企业。因此，中国企业远远比同行业的国际大企业规模小。生产能力的差距某种程度上也决定了企业在国际市场上的经济地位。

按照产业集群理论，发展中国家在缺乏大型企业的情况下，可以发展产业集群，由此形成一个联系紧密的、相互促进的产业集群组织。中国在过去过于注重通过廉价的劳动力、进口替代、模仿等来发展企业，忽视了产品和服务的创新。当前形势下，应该而且有条件形成一些产业集群，从跨国公司和产业集群的角度理解，许多跨国公司寻求在产业集群内的合作，以获取技术来源，发展新的业务，这使得产业集群逐渐与国际接轨。中国作为一个大国，一个行业往往不止一个群集，一个群集服务在一个特定的市场，集群的规模决定了群集服务的范围，它可以是一个世界级的集群，也可以是一个区域的集群。集群的发展趋势可能形成大型企业集团。

（三）技术等无形资产条件

跨国公司凭借其独特的技术、品牌、专利及其他无形资产，在跨国经营过程中保持着其特定的优势，或者说，成为跨国企业的前提就是应该有一个独特的技术、品牌、专利和其他专有优势。然而，中国的企业在产品的科技含量和技术水平方面与发达国家的生产和技术领导者相比，差距仍然明显。2009 年中国企业发展报告的数据显示，中国目前生产的产品中有 65 种产品（共十类产品）产量排名世界第一，但这些产品技术含量非常低，大多处在产品生命周期的标准化阶段，并没有垄断优势，如中国的机械制造行业的相关产品，居世界首位的有四个：缝纫机、拖拉机、太阳能热水器和集装箱，而能够反映机械制造水平的汽车和其他产品却远远落后于先进国家。

尽管我们没有国外高科技公司的高新技术优势，但并不意味着我们没有技术优势。根据刘易斯的小规模技术理论，发展中国家制成品市场中有一个共同的特点，就是需求的有限性，小规模市场上技术不能得到规模经济效益。而许多中小型公司因为只是一个小市场，能够满足这一生产技术的需求，从而具有竞争优势，而且这种小规模企业的技术特点是劳动密集型生产，具有很大的灵活性，非常适合小批量的生产。从这个角度看，中国的一些企业具备了摆脱国内弊端，走出去进行跨国经营的良好条件。

（四）人才、信息与资本条件

现代企业的竞争归根到底是人才的竞争。在跨国经营人才方面，我国缺乏高层次、综合性的长于国际化经营的人才，这也是我国企业跨国经营的一大障碍。人才在企业发展中的重要性体现在以下两个方面：一是专业人才，这些人才是市场营销、生产、技术和其他方面的专家，在各自的领域中能够用创新精神和能力把握未来发展趋势。二是管理人才，这些人有创新精神、长期可预见性，并具有感召力和凝聚力。他们关注企业长期业务发展目标，并能够带领员工积极工作实现这一目标。因此，这两类人必须要有事业心、有知识、有创新精神和发散思维。据“2008 年中国国际竞争力的人才优势比较”表明（见表 8-5），目前中国的高级管理人员和技术人员都无法与国际跨国公司相比。

表 8-5 中国企业国际竞争力人才优势的比较

	排名		分值		历年来最高分
	2003 年	2008 年	2003 年	2008 年	
称职的高级管理人才（是否容易从市场得到）	34	16	4.53	7.4	8.50
获得合格工程师（市场是否充足）	32	14	4.62	7.2	8.91

资料来源：2008 年中国国际竞争力人才优势的比较. www.caijing.com.cn.

主要问题在于，中国存在人力资源的结构性短缺，真正需要的人进不来，即便是进来了也留不住，而一般工作人员倒是比比皆是。但那些经济较发达的国家和实力强劲的企业，就能够吸引和留住人才，而我国只具有劳动力成本的比较优势。据考证，人力资源存在三个层次，即人的体力、人的技能和人的智慧，创造社会财富的相应比例为1∶10∶100，这意味着一名高级管理人员，创造财富的能力是一个体力劳动者的100倍，显然，高级人才的作用对企业是至关重要的，我们目前正面临着“稀缺资源”的短缺，这是中国企业开展跨国经营的一大障碍。

第二节　中国跨国公司培育的成长点分析

相比国外跨国公司，中国的跨国公司在规模和数量上存在很大的差距，尽管意味着中国的跨国公司发展缓慢，但也表示中国跨国公司存在充分的发展空间。在当前形势下，中国企业成长为良好跨国公司的成长点有大型企业及企业集团，具有独特经营特点的中小型企业，企业集群与有产业特色的企业。

一、具有垄断优势的企业

中国具有垄断优势的企业常是那些大型国有企业和企业集团，这是中国企业对外直接投资的主力军，这些企业构成了中国跨国公司的主体。大型跨国公司成为中国对外投资的主体，这是由于其具有明显的优势或垄断的所有权优势，如规模经济优势、规模化生产技术优势、品牌优势、金融优势以及经营管理优势等。跨国公司进入国际市场展开外国直接投资，并建立自己的子公司，又形成了其国际业务的内部化优势，直接效果是创建中间产品的内部市场，避免外部市场交易的风险，建立内部歧视性定价制度，使资金的转移有了畅通的逃生渠道以应对税收负担；同时减少了谈判、询价和其他交易成本，以确保企业的技术、技能不外漏，继续获得收益。资源寻求在母公司的投资，也可以确保所需的资源，如上海宝钢集团与澳大利亚哈默斯利铁矿有限公司合资成立的宝钢澳大利亚矿业有限公司，开发西澳大利亚东西坡的矿区，开发期为20年，主要生产块矿、粉矿，年产1000万吨，产品开发过程中为宝钢和中国市场提供2亿吨高优质铁矿石。在第一阶段末，宝钢与力拓共同签署投资组建瑞吉矿的协议，包括宝钢投资5700万美元，为总投资的46%。

中国的大型国有企业或国有控股企业有一个显著的所有权优势，并因此在国际市场上反映出强大的竞争优势，大型国有企业或国有控股企业成了自然的增长点。事实上，这些企业作为实现国家整体战略，包括产业发展战略、资源分配策略、竞争策略和其他策略的实体，应该成为中国跨国公司成长的重点。

但作为一个国有或国有控股企业，其产权界定的模糊性，严重影响了跨国公司的经营和发展。因为，作为海外投资的财产，包括各种生产要素的资本，产权界定被视为企业的组织设计和生产经营的核心问题。根据科斯定理，产权和交易成本为零时，资源的使用效率最高，但在现实中几乎不存在交易成本为零，交易成本往往是巨大的，所以一旦考虑到进行市场交易的成本，经济体制运行效率的合法权利的初始界定对经济制度的运行效率将产生影响。因此，为了节约交易成本和使资源更加优化合理配置，应尽可能地将产权明晰，权责明确，同时产权的界定必须得到法律上的认可。目前，中国的大企业和跨国经营企业，一方面，产权关系模糊，常常导致国有资产向国外流失；另一方面，在海外的业务活动经常受到国内母公司的影响，缺乏独立的决策权力，经营效率低。

尽管如此，中国的大型跨国公司仍然有许多成功的，如中国石油天然气集团公司（CNPC）在海外进行的重大合作项目，于 2003 年在苏丹建立年生产能力 1000 万吨的大型油田，已经探明地质储量为 4 亿吨，建成 1506 公里长输管道和加工处理能力 250 万吨的苏丹炼油厂。此外，中石化、中海油的跨国经营业务也已取得了辉煌的成就。宝钢集团、首钢集团、海尔集团、TCL 集团、春兰集团和一些大型制造企业跨国经营的外国直接投资也取得了巨大成就。然而，中国的大型对外直接投资企业的数量不多，2003 年中国 500 强企业中除去 8 家金融性企业，总共只有 30% 的企业在国外有直接投资。因此，中国的大型企业成长为跨国公司还有很大的发展空间，是中国企业成长为一个跨国公司的重要业务增长点。

二、具有经营特色的中小型企业

中小企业是一个相对的概念，相对于大型企业，通常是根据大小的标准，很多也都是在起步阶段或发展阶段。事实上，从数量看，大部分世界跨国公司中，中小型企业仍然占主导地位。英国和法国约 80%的跨国公司为中小型跨国公司，发展中国家的跨国公司也大多数为中小型企业。按照中国的业务标准规模（总资产和总销售额度作为标准）划分，99%的企业是中小型企业。在美国，主要是以雇员人数为标准进行划分，其规定 100 名雇员以下为小型企业，根据这个标准，美国小企业占企业总数的（约1000万家企业）98%，其中5名雇员以下的企业高达60%以上。联合国1993年指定的中小型跨国公司标准为：少于500名员工的制造业、少于100名员工的批发业、少于50名员工的零售业。

中国将总资产和年销售总额作为划分公司大小的一个标准，根据这个标准，中国企业的99%都为中小型企业。中小型企业数量多，涉及的行业广泛，为社会提供多种服务产品，以满足市场的多样化需求，在经济发展中发挥了重要作用。随着技术的进步和社会分工的深化，中小企业在新技术、新产品开发方面的重要作用日益明显，如在美国，大型企业的研究成果转化为产品一般需要4~5年，而中小企业只有1~2年。

总体而言，获得资源和促进出口是中国发展跨国经营的战略动机，中小型企业跨国经营，需要满足以上两种需要。资源方面：中国作为一个资源稀缺的国家，必须制定更广泛的资源获取途径，中小企业可以通过资源的影响间接地享受较低的成本；促进出口方面：对外直接投资必然会给出口国带来机械设备、半成品的出口机会，日本、中国香港、韩国都是通过推广自己的小规模出口发展起来的。中小型跨国公司不仅可以促进出口，在技术和产品方面更贴近市场的需求，比大企业更节省进入成本，操作灵活，具有明显的优势。

中国广大中小型企业在专有技术、差异产品、特有工艺、灵活经营、独特配方等方面独特的优势使其成为中国跨国公司的又一个成长点。主要表现在以下六个方面：

（一）成本优势

中小型企业负担轻、人员精减、操作灵活，并具有良好的成本控制能力，企业性质一般是劳动密集型企业，主要生产产业转移的产品，这类产品的生产一般涉及原材料相对廉价的因素，成本相对较低。而国外劳动力成本相对较高，国内大型企业人员冗余，运营效率低，是一种资源的浪费，因此，相比于外国企业、大型企业，中小型企业在中国具有重要的低成本竞争优势。

（二）产权优势

中国大型企业发展受到阻碍的重要因素之一是产权的不确定性，产权的不确定性必然降低整个企业的协调性和灵活性。与中国大型企业相比，中小企业在这方面具有明显的优势，一方面，清晰的产权系统改善了内部协调性和灵活性，提高了企业的市场适应能力；另一方面，明确的产权界定促进高层次的商业经理的收入与企业总体效益相连，激发其经营的积极性，促进中小企业的竞争力提升。

（三）适应性强、经营灵活优势

中小型企业正是由于规模小、设备投入少、经营管理人员数量少，应对市场变化的灵敏度很高，且市场的进退成本较低，这些都使中小型企业相对于大型企业能够更快地找到市场切入点，更好地适应市场变化，更迅速地转变经营方向。

（四）技术当地化优势

正常情况下，投资公司的技术差距与东道国越小，就越容易在东道国发展。中小型企业在这方面具有很强的优势。与大型企业相比，中小型企业在 R&D 投资低，为了快速适应市场的发展，以满足现有市场的多样化需求，往往是先消化吸收先进的技术，再进行小的修改，或是直接应用成熟的技术，因此，中小型企业往往有最符合东道国市场的实用技术，尽管这些技术可能不是最先进的，同时，这种规模技术具有较低的使用和管理成本、更大的适用性和灵活性。

（五）集群经营优势

虽然国际上以集群形式参与对外投资并不是非常普遍，但也不乏成功案例。日本丰田的经营模式选择就是基于中小型企业集群模式，台商在中国内地的主要投资在广东东莞和江苏昆山，也主要是以中小型企业集群形式参与对外投资且经营业绩显著。目前，许多中小型企业集群出现在中国长江三角洲和珠江三角洲地区，且日渐成熟。从市场角度看，集群有助于业务规模的形成和商业氛围的营造；从组织的角度看，作为资源分配的一种形式，集群管理有利于提高中小企业的竞争力。主要表现在以下几个方面：实现管理设施和资源共享的外部规模经济，降低交易成本，加强信息交流和传播，促进企业分工协作有效开展。集群经济优势最初是形成出口创汇优势，其次就是发展为对外直接投资优势。

（六）政府支持优势

中小型企业为社会提供多种服务产品，以满足多样化的需求，改善市场供应，同时为社会提供大量的就业，在经济发展中起着重要的作用。因此，各国政府倾向于支持促进中小企业的发展，中国政府制定了《中小企业促进法》，其中包括对中小企业的财政支持、技术创新、市场开发、业务支持和社会服务等。《中小企业促进法》第 36 条规定："国家制定政策，鼓励符合条件的中小型企业到境外投资，参与国际贸易和国际市场。"

三、企业集群

企业集群在对中小型企业成长点分析时被提到，事实上，企业集群现象由来已久，一个集群内的企业既是利益相互独立的实体，又在同一个区域内经营，这就使集群内企业间的利益相互依赖，集群内的企业依靠资源互补、专业分工、相互承诺与信任进行经营，集群内企业的经营效率与资源配置有了一个较好的效果。

从跨国公司成长的角度看，企业集群的成长和发展作为跨国公司成长的替代，企业集群环境中，集群的内部化优势可以降低交易成本和外部市场的不确定性，以确保企业的有效运作。虽然在集群中的各个企业是相互独立的，但它们之间存在业务关系上的相互依存，因此可以降低交易成本，并且可以预测并降低外部市场风险。此外，集群中的企业由于相对集中的地理位置，能够缩短彼此之间的沟通渠道，可以迅速从对方获取信息，不断创新和思想交流，形成企业集群学习和自我强化机制。

目前，对企业集群发展与跨国公司的关系研究不多，对中国企业对外投资与企业集群关系的研究尚不多见。事实上，中国企业近年来发展迅速，集群之间的市场和企业组织之间的企业集群发展迅速。因此，探索跨企业的集群管理业务的发展，有很强的理论和现实意义。

世界上的一些较典型的企业集群如计算机、电脑软件最大产地，高科技产品诞生地的美国硅谷；以引进高科技工业、生产高科技的产品为目的台湾新竹科学园区；以劳动密集型生产方式为主又不乏高科技控制，高质量产出低成本投入的“第三意大利”；聚集了海内外400多家著名的信息技术公司的印度班加罗尔软件园。中国也有大量成功的企业集群地，如北京中关村的电子信息产业、浙江宁波的服装、海宁的皮装、广东佛山的建筑陶瓷业、温州的打火机、顺德的小家电业等。

四、具有边际产业特征的企业

小岛清的边际产业扩张论指出，若一国将其处于劣势的产业转移到该产业具有潜在优势或正处于优势的国家或地区，双方都可以从中获得比较利益。在跨国经营产业选择方面，边际产业扩张论对中国有一定的指导作用。

由于我国的经济发展和人民生活近20多年来处于快速上升时期，带动了大量企业的投资，同时由于市场需求的有限性和替代产品的不断出现，市场信息反馈又相对滞后，必然使一部分产品的生产出现过剩的现象。近年来，中国作为世界制造基地地位的确定，带动了大量企业的投资；另外，替代产品的不断涌现，市场需求也逐渐呈现有限性，加之市场信息反馈相对滞后，许多行业生产过剩情况凸显。根据国家统计局《统计年鉴》所列的“重点工业产品生产能力”与我国工业产品产量统计的对照，除资源性生产外，许多产品的生产能力过剩，如化学纤维、塑料、水泥、平板玻璃，而生活消费品的生产能力过剩则更多，从纺织服装到家用电器，从移动通讯手机到微型电脑等都有不同程度的生产能力过剩。劳动密集型行业在国内市场趋于饱和状态，拥有过剩的生产能力和技术，属于“边际产业”。生产过剩意味着国内市场竞争激烈导致企业获利水平下降或生产能力不能完全实现，使成本上升、资源浪费。

根据产业转移的规律，如果将该类产业转移到国外相对处于优势的市场，不但可以避免国内市场的激烈竞争，降低国内资源的占用和浪费，还可以利用国外资源，占据国外市场，增加中国跨国公司在国际市场上的竞争力。此外，这对我国产业结构调整也有战略性的意义。

一国的竞争力体现在该国企业在国际市场上的竞争力，促使更多的中国企业成长为跨国公司对中国经济发展有战略性意义和现实意义。因此，中国应该创造机会和条件促进有能力和条件的企业走向国际市场，将过剩的生产能力和技术转向有市场需求的国外市场，进行跨国经营，这是中国跨国公司的又一成长点。

第三节　中国跨国公司培育模式选择

前文对中国跨国公司培育的基础和中国跨国公司培育的成长点进行了相应分析，本节将据此提出中国跨国公司培育的模式选择，主要包括制造业产供销一体化模式、服务业综合商社模式、高科技企业技术创新与海外并购模式、民营中小企业产供销及综合商社模式。

一、制造业选择产供销一体化模式

对于中国大型生产制造业企业而言，可借鉴欧美产供销一体化模式，专注于企业核心竞争力的培育和打造，突出自身竞争优势。多年来的实践证明，在当代全球经济一体化的时代背景下，要想赢得市场竞争、实现企业的可持续发展、增强抵抗风险的能力，就必须培育企业自身的核心竞争力。

同欧美跨国公司一样，中国拥有庞大的市场和丰裕的资源。因此，中国制造业企业可以依托国内市场资源，围绕自身核心优势向产业上、下游延伸，延伸价值链增值；充分参与垂直、水平一体化产业分工，不断壮大企业规模；加强研发工作，开发自身的核心技术，加强资源获取和企业运营能力，打造符合本行业特点的核心竞争能力，争取行业领导地位。在此基础上，中国制造业企业应抓住全球产业转移的历史性机遇，充分利用参与全球产业链分工的机会，在一个或若干个环节上逐渐建立和巩固自身优势的地位，谋取更大发展。同时，还应坚持自主品牌的培育和塑造，以求更有效地开拓国际市场，在此方面，海尔和联想是佼佼者。这也是顺应当代跨国公司发展潮流，应对激烈外部挑战的必然选择。

二、服务业选择综合商社模式

对于中国大型商贸、流通、金融等服务业企业而言，如中化集团、五矿集团等，典型的日本综合商社模式也许不是最终的发展方向，但中国的服务业企业，特别是商贸企业可借鉴日韩综合商社的一些成功经验来推动自身发展。首先，应在业务模式上更关注核心业务，围绕主业进行价值链的纵向延伸，通过控制自然资源来获得有利地位。其次，实现商贸服务内容多样化，提供综合商业服务；同时，以现有贸易网络资源为基础，通过地域扩张，实现商业资源整合和共享。最后，通过对支柱产业的培育，加强与同类企业的重组调整，发展大型企业集团。在发展过程中，中国企业还应充分吸取综合商社的经验教训，建立良好的风险防范意识，加强资金管理能力，高度重视财务安全状况，处理好与政府间的关系，坚决不能依赖政府扶持，而应全力培育和巩固自身核心竞争力。

三、高科技企业选择技术创新与海外并购模式

在中国，因为电信、通讯、网络和其他高科技产业是高度技术密集型、资本密集型行业，因此高新技术企业的商业模式更应该是从经验中学习，以培育和建立自己的核心竞争力为首要任务。同时要继续加大研发投入，掌握核心技术，以巩固公司的竞争优势，也应不断发展国内市场的规模，增强激烈的市场竞争中承受和处理风险的能力。缩小在国际市场与全球领先企业之间的贸易差距。具体而言，在国际化的进程中，中国的高科技企业可以采取以下策略：一是考虑到研究和开发周期长、初期投资大、很长一段时间的投资回报的行业特点，在开展海外业务活动时，高新技术企业应采取更多的战略收购方式来实现业务规模的迅速扩张；二是通过建立海外研发中心，整合利用海外 R&D 资源来实现 R&D 国际化的实施，实现知识产

权的国际先进水平。然而，上述战略的实施都要求企业熟悉国际惯例和东道国的法律和法规，有明确的发展战略和丰富的经验，有强大的信息整合能力和文化整合能力，近年来，中国一些企业海外并购的失败案例（华为与3COM合资公司亏损、中国移动兵败巴基斯坦电讯收购案）表明，以华为、中兴、中国移动为代表的中国高科技跨国公司的国际化进程仍然有一段很长的路要走。

四、民营中小企业选择产供销及综合商社模式

中国的民营中小企业必须根据具体情况，有选择地学习日本、韩国、欧洲和美国的产供销及综合商社发展模式，走出一条适合自己的发展道路。总的来说，中国的中小企业普遍较弱，缺乏跨国经营的经验。因此，我们应该选择通过中介机构间接出口逐步国际化的步骤（公司自己直接出口，建立海外销售部门，设立海外分支机构的跨国生产在不同的阶段），应根据民营中小型企业的不同发展阶段，有所取舍。但必须明确的是，要坚持培育和建立自己的核心竞争力，为业务的发展而不断努力，这是实现企业健康发展的根本道路。

在上述战略指导下，结合中国跨国公司发展现状和特点，中国企业应该抓住重点，采取“两条腿走路”的方针，稳步推进中国企业国际化战略的开展和实施：

（一）以大型国企为依托，做大做强大型企业集团，使之成为具有国际竞争力的跨国公司

国家经贸委对国际竞争力做出了基本表述，即技术创新力强，主业突出，拥有知识品牌和自主知识产权；市场开拓力强，有健全的营销网络，拥有持续的市场占有率；经营管理能力强，有适应国际化经营的优秀管理层和人才队伍、现代化管理手段，劳动生产率、净资产收益率等主要经济指标达到国际同行业先进水平；规模经济效益好，具有持续的创新能力和抗御风险能力。而推动国有中央大型企业的发展是重中之重。据财政部统计，2005年中央企业实现利润6413亿元，占国有企业利润总额的七成以上，利润排序前10名的中央企业实现利润占全国国有企业利润总额的55%。[①]

因此，要推进中国跨国公司的发展，做大做强国有中央企业是成功的关键。为进一步深化央企改革、减少同业竞争、实现资源优化配置、突出竞争优势，国资委正积极推进央企的战略重组。时任国资委主任李荣融要求各家央企必须“做到各自所在行业的前三名”。在此背景下，国资委于2005年完成了18家央

① 新浪网财经频道（http：//finance.sina.com.cn/roll/20060223/2216566033.shtml）.

企的联合重组，使管辖的央企数目减少到 169 家。通过大刀阔斧的改革与重组，国资委计划最终保留 30~40 家大型央企，为打造中国大型跨国公司奠定坚实的发展基础。

（二）以民营企业为主体，积极发展中小跨国公司，建构我国市场经济跨国公司框架体系

我国民营企业具有良好的成长性和经济效益。与国有企业相比，民营企业的内部机制、经营方式更具有市场竞争力。近年来，一批优秀的民营企业已经在跨国经营中发挥了骨干作用，民营企业的跨国经营能力和水平在不断提高。尽管如此，目前民营企业的跨国经营还处于初级阶段，政府相关部门应该为民营企业的发展提供更多的政策支持，从根本上解决民营企业融资难的困难，促进民营企业跨国经营的开展，为培育中国中小型跨国公司的成长而不懈努力。

第九章　中国跨国公司培育的实证研究

本书在中国跨国公司培育成长条件与成长点的分析中着重指出大型国有企业集团（较多为国有企业）、企业集群、中小型企业共同构成了中国跨国公司的主要成长点，重点分析了三者的跨国经营目的、动机及各自所具有的竞争优势。事实上，具体而言，这些企业在规模、行业、核心竞争力、跨国经营程度等方面存在很大差异，这也必然决定了中国企业跨国经营在进入方式、发展模式的多样性、复杂性及成长的特殊性等方面有其自身属性，本章正是基于上述前提，通过中国公司跨国经营成功案例分析来探究中国企业是如何成长为优秀跨国企业的，主要分析联想、海尔企业的跨国经营，并最终提出案例启示。本章还以中国钢铁行业上市公司为样本，对企业国际化程度与企业绩效关系进行了实证研究。

第一节　联想集团跨国经营案例分析

一、联想集团跨国经营分析

综观目前中国跨国公司的总体发展情况，其成长点主要集中在大型企业（尤其是国有企业）、企业集群及中小型企业。本章在案例的选择上集中考虑了大型企业集团跨国经营问题。从中国跨国公司发展历程看，不同行业对外投资比例比较结果显示以制造业企业所占比重最大，制造企业的跨国经营首当其冲为中国跨国公司的发展提供了宝贵经验。联想集团是中国 IT 制造业的领军企业，现已成功迈进了国际市场，联想集团的跨国经营模式、跨国发展历程、跨国文化整合等对同行业企业具有较强的现实借鉴意义，因此，以联想集团的跨国经营作为案例进行分析更具典型性和实践意义。

1984年初，联想集团从一间小平房里起家。成立之初仅有11名员工的联想集团，目前拥有员工1万余人，在京沪渝等地设有地区总部，在全国各地建有数千家代理分销网点，在欧洲、美洲、亚太设有海外平台，成为一家以研发、生产、销售自主品牌计算机系统及相关产品的大型IT制造企业。业务涉及个人电脑、服务器、主板、外设、信息家电等INTERNET接入端产品、信息服务、软件、系统集成以及以电子商务为核心的网络终端产品等多方面，各类产品和技术已成为中国政府、金融、交通、邮电、商品流通等许多重要领域必不可少的信息技术手段。①

1994年，联想集团在香港联合交易所挂牌上市，联想集团有限公司（编号992）的市值一下飙升至900亿港币，居香港上市公司前十之列。1998年，为加大研发投入力度，联想与中科院计算技术研究所联合组建了联想中央研究院，在PC业务基础上，尝试进军软件产业及数字化领域，提出面向INTERNET的新战略，为发展21世纪联想科研开发新体制做充分的准备。联想集团拥有已经申请和正在申请的技术和产品专利上百项，已开发出包括奔月商用电脑和天禧家用电脑在内的多个系列、100余种型号的个人电脑产品，还包括自有品牌激光打印机、MODEM和其他网络产品，基于LOGOEASY和SECURITYEASY等多项EASY技术的主板产品，基于ACE和POWERLINK技术的集成解决方案。联想还积极研制开发满足家庭和个人需求的消费类信息产品。1998年，中国第一台中文掌上电脑在联想诞生。

面对INTERNET经济的挑战，2000年4月，联想集团主动进行大规模业务重组。从原来的以事业部为核心的体制向以子公司为核心的体制转变，形成两大子公司，分别为：向客户提供全面的INTERNET接入端产品、信息服务的联想电脑公司；为客户提供电子商务为核心的终端产品及全面系统集成方案为主的联想神州数码有限公司，从而开创了联想集团全面进军网络时代与创造新经济的全新企业格局。2002年联想电脑的市场份额达27.3%，2002年第二季度，联想台式电脑销量首次进入全球前五名，其中消费电脑世界排名第三；服务器产品销量大幅上升，于2002年进入全球排行榜前十。2002年9月，联想“天麟9220”与“问天6800”电脑荣获英特尔PC创新奖。另外，联想集团的其他两种拳头产品——电脑板卡和激光打印机的市场占有率也在国内外市场上处于前列。至2003年3月底，连续12个季度获得亚太市场（除日本外）第一。

2003年，联想做出新的重大战略调整，决定重新回归PC主业，确立个人计算机业务及相关业务作为集团的核心业务来发展，并出售全部的IT服务和IT咨询业

① 凌志军.联想风云［M］. 北京：中信出版社，2005.

务。然而，2003~2004 财年的营业额由 2002~2003 财年的 202 亿港元提高到 231 亿港元，而利润却由 0.7 亿港元微降到 0.2 亿港元。在国内联想面临着戴尔、惠普全球最大的两个厂商及国内众多中小品牌的激烈竞争，营业额、利润停滞不前，严重困扰着一直追求发展的联想管理层。如何突破 PC 业务发展的瓶颈做精做大，成了联想管理层首要考虑的问题。最终，联想决定通过走国际化的道路寻求发展。

联想的国际化之路包括跨国经营准备阶段、跨国经营业务初步开展阶段及跨国经营业务全面开展阶段，以下分别展开分析。

（一）跨国经营准备阶段

2000 年，联想开始实施大规模的战略调整，分别成立新的"联想集团"和"神州数码集团"。这种战略调整是以联想的自有品牌与分销代理两大核心业务为基础进行拆分的。2001 年开始，全球 IT 产业开始不景气，接任柳传志的联想 CEO 杨元庆并没有失去发展的信心，带领他的年轻管理团队制定了一个向技术和服务转型的三年期战略规划。这份规划中联想的年营业额增长率将达到 40%，利润年增长率将达到 50%。到 2003 财年，整个联想集团的营业额将达到 600 亿元，最终打造一个"高科技的联想、服务的联想"。

联想业务扩张阶段主要选择了互联网、IT 服务业务和手机业务三个与计算机相关的业务来作为联想多元化发展的重点。

1. 互联网方面

2000 年 8 月，联想入股赢时通，取得赢时通 40%的股权；2000 年 12 月，联想与新东方合作，成立新东方教育在线；2001 年 6 月，联想与美国在线 AOL 合作，合资经营 FM365 网站。

2. IT 服务业务方面

2002 年 3 月，联想以 5500 万港元收购了汉普咨询公司 51%的股权；2002 年 4 月，联想以 2333 万元人民币收购了智软计算机开发有限公司；2002 年 12 月，联想以 6000 万元人民币收购了中望系统服务有限公司。

3. 手机业务方面

2002 年，联想投入 9000 万元人民币，与厦华电子股份有限公司合资组建联想移动通信有限公司。

（二）跨国经营业务初步开展阶段

向技术和服务转型的三年期战略规划在 2003 年开始呈现败象，主要原因在于：①联想自身主观能力估计过高；②联想对高增长的过分追求与自身的管理能力、管理资源不匹配（如企划能力、战略管理能力）；③以联想 CEO 杨元庆为首的新管理团队开拓变革与执行力不够。

2004 年，联想再次进行战略调整，进行多元化战略收缩，专业于 PC 业务，同时加紧国际化的步伐。2004 年，联想签约成为国际奥委会全球合作伙伴。2004 年 12 月 8 日宣布以 12.5 亿美元收购 IBM 全球 PC 业务，与 IBM 形成战略联盟。

联想的并购是为了满足日益扩张的高速发展而带来的对于战略资源的渴求，更是对于 IBM 先进技术的追求。联想在收购 IBM 个人电脑业务时，经过谈判，达成如下交易条款，即联想支付 IBM 12.5 亿美元，其中包括约 6.5 亿美元现金，及按 2004 年 12 月交易宣布前最后一个交易日的股票收市价价值 6 亿美元的联想股份。交易完成后，IBM 拥有联想 18.19 %股权，联想还将承担来自 IBM 约 5 亿美元的净负债。按照协议，并购 5 年之内 IBM 的品牌归联想使用，ThinkPad 这个品牌永远归联想使用。

联想集团跨国经营业务初步开展阶段的特点可归纳为：

1. 走兼并收购、建立战略联盟的国际化扩张之路

联想走这条道路，综合考虑了如下三个要素：①经济实力如何，要花费多大的成本和代价？②自己究竟能够得到什么，先进的技术、好的品牌、全球的市场等？③对风险的掌控能力如何？

2. “以退为进”，专注于 PC

向技术和服务转型的三年期战略规划失败与多元化的失利，让联想尝到了苦果。然而在竞争日益白热化的今天，要继续做大，除了多元化外就是国际化。所以联想选择了国际化道路，进行战略收缩，专注于发展 PC。

3. 走品牌化的道路

当今时代，企业发展“品牌”是至关重要的。2003 年，为了提升品牌形象，联想由“Legend”换成了“Lenovo”。2004 年，联想签约成为国际奥委会 TOP 合作伙伴。同年，联想收购 IBM 的 PC 业务，与 IBM 形成战略联盟，联想的每一步都是在提高自己的品牌影响力。

4. 定位于高端企业用户市场

高端市场意味着更高的利润率，但需要更高的技术实力。IBM 正好为联想进军高端市场提供了门票，再加上联想全球化的研发体系布局，为联想的高端市场发展提供了技术保障。

5. 扩张海外业务

目前，联想海外的 7 家子公司中，6 家在欧洲，1 家在美国。之所以选择欧洲作为联想国际化的桥头堡，主要在于两方面的原因：①联想在欧洲的业务开展一直

比较顺利，其QDI主板和笔记本产品拥有一定市场；②联想直接赞助2006年意大利都灵冬奥会，这为联想在欧洲推广品牌形象提供了极好的契机。加之收购IBM全球PC业务后，拥有“ThinkPad”品牌和IBM的技术，都有助于联想打开海外市场。

（三）跨国经营业务全面开展阶段

并购交易的成功并不等于并购战略的成功，2006年以后，联想进入并购IBM后的全面消化整合阶段。一些学者从企业生命周期的角度对企业并购进行了评价，唐晓剑、刘思峰（2006）认为，学步期企业——联想兼并了贵族期企业——IBM，就仿佛是蛇吞象，消化起来问题很大。在这种蛇吞象的过程中，学步期企业可能会由于消化不良丧失自己原来的方向与发展势头，加之贵族期企业已渐显老化，会耗去学步期企业的管理人员的时间和精力，以至于合并后的两者都可能走下坡路。如明基并购西门子手机业务后不久，在手机业务部门的拖累下，明基创纪录地亏损了179亿元新台币，每股亏损717元新台币，在一年中，明基的市值蒸发40%。联想在这方面做得很好，成功地实现了并购整合，进而开始进入了跨国经营业务全面开展阶段。

1. 整合IBM的PC部门成功

2011年5月，联想集团历时6年终于成功并购IBM的PC业务。从2010年一季度联想的业务分类情况看，联想的笔记本电脑、台式电脑和联想移动业务都保持了较大幅度的增长。其中，联想的笔记本电脑全球销售额一季度达到34亿美元，同比上升15%，继续成为联想集团全球销售额的最大来源，占集团总销售额59%。

在PC业利润逐渐降低、同质化竞争日趋严重的情况下，整个行业销量增长率偏低，但联想PC业务基于其品牌优势，凭借客户细分和产品差异化创新等策略仍然取得了良好的业绩。联想在一季度内的全球台式电脑综合销售额为20亿美元，同比增长18%，占集团总销售额35%，是联想第二大收入来源。

联想的移动业务虽然只占集团总销售额的3.8%，但表现仍然可圈可点；与运营商大力合作，进一步强化中国分销渠道覆盖的策略有效提升了其手机产品的销量，而在“乐Phone”的供应问题逐渐缓解后，其销量有了大幅提升；联想集团在财报会议上透露，联想“乐Phone”在第三财季的销量达到了23万部，比上一季度的11万部有了1倍的提升。从联想的各销售区域营收情况看，中国地区对其贡献仍占主要部分，其销售额达到26.82亿美元。在新兴市场方面，联想的综合销售额达11亿美元，同比上升34%；印度、俄罗斯和拉美市场的表现尤为出色。随着中国PC市场经过这几年的发展，目前已经出现了增速放缓的态势；预计未来受此影响，联想未来会加大对拉美等新兴市场开拓的力度。而在欧美等成熟市场，随着市场逐渐饱和和竞争对手的大力营销等因素的影响，联想的销售额相比上季度有微幅下降。

2. 并购 NEC 的 PC 业务

2011 年 7 月 4 日，联想集团宣布，2011 年 1 月宣布的并购日本 NEC 公司的交易于 7 月 1 日正式完成。联想集团向 NEC 发行了 2811 万股普通股票，价值 13.6 亿港元，合计 1.75 亿美元。2011 年 6 月 30 日，NEC 宣布了一次裁员计划，涉及 NEC 个人产品公司的 400 名员工，占 NEC 公司整体的 20%。约 1200 名 NEC 员工将转入同联想的合资公司。新公司将继续保留 NEC 和联想两个品牌，两种品牌的 PC 都将保有现有的渠道，不过在售后上会有相互配合的服务。

NEC 联想日本集团由一家控股公司和两家实体公司组成，联想集团是实际的控制人，联想集团持股 51%，NEC 持有其余 49%股权，联想日本实际上是联想集团在日本的销售子公司，通过设立合资的控股公司，NEC 把 PC 部门剥给联想集团。联想集团日本全资子公司与 NEC 个人电脑分别拥有具有影响力的品牌，形成相互竞争关系，如何处理与联想日本公司的关系就极为棘手。这两家实业公司在控股公司的统一规划下共享战略资源，进行业务交流，利用各自的优势合力锁定日本 PC 市场的 30%份额。

二、联想集团跨国经营案例启示

毋庸置疑的是，中国需要一大批跨国公司作为中国参与全球经济竞争和发展的主力军。中国在加入 WTO 之前，中国企业主要采取合资合作的方式进行跨国经营；而加入 WTO 之后，跨国并购成为中国企业跨国经营的重要方式。并购使联想走上了一条尽管风险极高但却一跃成为跨国公司的道路。

本书在跨国公司成长条件和成长点的研究中，指出了大型企业集团是中国跨国公司成长点之一，并分析了大型企业集团所具备的明显优势。就联想自身而言，资金、技术、规模、品牌是联想集团成长为跨国公司并在海外成功拓展的原因之一。另外，合理的并购战略及并购的成功整合是联想集团在海外成功拓展的另一个重要原因。

（一）资金、技术、规模、品牌优势

国内多年的生产积累，使联想集团在资产方面得以大量的积累，具有先进的技术、较强的技术创新和产品研发能力，并在此基础上形成了规模经济，降低了生产成本，在同类市场形成强有力的竞争力。市场开拓方面，联想在海外设立多家公

司，遍及多个国家和地区，这些海外公司在海外设立分支机构，通过海外销售网络与当地政府及商会建立良好关系。海外公司的设立，使联想集团成员企业在对外融资权益、投资决策权益等多方面得以支持。生产折衷理论提出，品牌优势是跨国经营所必备的所有权优势之一，是企业的无形资产。联想集团在国内生产中积累了较硬的技术和质量，并通过对舍勒、UAV、LT、QAI 等美国大型知名企业的收购提高了其知名度，其产品成为美国通用汽车、福特、克莱斯勒、大众等国际大主机厂商的零部件配套产品，建立了自己的品牌。正是得益于联想自身品牌的无形的、不可替代的优势，较大份额的联想产品快速地打入国际市场。正是以上这些因素使联想成功走向国际市场，并在此基础上发展壮大。

（二）合理的并购战略及并购后的成功整合

并购是企业做大做强的途径之一，当企业发展到一定的国际化程度，资金和管理经验都得以积累，通过并购在全球范围内整合资源，获得自身发展的资源。但是，并不是所有的并购都可以给企业带来效益和发展，世界上由于并购带来亏损的案例有很多。联想之所以成功，主要归功于合理并购战略的制定。可以这样说，学步期的中国企业并购贵族期的国外企业或其部门实际上形成了一个新的企业，新企业应该是双方“1 + 1 > 2”的整合，才能使其走上良性的发展道路。

从企业生命周期视角看，处于学步期的企业发展尚未成熟、可挖掘潜力巨大；处于贵族期的企业或部门已经开始呈现老化特征，急需更换新鲜血液，逃离僵化、死板的管理模式，重回盛年期。联想与 IBM 并购后的整合，关键在于如何有效利用 IBM 的经验、技术、分销渠道等在长期管理实践中发展起来的能力，使自己少走弯路，向生命周期的上层（青春期、盛年期）发展。某种意义上说，联想跨文化整合的结果是实现一种生命周期的平衡，建立一种新组织秩序。新组织秩序明确规定了并购变革的中间过程，并对并购整合之后新的组织方向、使命、文化、公司与员工中的心理契约、组织要求的核心能力和未来的组织架构加以明确设定。同时，新组织秩序还是一种愿景，描绘了组织前进中的真实景象。可以说，新组织秩序的构建贯穿于“新联想”生命周期平衡的全过程中，只有建立了新组织秩序，联想新员工（联想老员工与 IBM 老员工）对并购所带来的各种变化才能理解和接受。事实上，联想的并购很好地做到了这一点。

第二节　海尔集团跨国经营案例分析

一、海尔集团跨国经营分析

（一）海尔集团跨国经营历程

海尔是世界白色家电第一品牌，1984 年创立于中国青岛。截至 2010 年，海尔在全球建立了 8 个综合研发中心，29 个制造基地，19 个海外贸易公司，全球员工超过 7 万人。海尔 2010 年全球营业额实现 1357 亿元，连续 9 年蝉联中国最有价值品牌榜首，品牌价值高达 855 亿元。海尔从最初的引进国外技术设备开始，逐步发展到产品出口和对外直接投资，其国际化程度在不断提高。其国际化发展过程可分为三个阶段。

1. 引进外国先进技术，实施名牌战略（1984~1991 年）

20 世纪 80 年代初，中国家电行业冰箱厂蜂拥而起，海尔集团的前身青岛电冰箱总厂濒临倒闭，管理混乱，缺乏竞争优势。为摆脱亏损，取得有利的竞争地位，青岛电冰箱总厂决定引进世界上最先进的电冰箱生产技术，生产世界一流的冰箱，创冰箱业的中国名牌。1985 年，青岛电冰箱厂与原西德利勃海尔工程有限公司签订合同引进利勃海尔电冰箱散件，生产琴岛—利勃海尔电冰箱。这一阶段，海尔狠抓质量管理，1988 年获得了中国冰箱行业历史上第一枚国家级质量金牌，标志着名牌战略初步成功。1992 年，海尔获得 ISO9001 质量体系认证，成为中国家电行业第一个通过此项认证的企业。

2. 相关多元化发展战略（1992~1998 年）

所谓“相关多元化”发展战略，是指企业进入成本链相关的多个业务。相关多元化使企业在各业务之间保持了一定的统一，技能转移和成本分担使多元化企业获得比独立运作时更多的利润，产生协同效应，从而节约成本、提高效率、促进技术转移，并成为竞争优势的基础。

20 世纪 90 年代以来，海尔着手实施多元化战略，以提高在家电行业的竞争力。1991 年底，海尔兼并了青岛电冰柜总厂和空调器厂，经营范围也随之由电冰箱扩大到电冰柜和空调。1993 年 9 月，海尔先后收购了青岛红星电器股份有限公司、莱阳家电总厂，经营范围扩大到洗衣机、微波炉、热水器。1997 年 9 月，海尔与杭州西湖电子集团合资组建杭州海尔电器公司，生产彩电、VCD、传真机等产品。1998 年 6 月，海尔与北京航空航天大学和美国 C-MOLD 公司合资组建北航海尔软件有限公司，进入电脑信息行业。目前，海尔已经成为中国家电行业产品范围最广、销售收入最多的企业。这一时期，海尔国际化的活动主要是建立海外市场网络，初步尝试海外建厂，以及实现产品设计的国际化。

3. 跨国经营（1998 年至今）

海尔集团 1998 年开始明确提出“国际化的海尔”战略目标。海尔的国际化战略强调设计、制造、营销的三位一体。海尔在海外建有技术开发中心、生产基地和贸易公司，实现设计、制造、营销的“三位一体”本土化模式，美国海尔、欧洲海尔、中东海尔、东南亚海尔相继在世界各地诞生本土化公司。海尔成功实现国际化的关键在于做到融资、融智，合理利用当地的金融资本和人力资源。海尔提出五个全球化：设计全球化、制造全球化、营销全球化、采购全球化、资本运作全球化。归纳起来海尔的国际化战略由三部分组成：质量国际化、科技国际化、市场国际化。质量国际化强调质量保证体系认证、产品国际认证以及检测水平的国际认可是海尔集团使其产品质量水平与国际接轨的重要内容。科技国际化强调“引进消化、吸收模仿、引智创新、技术输出”四步曲，消化吸收和技术创新是海尔实现技术领先的关键环节，在培养技术和管理人才上推出引智工程，为科研开发投入的资金占销售收入的 4%以上，设立了环境参数测试、IEC 安全测试、数字技术等 12 个具有国际一流水平和国内最先进的技术实验室，成功地实现了技术出口和国际技术合作，通过多种国际权威技术认证。市场国际化强调国内生产国内销售的 1/3、国内生产国外销售的 1/3、海外生产海外销售的 1/3。

（二）海尔国际化经营战略

20 世纪 90 年代中期以来，海尔开始进行国际化运作，并且提出了跨世纪的奋斗目标，向世界 500 强冲击。海尔国际化主要包括以下战略：

1.“先难后易”战略

海尔国际化战略的独到之处，是“先难后易”，首先将产品打进发达国家与地区，创出品牌与信誉后借势进入发展中国家与地区。海尔进入国际市场的战略方式与众不同，是一个标新立异、逆向思维的经营方式。

先难后易，潜藏着一种逆向思维：向第三世界国家出口产品相对容易，但不利于树立海尔产品高质量的品牌形象。

“先难后易”战略的具体操作是积小胜为大胜，最终在国际上占有大的份额。

海尔是这样勾画跨国运营方略的：以开展星级服务成为中国家电第一品牌，再以市场份额的不断扩大和产品的不断创新为基点，创建“世界名牌”，在21世纪，把海尔建设成为国际化的跨国企业集团。

先难后易，体现了一种战略思维，它可以转弱势为强势。从国际市场一体化的全局看，海尔尚处于“敌强我弱”之势，但却可以转化出无数个局部的“我强敌弱”之势。海尔信奉“战略上以一当十，战术上以十当一”，集中优势兵力打歼灭战，从而造出若干个局部的“小强势”，进而再转化为全局的“大强势”。

在具体实施上，海尔依靠“一路纵队而不是一路横队”的战略进行市场开拓。由于海尔的产品种类很多，在进入外国市场上，海尔首先选择一种与当地市场相比竞争力最强的产品，率先打入该市场，当叩开其市场大门之后，其他产品再跟进。这样可以大大降低总交易成本。进入德国和日本市场就等于站在了家电市场的最前沿，这类要求苛刻的国家认可了，在其他国家市场就会势如破竹。目前海尔产品已出口到世界上160多个国家和地区，其中60%以上的产品在欧美地区销售。海尔成为中国家电进入国际市场最早、数量最多、品种最全的企业集团。

2. 本土化战略

进军国际市场是海尔在企业发展过程中的必然趋势和必然选择，是海尔在国际市场上做强做大之后顺势而为的结果。海尔进军国际市场的目的不仅仅是出口创汇，更重要的是要成为国际化的海尔，创出中国的世界名牌。海尔通过“先难后易”战略让用户认知海尔品牌，通过“三位一体”实现扎根，最后通过“超前满足当地消费者的需求”，在当地实现融资、融智，创造本土化的名牌。

美国海尔就是海尔本土化的一个范例。它的设计中心设在洛杉矶，营销中心设在纽约，生产制造中心设在美国南卡罗莱州。世界上有10个大的经济贸易区域组织，为了达到本土化的目的，为了更好地融入全球市场，海尔计划在这10个经济区域都建立本土化的海尔，从而实现海尔的国际化和国际化的海尔。

张瑞敏说，国际化企业无法回避的一个矛盾是全球化与本土化的关系。海尔的做法是：思路全球化，行动本土化。“思考必须是全球化的，即使你不去思考全球，全球也会思考你，但行动起来必须扎扎实实”。

海尔国际化关键在于人的国际化，海尔一方面整合全球人力资源，另一方面加快培养自己的内部人才。人员的本土化是海尔国际化的一个重要举措。1999年海尔还兴建了海尔大学校部，邀请国内外专家学者对海尔高层管理人员进行培训。海尔集团本土化战略的具体内容包括：一是经销人员本地化。借鉴国外经验，对营销人员实行本土化，借助海尔已有的资源和产品的信誉度，让当地经销商参与竞争和打工，来营造海尔的营销网络，避免国内派员办法所引起的高投入、高风险、低效益的弊端。二是技术开发本土化。在海外的情报信息站和设计分部全部使用当地人，海尔不投资，不派人，只购买设计成品与合作方签订协议，建立契约关系，利用自己的美誉度，不怕当地人不合作。三是原材料采购本土化。在东南亚建厂，原材料本土化已达80%，海尔将产品、技术和当地的成本优势进行了有效结合，在金融危机中化解了不少经营风险。

海尔从产品出口发展到技术输出和资本输出，现在已成为真正意义上的跨国企业。海尔为了走向世界，努力创建国际知名品牌，积极进行国际市场营销，努力树立企业的形象，因而不但保证了海尔产品在当地市场的占有率，也使海尔产品的国际地位得以提高，特别是在东盟市场，海尔商标已成为驰名商标。

二、海尔集团跨国经营案例启示

（一）创建国际化品牌给企业带来的优势

当今世界已进入了经济全球一体化的品牌时代，企业之间的竞争已不再是单纯的质量、价格的竞争，而是技术的竞争、品牌的竞争、企业文化的竞争以及核心竞争力的竞争。虽然中国国内名牌产品已经不少，但迄今为止，中国的企业尚没有一块世界级的名牌。在知识经济时代，品牌作为企业巨大的无形资产，其价值远远高于有形资产，本身具有资本的积累性，将成为企业最大的资产。

创建国际名牌能够给企业带来丰厚的利润和超出寻常的利益，使企业获得快速、持久的发展；能够在消费者心目中树立起优秀企业的形象，提高产品的知名度、美誉度和信誉度；能够形成巨大的无形资产，提高企业的核心竞争力。海尔等企业的发展历程表明，创国际名牌的道路是艰辛和漫长的，同时也需要具备一定的条件。

创建国际名牌需具备以下条件：①在产品的质量、技术、营销网络、服务以及企业管理、品牌、信誉等多方面必须具有比较全面的综合竞争优势；②产品销售量在国内同行业排名中连续多年名列前茅，是国内名牌产品；③领导层具有制定战略和组织实施战略的能力与魄力；④必须拥有出色的企业家群体和优秀的职工团队；⑤必须拥有优秀的企业文化；⑥对企业领导人的要求：具有长远的眼光、明确的方向和前瞻性的思考，能够带领全体职工长期坚持，不懈努力，百折不挠。

（二）国际市场进入模式选择的借鉴

企业的国际化主要有“全球启动”模式和渐进模式两种，绝大多数中国企业不宜选择“先难后易”进入模式，即“全球启动”模式。海尔选择“先难后易”是在具备了一定的国际竞争力之后，对于成长中的中国企业在开始尝试走出去时，目标市场的选择应以坚持稳健原则为主。缺乏国际竞争力的中国成长中的企业选择“先易后难”的模式稳定一些，进入目标市场首先选择与中国文化、生活方式、管理方式相近发展中国家为市场。“先难后易”进入目标市场选择主要发达国家为目标市场，但采用“先易后难”运作市场。这种选择目标市场“先难后易”、推进选择“先易后难”操作方式的优点在于使企业有时间积累经验、积聚资源、提升管理能力、减少决策的风险和对失败的承受能力。即这种模式可以使企业为了国际化在求“快”的同时兼顾了求“稳”。根据企业稳健原则，对中国企业国际化进入模式选择首先拥有具有知识产权有效保护的国际市场强竞争力的科技含量拳头产品和特色服务，具备比较完善的、能适应国际经济环境变化的经营运作机制，得到国际市场消费者的公认与喜爱，在国际市场应具有强竞争力；同时培养具有高素质的国际经营管理人才，尤其是具有国际财务管理的高级人才和团队。

（三）核心技术国际化的借鉴

真正的竞争优势来自于企业面对不同市场需求的自主创新，中国企业生产要素的价格优势是拥有自主技术的优势。这与中国国家技术研发环境和政策支持的现状有很大关系，在受到企业实力约束和企业追求利润指标的影响情况下，研发的成果很难有重大突破，更多是在原有技术上的“润色”，缺少核心技术优势的中国企业在产品竞争中处于劣势，这是中国企业普遍存在的问题。中国优秀企业应该争取更多的在技术创新方面的国家支持，整合国内行业优势企业，逐渐实现从“技术普及者”到“技术领航者”的蜕变。中国企业只有拥有先进的技术和研发技术的能力才能彻底解决产品技术、产品品质的问题。中国企业的自主研发能力培育势在必行，这是改变技术被动的根本。现阶段中国企业需要引进技术，通过引进技术提高自主技术研发的学习能力，吸收、消化外来技术并使之转化为自主知识产权，提高产品核心竞争力。因此，中国企业想在核心技术竞争力方面从根本上解决缺少核心技术的局面，必须从引进技术为主的策略转变到提高技术研发能力、学习能力上来。

（四）国际化中企业家核心作用的借鉴

企业家是企业细胞的细胞核，其风格和价值观直接影响到企业的发展与存亡，据有人格魅力的企业家的风格代表这个企业的文化和风格。张瑞敏的“道法自然”与“严格自律”决定了海尔的企业文化与管理机制，成就了海尔发展的稳健与进取，最终促使海尔的品牌战略的成功。因此从这个意义上讲海尔的成功归因于拥有张瑞敏这个稀缺的最有价值的企业家资源。中国企业参与国际竞争缺少资源和市场化优势不利条件下，需要能够审时度势，运筹帷幄，具有战略思维和国际视野，利用全球资源创造更高品牌价值能力的企业家。中国企业国际化道路事实也证明了这一观点，海尔、联想、华为、万象等企业都有一位优秀的企业家。因此，中国应该更加重视企业家的培养，搭建企业家成长的平台，推动中国企业国际化的进程，增强综合国力。

第三节 国际化程度与企业绩效关系的实证研究
——以钢铁行业上市公司为样本

一、相关文献综述

（一）企业国际化相关研究综述

1. 企业国际化界定

对于企业国际化的理解和阐述，主要包括经济学派、行为学派以及战略管理学派。

（1）经济学派观点的理解是，国际化就是对外的直接投资，即企业和外部进行有关经济方面联系的某些过程或阶段，这里不包含出口。只有通过在海外设立的公司、工厂或机构来从事直接的生产经营活动才能成为对外直接投资的主体，它不仅是资产的区位转移，同时也是企业在经营上的控制权资本的国际流动。Vemon（1966）所提出的国际化是一种具有连续性的概念，伴随着产品生命周期的不断演变，企业将由产品的输出向技术或者资本的输出转变。邓宁（1981）在区位理论和内部化理论的基础上，得出了企业会在内部化优势、所有权优势和区位优势三种优势的综合作用下产生对外的直接投资。

（2）行为学学派的理解是，国际化是企业由国内市场向国际市场发展延伸的循序渐进过程（Johanson 和 Vahlne，1977），是企业对国际市场有意识地追逐行为（Robinson，1959）。企业跨国经营的各种形式和活动都包括在内，如管理合同、直接投资、特许经营、技术许可、国际分包生产、产品出口、交钥匙工程等（Young 等，1989），是企业积极参与国际化分工，向跨国企业转变的过程。企业的国际化有外向型和内向型两种地理性的导向，其中内向国际化是外向国际化的前提和基础（Weleh 和 Loustatinen，1993）。鲁桐（2001）的观点是，在国际化的发展进程中，中国的企业内向国际化是外向国际化的必要条件和基础。

20 世纪 80 年代以来，战略管理学渐渐发展起来，一大批学者开始着眼于从战略管理的角度来认识和了解企业的国际化。最具代表性的观点是从多元化角度来认识和了解企业的国际化。Beamish 和 Delios（1999）、Kim、Hoskisson 和 Hitt（1997）、Srinivasan、Aulakh 以及 Kotabe（2002）等多位学者都认为国际化是由于企业地域市场的多元化而产生，国际化是企业通过对内部资源及能力的运用以获得世界其他国家或不同地区的市场不完全性，是企业迈过国与国之间的界限进入不同市场或地区的扩张行为，无论是研发、生产或者销售经营活动拓展到不同地理区域或者国外市场都可以被看做国际化。

事实上，学术界至今还没有一个被广泛共识的企业国际化定义。Vernon（1966）指出，国际化是一个具有连续性的概念，即随着产品生命周期的演变，企业会逐步地增加其国际化的程度。Carlson 和 Vahlne（1977）提出了国际化阶段的 U-M 模型。[①] StePhen Yong 等（1989）所著的《国际市场进入与发展》一书，提出国际化是企业进行跨国经营活动的观点：企业的国际化就是“企业进行跨国经营的所有途径”，直接投资、管理合同、技术许可、特许经营、产品出口、交钥匙工程、国际分包生产等都包括在这些活动之内。Hittetal（1997）提出企业进行任何形式的跨国界经营活动行为都可以被称作是国际化，无论是研究开发、生产或者制造，只要是进入了不同的地区或国外市场。美国麻省理工学院学者 Richard Robinson（1998）所著的《企业国际化导论》中提出“国际化的过程就是企业随着生产要素及产品的流动性逐渐增强，对市场国际化所作出的反应，而不是针对某一特定区域市场所做出的反应。”我国学者梁能（1999）在《国际商务》一书中，提出了“要从两个方面来讨论企业走向世界的过程：一是企业本身的国际化问题，也就是说一个企业如何从一个土生土长的地方性企业演变发展成一个跨国性的企业；二是企业经营的国际化问题，就是企业生产、销售的活动范围如何从本国走向世界”。Annavarjula 和 Beldona（2000）认为，定义企业国际化要从三个方面来考虑，即海外资产所有权、海外运营和管理战略及结构是否倾向国际化导向。

（3）综合经济学派、行为学派和战略管理学派的观点，可将企业的国际化定义为企业动态参与国际化的经营、跨越国界进入不同市场或区域的行为，包括企业产

① Carlson 和 Vahlne（1977）认为企业的国际化是一个由国内市场向国际市场发展的渐进演变过程，这一过程表现为企业对外国市场逐渐提高承诺的连续形式。他们以企业行为理论研究方法为基础提出了企业国际化阶段理论，也被称为 U-M 模型。

品出口、许可贸易、特许经营、跨国经营和对外直接投资等，企业的动态参与在不同时期有不同的表现形式，同时，这种动态性将会随着企业国际化发展由低层次向高层次不断推进。本书中的企业国际化程度是指企业涉入国际市场的程度，也间接地反映出企业涉入国际市场能力的大小。

2. 企业国际化的动因

学术界在企业国际化经营的动因方面有大量的研究，本节主要在我国企业国际化的研究成果基础上进行企业开展国际化经营动因方面的相关文献梳理。

1991 年，中国对外经贸大学下设的跨国公司研究中心针对 20 多家中国大型跨国公司国外投资的动机进行调查，其结果显示：①能力溢出是我国跨国公司在海外进行投资的普遍特征，但能力溢出倾向并不十分强烈；②通过在海外进行投资，我国跨国公司推动企业出口创汇，这种倾向比较明显；③通过在海外进行投资来补充我国跨国公司能力和资源的短缺，这种倾向越来越明显；④中国跨国公司通过在海外进行投资来体现企业及其经营者的战略导向和主动性。以上这些体现了我国跨国公司进行海外投资经营的动机，即用一种崭新的方式谋求内在需求的成长。张海岩、叶刚（1992）和 Bulcke（1993）等学者对中国跨国公司海外经营动因进行分析，主要将其分为市场寻求型、技术寻求型和资源寻求型。山东省的中国跨国公司研究课题小组于 1993 年对当地 9 家跨国公司进行了问卷调查，其结果显示出跨国公司进行海外投资的主要动因：占领第三国市场、获得最新的市场信息、提高全球竞争力、学习国外生产技术、进行内外结合、设立基地或窗口进行对外交往等，对于这些跨国公司来说，赚取利润并不是其特别重要的动因。

2000 年，原国家对外经贸部下属的国际经济贸易研究院海外贸易研究小组针对从事或即将从事境外贸易的 170 家公司进行调查，其结果显示：中国企业进行海外投资经营的动因分别为：拓展国外市场（占 47.1%）；为获取较大预期收益（占 16.9%）；国内市场内需不足及存在过大的竞争压力（占 14.5%）；避开贸易壁垒（占 12.2%）及出口竞争过于激烈（占 9.3%）等。以上结果表明我国跨国公司海外投资经营的动因主要来自饱和的国内市场以及追求企业经济效益。国务院下属的研究发展中心跨国公司小组（2006）研究了 2004 年我国 500 强企业的国际化因素、选取海外市场以及进入海外市场的模式。其研究报告表明，我国跨国公司进行海外投资的最直接目标为："走出去"、"扩展海外市场"和"取得战略资源"。其中，以取得战略资源为目标进行对外投资经营的动因主要是"塑造国际品牌"、"根据国内母公司战略来创造企业其他业务的发展条件"以及"跨国公司母公司发展战略中的组成部分"。另外，提高企业经营效益也是我国企业对外投资的主要因素，多数企业对外开拓的驱动因素为获取更多利润、谋求低成本以及扩大产销规模等。此外，制度因素和产业因素也对海外投资产生影响。

3. 企业国际化程度的衡量

根据上述企业国际化定义和动因分析，可以看到，由于学者们对企业国际化的认识不同，导致他们对国际化程度的理解也存在差异。Grant（1987）提出，衡量企业国际化程度必须要反映企业国内外经营业务的相对重要性和规模。他通过梳理文献发现，对国际化程度的表达存在不同方式，如国际化程度、多国性以及国际多元化程度等，由此也衍生出多种不同的国际化程度衡量方法。

Daniels 和 Bracker（1989）在衡量企业国际化程度时选取的海外资产占总公司资产的比例和海外分支机构创造的销售额占总公司销售额的比例两项指标。Huetal（1992）提出企业的国际化程度反映了企业由纯国内企业向跨国企业转变时经历的各个阶段，而这些阶段代表着企业不同的国际化程度。Huetal（1992）对相关文献进行研究分析中发现，衡量企业国际化程度的指标包括：企业出口的经验、海外员工人数占公司员工总数的比例、海外分支机构创造的销售额占总销售额的比例、出口获利程度等，其中最常用的指标是海外分支机构创造的销售额占总销售额的比例。Dunning（1993）认为可以从以下六个方面来衡量企业国际化程度：①企业拥有或者控制的海外子公司的规模和数量；②企业海外从事附加值活动的国家数；③海外分支机构的资产、收入或员工数总和占全公司的比例；④股东或管理层国际化程度；⑤高附加值活动（如研发活动）的国际化程度；⑥企业对跨国经营管理获取的系统利益的形态与范围。Sullivan（1994）对学者们提出的衡量国际化程度的指标进行整理并归纳为三大类，即结构（Structural）指标、绩效（Performance）指标及态度（Attitudinal）指标。结构指标包括海外子公司数占总子公司数的比例和海外资产占总资产的比例；绩效指标包括研发支出密度、海外销售额占总销售额的比例、出口销售额占总销售额的比例、广告支出密度及海外利润占总利润的比例；态度指标包括国际营运的心理分散度和高层管理者的国际化经验。结构指标和绩效指标主要衡量客观绩效，态度指标主要衡量主观绩效。此外，也有学者使用海外营运收入占总收入的比例（Grantetal，1988）及海外销售额（Errunza 和 Senbet，1984）等指标来衡量国际化程度。

通过文献梳理发现，当今学术界一般采用下述三种衡量国际化程度的方法。

（1）单指标单维度衡量方法。大多数国内外学者从经营绩效角度出发，认为应该采用企业的出口销售额占企业总销售额的比重（Export Sales Ratio，ESR）、企业的国外销售额占企业总销售额的比重（Foreign Sales to Total Sales，FSTS）或企业在国外经营收入占总体经营收入比重（Foreign Revenue to Total Revenue，FRTR）这样的单一指标衡量企业国际化程度。Hitt 等（1997）和 Kim 等（1993）则根据企业战略管理学派观点，从企业运营地域市场的多元化角度提出企业国外子公司数量（Number of Overseas Subsidiaries，NOS）、国外子公司在各国的数量（Number of Countries where Overseas Subsidiaries are Established，NCOS）或者根据各地区的销售额或者国外子公司数的荷芬德尔指数（Herfindahl Index）或者熵值指标（Entropy Index）。此外，Morck 和 Yeung（1991）以及 Delios、Beamish（1999）等学者从运营结构角度出发，采用国外子公司占所有子公司的比重（Overseas Subsidiaries to Total Subsidiaries，OSTS）、企业国外资产占总体资产的比重（Foreign Assets to Total Assets，FATA）或国外雇员占企业雇员总数的比重（Foreign Employees to Total Employees，FETE）这样的单一衡量指标。

上述各种单一的衡量指标都是从不同方面来反映企业的国际化经营程度，如 FATA 可用来衡量企业依赖于国外经营的程度，NCOS 是根据各地区的销售额或者子公司数的荷芬德尔指数或者熵值指标来反映区位的成本和收益的分散程度，FSTS 可以被认为是企业在销售收入方面依赖于国外市场方面的替代变量。

（2）复合多维度的指标衡量方法。Sullivan（1994）认为：仅采用单一指标是无法全面反映国际化多层面性的特征，很容易出现产生多种研究结果的情形，故而提出由数个指标组合成的复合指标。Sullivan 根据 74 家美国跨国公司数据（1979~1990 年），通过运用因子分析提出以五种指标进行加总来衡量企业的国际化程度。他采用的五种指标分别是 FSTS、全球化经营心理离散度（PDIO）、FATA、高管全球化经验（TMIE）和 OSTS。而联合国贸易发展会议（UNCTAD）发表了《2000 年度世界投资报告》，其中采用 FETE、FATA 和 FSTS 三个指标平均数作为衡量所有跨国公司国际化程度的指标。Gomes（1999）等、Contractor（2003）等、Beamish（2004）、Li Qian（2004）以及 Thomas（2004）采用了主成分分析法，将 NCOS、FSTS、OSTS、FATA 或 FETE 等多个单一的指标整合成为复合指标，进而衡量企业国际化程度。

（3）多指标多维度衡量方法。中国学者鲁桐（2000）有不同的观点，她认为仅仅用单个复合指标往往不能反映出不同企业的各种国际化特征，从而提出应该采用量化结构方法对国际化经营展开分析，她采用的量化结构方法是国际化的蛛网模型。这种模型主要运用了专家评分法，根据跨国经营方式、跨国化指数、市场营销战略、财务管理、人事管理、组织结构六个方面来评价公司的国际化程度。她运用案例研究方法，将该模型应用在首钢集团，以评价其国际化程度，最后得出结论为首钢已度过国际化经营的初期发展阶段，然而存在着国际化发展并不均衡的问题。这种定性和定量指标相结合的方法解决了仅采用定量指标所产生的问题，但同时也存在着部分评价指标太过主观化的问题。赵国杰和沈娜（2001）采取与鲁桐的专家评分法相似的方法，他们在界定企业国际化五个阶段的发展基础上，从生产（服务）管理、组织结构、国际化战略、人事管理、财务管理、研究开发、当地化、市场营销及经济指标 9 个方面着手，建立企业国际化评价指标体系，进而根据特定的权重来加权求和，最终得出企业国际化程度指数。赵国杰和沈娜运用这种衡量方法来测量海尔集团的国际化程度，进而得出结论认为海尔国际化程度不高。此外，王晓静和陈菲琼（2004）、舒少泽（2001）、李剑玲（2004）、杨忠（2009）等学者也研究了衡量国际化程度的方法，但以上学者的研究主要是对国外相关的评价指标进行整合或组合。赵进、蔡卫东和周祖城（2004）则采用国外净资产占总净资产的比重、国外销售收入占总销售收入的比重、国外雇员人数占总雇员人数的比重三个指标来对中石油、上汽、联想、海尔、宝钢、华为六家中国大型企业集团的全球化程度进行衡量，与全球同行业的大型企业集团进行比较，得出了我国大型企业全球化尚处在初级阶段这一结论。王晓静和陈菲琼（2005）则认为要从以下两个角度出发来构建我国企业国际化程度的评价体系：外向全球化程度和内向全球化程度。外向全球化程度和内向全球化程度又可用全球化程度的广度和深度来表示。杨忠（2009）则以江苏省五个城市的生产企业为样本，并针对这些企业进行研究，对国际化程度评价指标的结构进行分析，从中发现可用两个维度（国际化深度及全球化广度）对企业国际化程度进行测量。其中，国际化深度是指某个具体企业投入资源的程度，国际化广度则是指跨国公司运营国外市场范围的跨度，而每一维度则由若干个指标来评价。

Goerzen 和 Beamish（2003）采用 1999 年 580 家日本的跨国公司数据，进而对这些公司进行实证研究，首次提出应该把企业国际化程度分为两个既相互联系又彼此存在差异的维度——国家多样性和资产国际化分散程度。每一个维度由若干指标构成。其中，国家多样性反映了跨国公司运营环境的复杂性，资产全球化的分散程度反映了跨国公司的增值活动在全球分布的广度。尽管在评价企业国际化程度方面，多维度的指标能够起到更好的作用，但是所需要的数据并不容易获得，大多数研究仅采用 FSTS 或者其他的单一指标衡量企业的全球化程度。

通过对有关国内外企业国际化程度的衡量指标的相关文献进行汇总整理，制作表 9-1。

综上所述，在进行企业国际化程度衡量时，有的学者把海外投资额占总投资的

表 9–1 国际化程度衡量指标与模型

国际化程度衡量方法、指标与模型	
单维度、单指标衡量	FSTS、ESR、FRTR、FETE 或 FATA
	NOS、NCOS 或者投入加权后的东道国数量指数
	基于各地区销售额或子公司数的赫芬德尔指数或熵值指标
多维度、复合指标衡量	由 FSTS、FATA 和 NCOS 组成的复合指标（主成分）
	由 FSTS、FATA 和 FETE 组成的复合指标（主成分）
	由 FSTS、FETE 和 OSTS 组成的复合指标（主成分）
	由 NOS 和 NCOS 组成的复合指标
	FSTS、FATA、OSTS、TMIE 和 PDIO 加总
	由经营地域广度与文化环境多样性指数组成的复合指标
	国际化深度与国际化广度衡量
	外向国际化程度与内向国际化程度衡量
多维度多指标的国际化蛛网模型	由跨国经营方式评级、财务管理评级、市场营销战略评级、组织结构评级、人事管理评级、跨国化指数构成的蛛网模型

比重作为衡量企业国际化的指标，有的把企业跨国经营的程度作为衡量指标，即现有相关研究仍主要采用单维度单指标，采用多维度复合指标和多维度多指标来衡量企业的国际化程度的尚处于尝试阶段。

（二）企业绩效的内涵及评价

1. 企业绩效的内涵

企业绩效是战略管理研究的核心内容，是对战略是否成功的真实检验。尽管企业绩效的重要性得到普遍的认同，但企业绩效还未形成让人普遍接受的理论，这是因为针对于不同组织类型、不同的行业、不同评估者兴趣与价值来说，企业绩效都有不同的意义。学术界对于绩效内涵的共同理解是，绩效是一个构念，而并非是一个概念。构念必须经过抽象的推演过程而来，它不能由某一具体的事件转化而来。

一般来说，绩效评价是通过比较分析的方法，对特定主体的行为和活动过程以及所产生的结果进行一种判断。绩效评价一般有两个评价的对象，一是企业，二是经营管理者，两者既有区别又有联系。本节主要针对企业绩效进行评价。企业绩效评价是采用一个特定指标体系，运用运筹学和数量统计的方法，并按照一定程序，对照特定评价标准，通过定量和定性分析，来对企业一定经营期间经营活动的过程及其结果进行一种综合判断。一些学者运用了劳动经济学、生产管理学等科学方法与模型，定义出了相应的衡量企业绩效的方法。Campbell（1977）指出，企业绩效并没有直接操作定义，它必须被视为一个构念，并通过相关理论建构模型，而且在模型中需要确定变量间关系或者客观存在的关系。Ruekert、Walker 和 Roering

(1985) 将绩效定义为三个构面：①效率（Efficiency），即企业投入与产出比率；②效能（Effectiveness），即企业提供的产品及服务；③适应性（Adaptability），即企业面临环境机会或威胁时的应变能力。

尽管可从不同角度和方法来定义企业绩效，但总体来说，绩效是对企业目标的达成程度进行评价，不同学者观点的差别是以不同角度和方法对组织的目标进行分解。在管理学的研究中，企业绩效被视为企业期望的结果，是在不同层面的展现和输出，最终是为了实现企业目标。

企业绩效实际包括主观绩效和客观绩效两个方面。主观绩效一般采用满意度等主观的指标来衡量，而客观绩效则采用企业财务或经营指标来评价。为了研究国际化能否优化企业绩效，一般考察企业客观绩效。现有研究大多采用基于会计数据的资产回报率（ROA）、净资产收益率（ROE）或销售利润率（ROS）等财务指标以及基于市场数据的托宾 Q 值、风险调整收益率等财务指标来分析国际化程度与绩效两者之间的关系。部分研究采用销售增长率等作为经营绩效指标，如 Kartrishen 和 Scordis（1998）、Gomes 等（1999）以及 Ruigrok 和 Wagner（2003）等学者采用成本—效率指标评价企业绩效，以使由于各国不同的会计方法及管理层的操纵行为所造成的影响得以避免。Grant（1987）对英国的大型生产企业进行的研究、Geringer 等（2000）对日本的生产企业进行的研究，以及 Zara 等（2000）对美国的新创企业进行的研究都证明了这一点。另有学者则证明成本—效率评价指标比盈利指标更具解释力，能够反映企业是否经营成功。尽管成本—效率衡量指标具有以上优点，但是由于财务数据较容易获得，学者们在进行实证研究时一般倾向于采用财务指标。

2. 企业绩效的评价

（1）国外企业绩效评价研究状况。国外企业绩效评价相关文献的表明，主流研究主要从成本评价、财务评价、价值评价及综合评价四个方面对企业绩效展开评价，并且这四个方面具有阶段特性。

成本评价体现了早期求利的思想，成本计算则以营利为目标，并且为企业所有者的利益服务。

财务评价最早在 20 世纪初出现，沃尔提出了 7 项财务评价指标，这成为评价企业总体财务绩效的基础，将企业绩效评价的思路进行拓展。之后产生了杜邦财务评价体系，在财务指标之间建立了内在联系，科学地完善了财务绩效评价指标，进一步深化研究了企业财务绩效的评价体系。

价值评价起源于日本松下公司在 20 世纪初首创的“剩余收益绩效评价法”。美国思腾思特咨询公司基于上述方法创立和发展了经济增值评价法（EVA），该方法适用于评价股权清晰的上市公司，同时提出全新的评价企业绩效的理念。

综合评价始于20世纪80年代初韩国对部分国有企业实施的年度效绩评价。综合评价方法采用定量评价与定性评价相结合的方式。Foul和Schellenberg（1982）综述以往研究成果总结三种企业绩效评价方法：用目标达成的状况来定义绩效目标（Goal）法；以企业保有稀缺而有价值资源的能力来判定企业的绩效的系统资源法；用组织成员与组织或成员间的互动行为来定义绩效的成分法。美国卡普兰和诺顿于20世纪90年代初创造平衡计分卡，不仅丰富了企业绩效综合评价的内涵，而且完善了企业综合绩效评价方法，大大促进了企业绩效综合评价领域的发展。

（2）国内企业绩效评价研究现状。中国企业绩效的评价内容按发展顺序可分为三个阶段：总量指标评价、财务指标评价以及企业绩效评价。

总量指标评价是中国的国有企业最先采用的考核方法。在1992年以前，我国国有企业采用工业产值指标、产品产量指标、上缴利税、实现利润指标等总量指标来对企业绩效水平进行考核，该方法主要服务于政府部门对国有企业的直接管理活动。

在我国建立市场经济体制的初期出现了财务指标评价，它主要包括1993年政府颁布的《企业财务通则》中8项评价指标、1995年财政部颁布的《企业经济效益的评价指标体系》中10项评价指标、1997年统计局颁布的《工业经济效益的评价体系》中7项财务指标等，上述评价指标体系一般是经济指标和财务指标，主要服务于各级政府对国有企业财务进行考核。财政部等四部委于1999年6月颁布了《国有资本金绩效评价规则》和《国有资本金绩效评价细则》，综合评价了偿债能力、企业财务效益、发展能力和资产营运能力。

理论界和学术界广泛关注企业绩效评价体系，该体系的建立推动了我国企业绩效评价方面的理论研究和实践应用。如王化成等学者（2000）编著了《企业业绩评价》，其中提出我国企业绩效评价的对策；张蕊（2002）在所著的《企业经营绩效评价体系研究》中提出了企业经营绩效评价体系的框架；张涛等学者（2002）所著的《企业绩效评价研究》中深入探讨了企业绩效评价的理论以及建设评价体系等方面内容。上述研究促进了企业绩效评价指标体系的建立和完善。

（三）国际化程度与企业绩效关系相关研究综述

1. 国际化程度与企业绩效正相关

对外投资理论指出，由于市场具有不完全性，其结果是内部交易比市场交易更有效率，因此通过外部市场的内部化可以获取生产成本优势或交易成本优势（Williamson，1975），从而在国际市场中实现规模经济或范围经济（Porter，1985；

Grant，1987；Kim、Hwang 和 Burgers，1993）。依据此类观点，很多学者得出结论：国际化程度和企业绩效之间存在正相关关系，即企业国际化对绩效产生正面的影响。

Vernon 在 1964 年对美国 187 家大型跨国公司和国内公司进行实证的比较分析，Hughes 在 1970~1973 年对美国 46 家跨国公司和 50 家国内公司进行比较分析，都证明跨国公司绩效明显比国内公司要好；Kim 等在 1982 年从国际化视角对列入《福布斯》排行榜前 125 家美国企业进行企业绩效的比较分析，采用了回归分析对国际化程度和企业绩效进行分析，得出结论认为两者之间是正相关的。

Grant 等调查了 1972~1984 年 304 家英国制造业企业的数据，并对其进行实证分析，考虑国际化的时滞问题，在控制资本结构、企业规模、产业特征等其他影响绩效的因素，将国际化程度的滞后项（FRTR 滞后四年）视为主要的解释变量，并以资产回报率作为衡量企业绩效的被解释变量，对企业国际化程度和绩效数据进行了回归分析。其结果显示，较高绩效水平能够促进企业进行海外投资，这也进一步证明了向海外投资能够增加企业盈利，即提高了企业绩效。

2. 国际化程度与企业绩效负相关

20 世纪 80 年代的实证研究结论表明：企业由于走国际化之路造成的成本一定程度或者完全能够抵消国际化产生的收益，对企业国际经营绩效产生负面影响。国际化成本的来源如新创事业缺陷（Liabilities of Newness）、外来企业劣势（Liabilities of Foreignness）、国际化经营面临的政治和金融风险、文化多样性与经营地域分散性产生的激励与协调诸多方面的困难。

Shaked 和 Michael（1986）将风险调整之后的回报率视作企业经营绩效的评价指标，以 20%的 FSTS 作为区分国际经营企业与国内经营企业的标准，以 1973~1982 年的 10 年间美国 56 家国际化企业和 41 家国内经营企业数据进行实证对比，得出国内经营企业绩效高于国际化企业的经营绩效的结论。Collins（1990）以 130 家美国 500 强企业 1976~1985 年的 10 年间的国际化程度与经营业绩实证分析：国内经营企业与以发达国家为主要市场的国际化企业在经营绩效上差异不显著；以欠发达国家为主要市场的国际化企业与国内经营企业在经营绩效上差异显著，表现为前者回报率明显低于后者。Scordis 与 Kartrishen（1998）对 1984~1992 年 8 年间 93 家保险公司数据进行实证研究得出：营运成本占比总收入随企业经营地域范围的扩大快速上升。Yost 和 Denis（2002）运用 1984~1997 年 700 多家美国公司的真实数据，将企业绩效的评价指标设定为股票溢价及其波动，将 FSTS 作为国际化程度的衡量指标，对数据进行回归分析表明：国际多元化的深入，国际化企业的市值相对于国内经营企业呈明显下降趋势。

国内学者王国顺等（2006）以销售净利率和总资产净利率衡量企业绩效，对中国320多家拥有出口业务的制造业上市公司数据进行回归分析，实证分析了企业国际化程度与企业绩效的关系，结论表明：企业的国际化程度与企业绩效之间存在显著负相关的关系。

3. 国际化程度与企业绩效呈U形关系

一些国际学者对Bracker与Daniels（1989）等的倒U形关系假设提出质疑，Sullivan利用美国75家公司实证研究结果表明国际化程度与企业绩效呈U形关系。Sullivan（1994）强调由于缺乏考虑企业本身及企业战略差异，关于"国际化拐点是既定的、普遍存在的"的论断否定了主动式管理的效果，企业国际化的前提一定是完备的内部化变革。由于企业规模的不断扩大，企业内部设置与新的经营环境产生不适应导致企业经营业绩下滑，因此，企业为适应国际化发展必须重新调整其内部体制，如企业能再次实现与外部环境有效匹配，即进入所谓的业绩回升"收敛阶段"。从上述分析可以推论：企业国际化与绩效呈现收敛—下降—再定位—收敛的周期性特征。

Hitt等（1997）认为，国际化过程中的诸多学习机会使企业积累起丰富的海外市场经验，为以后的国际化扩张打下坚实基础，因此那些较高国际化水平的企业并不必然经历绩效下滑。他对295家美国企业1988~1990年的数据进行实证研究的结果表明：对于产品高度多元化的企业，二者关系表现为正向线性相关。而对适度多元化的企业而言，国际化程度与企业绩效的关系呈倒U形，对非多元化企业而言则呈U形。

Beamish、Lu（2001）和Ruigrok、Wagner（2003）分别对164家日本中小企业1986~1997年的数据和51家德国大型制造业企业1993~1997年的数据进行实证研究结果表明：企业国际化程度与企业绩效呈U形关系，前者尤其指出对于缺乏国际化经验与知识的某些中小企业在国际化程度与企业绩效之间呈U形的特征关系。

4. 国际化程度与企业绩效呈水平S形关系

部分学者试图针对以上差异化结论提出一个普适的理论模型。具代表性的是Contractor等（2003）提出的国际化扩张三阶段解释模型，他指出国际化程度的不断提高常会增加企业自身利润的同时也存在两个限制条件：首先是高昂的学习成本、文化差异性以及海外业务规模等原因导致企业绩效下降；其次是由于过度国际化而导致经营绩效下滑，其协调与管理成本超过国际化对外扩张带来的收益时产生亏损。基于上述分析，Contractor认为国际化程度与企业绩效的关系呈现企业的绩效随企业国际化程度的提高先下降，后上升，最终再下降的一种水平S形曲线状，并通过实证研究证实了水平S形曲线假设。此外，Lu和Beamish（2004），Chiang等（2005），Li（2005）等分别对相关国际化经营企业数据进行了实证研究，相关结论均证实了国际化程度与企业绩效之间确实存在水平S形曲线关系。

Ruigrok等（2007）通过对高度国际化水平的瑞士企业进行实证研究，验证了国际化程度与企业绩效的水平S形曲线关系假设。瑞士国内市场狭小，大多数瑞士企业常在成立之初就进行国际化经营，因此，瑞士企业的国际化程度都具有较高水平，其FSTS甚至高达90%以上。Ruigrok等（2007）的实证分析结果表明，瑞士跨国公司的国际化程度与企业绩效表现为水平S形曲线关系，重要的是这条曲线向右平移，企业绩效首先升至中等国际化水平，然后开始呈下降趋势，在较高国际化水平上出现较缓和的上升阶段，最终在极高的国际化水平上再次向下移动。

基于上述研究综述，对企业国际化程度与企业绩效关系的相关研究成果进行汇总整理制作表9-2。

表9-2　国际化程度与企业绩效关系研究成果概要

学者	主要研究结论
Vernon（1971）Hughes（1975）Kim等（1993）	对多家国际化经营企业和国内经营企业的比较分析及对国际化程度与企业绩效进行的回归统计分析，得出国际化程度与企业绩效正相关的结论
Grant等（1987）	以FRTR作为主要解释变量，以ROA作为被解释变量，对国际化程度与企业绩效进行了回归分析，得出国际化程度与企业绩效正相关的结论
Shaked（1986）	对多家国际与国内企业绩效比较，得出国际化企业的绩效明显低于国内经营企业的结论
Collins（1990）	对133家美国《财富》500强企业1976~1985年的业绩与国际化程度的比较分析，得出结论：以发达国家为主要市场的国际化企业与国内经营企业在绩效上没有显著差异，但以欠发达国家为主要市场的国际化企业回报率明显低于国内经营企业
Denis & Yost（2002）	以FSTS作为国际化程度的衡量指标，通过比较分析和回归分析均证实：随着国际多元化的发展，国际化企业的市值相对于国内经营企业会有所下降
王国顺等（2006）	对企业国际化程度与企业绩效的关系进行了回归分析，结论表明目前我国制造业企业的出口行为对绩效产生了负向影响
Daniels & Bracker（1989）	结合1974~1983年116家美国跨国公司数据，以FSTS、FATA作为国际化程度衡量指标，以ROA、ROS作为企业绩效衡量指标，研究结论：国际化程度与企业绩效呈倒U形关系
Geringer、Beamish & daCosra（1989）	结合1981年的100家美国和100家欧洲大型企业数据，以FSTS作为国际化程度衡量指标，以ROA、ROS作为企业绩效衡量指标，研究结论：国际化程度与企业绩效呈倒U形关系

续表

学者	主要研究结论
Qian（2002）	结合 1989~1993 年的 71 家美国中小型制造业企业数据，以 FSTS 作为国际化程度衡量指标，以 ROS 作为企业绩效衡量指标，研究结论：国际化程度与企业绩效呈倒 U 形关系
Chiao、Yang & Yu（2004）	结合 1996 年 1494 家台湾中小企业数据，以 ESR 作为国际化程度衡量指标，以 ROS 作为企业绩效衡量指标，研究结论：国际化程度与企业绩效呈倒 U 形关系
Ruigrok & Wagner（2003）	结合 1993~1997 年 84 家德国大型制造业企业数据，以 FSTS 作为国际化程度衡量指标，以 ROA 作为企业绩效衡量指标，研究结论：国际化程度与企业绩效呈 U 形关系
Capar、kotabe（2003）	结合 1974~1983 年 116 家美国跨国公司数据，以 FSTS 作为国际化程度衡量指标，以 ROS 作为企业绩效衡量指标，研究结论：国际化程度与企业绩效呈 U 形关系
Contracor、Kundu & Hsu（2003）	结合 1983~1988 年 103 家美国服务业企业数据，以 FSTS、FATA、OSTS 作为国际化程度衡量指标，以 ROS 作为企业绩效衡量指标，研究结论：国际化程度与企业绩效呈 S 形关系
Lu & Beamish（2004）	结合 1489 家日本企业 1986~1997 年的数据，研究结论：国际化程度与企业绩效呈 S 形关系
Buckley、Dunning & Pearce（1977）	结合 1972 年的 636 家和 1977 年的 866 家跨国公司数据，以 FSTS 作为国际化程度衡量指标，以 ROA 作为企业绩效衡量指标，研究结论：国际化程度与企业绩效关系不显著或不确定
黄嫚丽（2006）	以 2002~2004 年 104 家深沪 A 股上市公司的数据为样本，实证研究得出结论：在我国这样一个发展中国家、处于经济转型与新兴工业化时期，国际化程度与企业绩效未能出现如发达国家企业那样的规律性特征，而呈现出一种不确定或波动的关系形态
杨忠、张晓（2009）	实证研究江苏 142 家制造业企业国际化扩张与企业绩效的关系。实证结果表明：国际化广度的提高有利于企业的成长，而国际化深度的提高对企业绩效的提升不产生促进作用

二、研究设计

（一）变量设计

1. 自变量

企业国际化程度是自变量。尽管由于对企业国际化的认识不同导致了对国际化程度的理解存在差异，但学者们一致认为对企业国际化程度的衡量必须要能够反映企业国内外经营业务的相对规模和重要性（Grant，1987）。整理文献发现，国内外学者对企业国际化程度的衡量有单维度和多维度两个方面。采取多维度指标衡量企业国际化程度的学者们认为，企业国际化是一个复杂的现象，单一维度的指标不可能全面刻画国际化。国际上比较著名的多维度测量体系有《世界投资报告》中采用的跨国指数、苏利文的五因素模型、威尔什和罗斯坦瑞尼六因素模型等（鲁桐，2000）。但事实上多维度衡量方法操作起来较复杂，由于单维度衡量易于操作，目前学术界许多研究仍采用单维度指标衡量模式。最常用的单维度测量指标有海外销售比重 FSTS、海外资产比重 FATA、海外收入比重 FRTR 等。

与欧美等发达国家相比，目前中国多数企业还处于以出口为主的初级阶段，FDI 绝对额仍相对较低，且有不少对外直接投资都在贸易促进类型之列，即依靠在海外设立办事处、创办出口子公司来带动国内设备、原材料、技术及产品的出口。因此，本研究将出口额占总销售额的比例（FSTS）作为企业国际化程度的衡量指标。

2. 因变量

衡量企业绩效的指标分为客观、主观两种，客观指标则主要指财务指标，主观指标主要指满意度等。过往的企业国际化程度与企业经营绩效关系的研究中，多数学者衡量企业的经营绩效采用的是财务指标，近年来国内外学者常采用净资产收益率 ROE、总资产报酬率 ROA、股票价格、销售利润率 ROS、托宾 Q 值及企业成长率等指标来测量企业绩效，其中，ROA、ROS 和 ROE 使用最多，ROE 的变化受净资产变化的影响较大（Yu-Ching Chiao，2006）。本书以钢铁企业经营绩效作为因变量。考虑到我国当前的具体情况及研究数据的可获性，采取主营业务利润率、每股收益与净资产收益率来表示企业的经营绩效，主营业务利润率反映公司的主营业务获利水平，表明企业每单位主营业务收入能带来多少主营业务利润，反映了企业主营业务的获利能力。我国的大多数国际化经营企业所从事的出口活动主要是在其主营业务范围内的产品，因而主营业务利润率还可以衡量企业的国际化所带来的经营绩效，其值越高，说明企业经营绩效越好。净资产收益率反映所有者投资的获利能力，该比率越高，说明所有者投资带来的收益越高。计算公式为：主营业务利润率 =（主营业务利润/主营业务收入）× 100%；净资产收益率 = 净利润 × 2/(本年期初净资产+本年期末净资产)。

3. 控制变量

本书聚焦在企业国际化与经营绩效的关系，但在研究过程中，一些企业层面的因素可能会对两者之间的关系产生影响。为了独立出其他因素对企业经营绩效的影响，令本书更具有说服力，因此将企业规模、资产负债率作为控制变量。

（1）企业规模。依据规模经济理论，企业规模与其经营绩效密切相关。现实中，不同规模的企业在资金、资源获取能力、销售渠道开发、技术研发以及管理水平等诸多方面存在差异，不仅导致国际化战略的不同，也会对企业的经营绩效产生重大的影响。因此本书把企业规模作为控制变量，用企业资产总值的对数作为企业规模的衡量指标。计算公式为：企业规模=LOG（企业资产总值）。

（2）资产负债率。它反映了企业的负债经营能力，高负债率意味着企业经营会承担较大的风险，并因此导致企业无法更多地获得融资；资产负债率过低，则说明企业资本运作能力低下，不能充分利用资金，成长潜力比较有限。为了避免企业的资本结构对其经营绩效的影响，本书将资产负债率作为控制变量，用企业总负债与总资产的比值作为衡量指标。计算公式为：企业资产负债率 =（企业负债总额/企业资产总额）× 100%。

表 9–3 实证研究变量及其测量方法汇总

指标	测量方法
因变量 每股收益 主营业务利润率 净资产收益率	 税后利润/股本总数 （主营业务利润/主营业务收入）×100% 净利润 × 2/（本年期初净资产+本年期末净资产）
自变量 企业国际化程度	 企业出口额/企业总销售额
控制变量 企业规模 企业资产负债率	 企业资产总值 （企业负债总额/企业资产总额）× 100%

（二）样本选择与数据来源

在样本和数据选择上，本着使研究结论更具客观性、有效性和指导性的原则，本书对样本选择和数据来源设定了筛选标准。本书针对已披露的 36 家上市钢铁企业 2009 年年报信息进行研究。之所以选择钢铁行业上市企业为研究对象，主要是因为钢铁行业是我国的支柱产业之一，在每年所实现的出口贸易中占很大比例，另外，上市钢铁企业运作比较规范，定期公布年报等相关报表，企业财务运营等相对来说比较公开，保证了数据的可靠性与可得性。需要说明的是，在抽样调研中，样本规模并不是越大越好，样本规模太大将导致很多非常微弱的关系也可能达到显著程度，这种显著关系在总体中也可能会存在，但这不代表事实。根据 Sekaran（2000）的观点：大于 30 小于 500 的样本规模适用于大多数研究，虽然对于严格的实验控制研究，10~20 的小样本规模也可能取得成功。结合本研究的问题和上市钢铁企业的数量，本书把样本的数量确定为 36 个。

（三）研究假设

文献综述部分已经比较充分地论述了企业国际化对企业绩效的影响以及前人关

于国际化程度与企业绩效关系的实证研究。随着我国企业国际化进程的逐步加深，企业对东道国的环境将不再陌生，或者已经在当地建立了网络（包括社会网络与渠道网络），可以很好地克服国际化初期的海外不利因素，学习曲线的效应也将得到发挥，我国企业在与国外顾客或者交易方合作以及互动中，企业在管理、沟通、协调等方面的资源和能力都有可能获得进步，企业国际化开始对企业绩效有正面的效应。

笔者通过对过往文献的归纳和梳理，发现以往关于国际化程度与企业绩效之间关系的研究（关系表现为正向、负向、U形、倒U形等）多是基于西方国家背景，而本书是基于中国企业国际化程度与企业绩效关系进行的，与欧美等发达国家相比，我国大部分企业仍处在以出口为主的初级阶段，随着规模的扩大，企业在生产、研发等方面开始能够获得规模经济，并且企业在多个地域市场上的运作也使企业产生了规模经济和范围经济。另外，企业对交易对方以及各国的制度环境也逐渐了解和熟悉，企业能够采取相应的行为来保护自己的利益。因此，上述这些因素都将有助于企业提高收益，并且克服在国际化初期的不利因素。

基于以上分析，提出本书的研究假设：

假设1：企业的国际化程度对企业绩效有正向的影响关系。

基于假设给出如下多元线性回归模型（μ 为误差项）：

绩效变量 $= \beta_1 + \beta_2$（自变量）$+ \sum \beta_3$（控制变量）$+ \mu$

式中，绩效变量用Y来表示，自变量、控制变量用X来表示。

三、国际化程度与企业绩效关系的实证检验

（一）描述性统计分析

对统计数据进行描述性分析，其中：

Mean为均值，$\bar{x} = \frac{1}{N}\sum X_i$。

N是样本容量。

Median（中位数）：是中心位置的量度，当观测值个数为奇数时，中位数是当数据按由低到高（或由高到低）排列时，位于中间的数据点。本押金样本数为偶数，故采取中间两个数据的平均值。

Maximum（最大值）：一组数据中的最大者。

Minimum（最小值）：一组数据中的最小者。

Std.Dev.（标准差）：$S_i = \sqrt{\frac{1}{N-1}\sum(x_i - \bar{x})^2}$

Skewness（偏度）：变量 x 的偏度 S 为：$S = \frac{1}{N}\frac{\sum(x_i - \bar{x})^3}{s_i^3}$。

Kurtosis（峰度）：是一个分布尾端"粗壮"程度的量度，峰度 K 为：

$$k = \frac{1}{N}\frac{\sum(x_i - \bar{x})^4}{s_i^4}$$。

Probability（概率）：表示接受被检验变量是正态的概率，本书测试的数据显著水平都达到规定的范围。

Jarque–Bera：表示正态分布的检验指标。

Observations：表示样本的容量。

描述性统计分析结果如表 9–4 所示。

表 9–4 描述性统计分析结果

	资产总值（万元）	每股收益（元）	负债（万元）	营业利润率（%）	出口额（万元）	出口额/总销售额（%）	规模取对数	资产负债率（%）	净资产收益率（%）	总销售额（万元）
Mean	682911	0.107170	3566802	0.012150	116027.3	0.028699	469991	0.625062	4.604000	4042893
Median	901576	0.091050	3509014	0.006550	103118.0	0.024041	6.545177	0.635664	3.955000	4289255
Maximum	20114278	0.330000	9992348	0.048800	227217.0	0.088924	7.004265	0.710153	25.58000	2555181
Minimum	679840	0.006000	820262	0.000000	6952.000	0.007600	5.832407	0.467278	–18.2200	914736
Std. Dev.	5904595	0.098861	2715032	0.016932	68448.52	0.023652	0.392457	0.069278	3.630048	2893962
Skewness	1.562444	1.199899	1.258262	1.407776	0.396925	2.040132	–0.187901	1.256229	1.131026	1.23451
Kurtosis	4.600985	3.589320	4.185781	3.413226	2.431741	6.038397	1.824413	4.172946	3.812006	3.85241
Jarque–Bera	5.136697	2.544302	3.224572	3.374204	0.397132	9.705157	0.571212	2.883091	2.406766	5.57826
Probability	0.076662	0.280228	0.199431	0.185055	0.819906	0.007808	0.751559	0.236562	0.300177	0.121301
Observations	36	36	36	36	36	36	36	36	36	

（1）在反映企业经营绩效的指标中，企业营业利润率的平均值为 1.22%，最大值为 4.88%，最小值为 0；每股收益平均值为 0.10717，最大值为 0.33，最小值为 0.006。净资产收益率平均值为 4.604；最大值为 25.68，最小值为–18.22。这说明国际化钢铁企业的盈利能力大体上处于一个比较合理的水平，个别企业的盈利能力较差，企业绩效明显低于平均水平。

（2）钢铁企业国际化程度指标平均值为 2.86%，最大值为 8.89%，最小值为 0.76%。这说明我国钢铁企业的国际化程度大体上还处于一个较低的水平，大多数以出口为主，处在国际化的初级阶段，但在开展跨国经营的企业中，并不排除有国际化程度较高的企业。

（3）在作为控制变量的指标中，企业规模的对数值平均值为 6.47，最大值为 7.00，最小值为 5.83，说明样本企业的资产总额相对来说比较平均，相互之间有所差别但并不悬殊；资产负债率的平均值为 62.5%，最大值为 71.0%，最小值为 46.72%，说明各企业间在资本结构方面存在很大的差异，有的企业负债经营能力较强，有的企业则较低。

由于本书使用的样本收集途径是从 2009 年 36 家上市钢铁企业的年报数据中获得的，为了确定变量之间是否具有相关关系，在这里采用散点图确定其关系拟合的曲线类型（见图 9-1）。

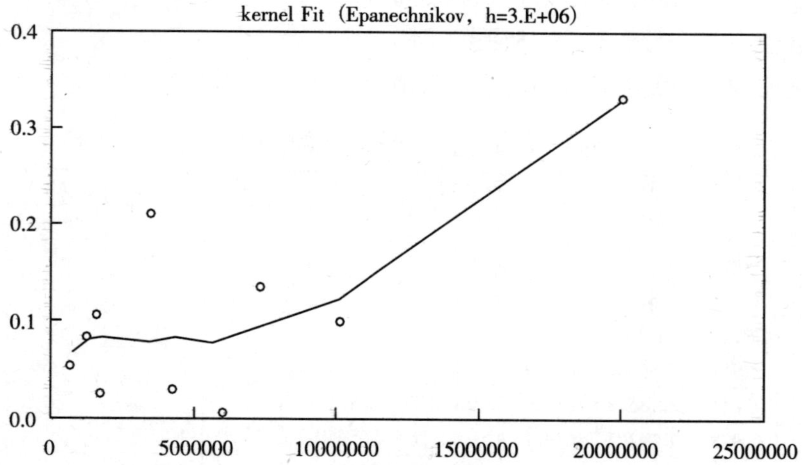

图 9-1 散点图

从图 9-1 的数据分布情况可以看出，本书所研究的问题属于线性回归问题，因此采用多元线性回归分析来进行实证检验。

（二）相关分析

相关分析的目的是初步检查变量之间是否存在相互影响，它反映的是相互作用的可能性。通过相关分析，可以初步判断模型设置或假设是否合理，也可以根据变量相关程度决定是否做共线性检测。本研究用 Eviews 3.1 把所有变量做 Pearson 相关分析，见表 9-5~表 9-7。分别以主营业务利润率、每股收益和净资产收益率为因变量对测量数据（A1，A2，…，A9）、（B1，B2，…，B9）、（C1，C2，…，C9）进行相关性分析，分析结果如各表所示。变量之间的相关系数均为正值，不存在互斥现象。按照 Williams 的分类标准，相关系数大于 0.7 为高度相关，介于 0.4~0.7 为中等相关，小于 0.4 为低度相关。

从表 9-5 可以看出，主营业务利润率的水平均与企业国际化程度、企业规模以及企业资产负债率具有正向并且统计上显著的相关系数，这一结果说明企业的国际化程度有利于企业的绩效。从表 9-6 可以发现，每股收益的水平均与企业国际化程度、企业规模以及企业资产负债率具有正向并且统计上显著的相关系数，这一结果说明企业的国际化程度有利于企业的绩效，从表 9-7 可以看出净资产收益率的水平均与企业国际化程度、企业规模以及企业资产负债率具有正向并且统计上显著的相关系数，这一结果说明企业的国际化程度有利于企业的绩效。

企业国际化程度、企业规模以及企业资产负债率之间存在的正向而且统计上显著的相关关系，说明它们可能共同作用于企业的绩效。

其他变量之间的相关系数从 0.141358~0.38443 不等，说明它们之间存在着一定的关联性，但是均属于低度相关的范围。

总之，数据相关性分析的初步结果预示着本研究假设的合理性。

表 9-5　样本企业各测量变量间项相关系数

	A1	A2	A3	A4	A5	A6	A7	A8	A9
A1	1								
A2	0.57354	1							
A3	0.79334	0.83502	1						
A4	0.79376	–0.10475	0.28823	1					
A5	0.72951	0.86932	0.37694	–0.14135	1				
A6	0.77841	0.73573	0.15192	0.15075	0.78011	1			
A7	0.60928	0.79371	0.89171	0.82226	0.65960	0.72476	1		
A8	0.50579	0.40490	0.58443	0.68340	0.43951	0.45849	0.51530	1	
A9	0.64345	0.53467	0.23455	0.16756	0.68456	0.74235	0.5222	0.6122	1

注：表中数据均在 0.05 以上的水平上显著。

表 9-6　样本企业各测量变量间项相关系数

	B1	B2	B3	B4	B5	B6	B7	B8	B9
B1	1								
B2	0.51530	1							
B3	0.75849	0.72476	1						
B4	0.73951	–0.15960	0.38011	1					
B5	0.58340	0.92226	0.15075	–0.13544	1				
B6	0.68443	0.89171	0.15192	0.27694	0.88823	1			
B7	0.64058	0.54424	0.93270	0.94496	0.68238	0.72387	1		
B8	0.50579	0.50928	0.57841	0.52951	0.59376	0.49334	0.52977	1	
B9	0.66343	0.34222	0.18456	0.22345	0.88543	0.75532	0.56886	0.6455	1

注：表中数据均在 0.05 以上的水平上显著。

表 9-7　样本企业各测量变量间项相关系数

	C1	C2	C3	C4	C5	C6	C7	C8	C9
1	1								
C2	0.56345	1							
C3	0.74567	0.75245	1						
C4	0.75633	−0.12653	0.53011	1					
C5	0.65465	0.85366	0.16745	−0.18434	1				
C6	0.587983	0.86353	0.15623	0.22494	0.86278	1			
C7	0.65687	0.55620	0.35623	0.74636	0.57897	0.78755	1		
C8	0.59654	0.48964	0.44667	0.56751	0.47345	0.4544	0.64237	1	
C9	0.75632	0.45668	0.29634	0.28587	0.67354	0.75432	0.56777	0.56765	1

注：表中数据均在 0.05 以上的水平上显著。

由此可以得出如下结论：

（1）企业国际化程度指标相对于其他几个指标变量来说（不包括控制变量），其绝对值比较大，反映国际化特征指标的典型变量在很大程度上由企业的出口、企业的销售额、企业的对外投资等因素决定。从表 9-5、表 9-6 和表 9-7 可以看出，每股收益、主营业务利润率和净资产收益率与企业的国际化程度指标相关性大于 0.7，反映企业绩效的指标在很大程度上由每股收益、主营业务利润率和净资产收益率决定。

（2）两个控制变量的系数在 0.4~0.7 之间，说明企业规模以及资本结构对企业绩效具有一定程度的影响。

以上是典型相关分析的检验结果，要深入分析国际化程度特征的指标变量与企业绩效的相关关系，还要进一步通过回归分析进行验证。

（三）回归分析

通过典型相关分析，可以初步了解企业国际化程度与绩效整体的相关关系。进一步地，本书通过回归分析检验企业国际化特征指标与因变量相关关系。

运用计量经济学软件 Eviews 3.1 采用最小二乘法对假设进行回归检验，估计的结果如表 9-8、表 9-9 和表 9-10 所示。从回归分析的结果来看，模型中的估计值与假设预期的符号一致，变量 X_1、X_2 和 X_3 的参数在 5%的置信水平下都是显著的，可以证实所提出假设，说明变量 X_1、X_2 和 X_3 对因变量 Y 有很强的解释能力。模型估计结果表明：国际化程度对企业每股收益、主营业务利润率和净资产收益率产生了显著影响。平均而言，国际化程度得分每提高 1%，每股收益相应地提高 1.65%，主营业务利润率相应地提高 3.73%，净资产收益率相应地提高 2.21%。

表 9-8 回归结果（1）

Variable	Coefficient	Std. Error	t-Statistic	Prob.
β_1	27.93699	0.565083	1.658113	0.0484
β_2	1.653216	1.386101	1.192710	0.0380
β_3	0.149742	0.082596	1.812945	0.0198
β_4	0.015274	0.022672	0.673700	0.0256
R-squared	0.440494	Log likelihood		12.38134
Adjusted R-squared	0.600741	Durbin-Watson stat		0.416230
F-statistic	10.574580	Prob（F-statistic）		0.040683

据此可得到如下回归方程：

$$Y = 27.936 + 1.65X_1 + 0.149\ X_2 + 0.015\ X_3$$

T（1.66） （1.19） （1.81） （0.67）

P（0.048） （0.038） （0.02） （0.026）

$R^2_{adj} = 0.6007$

表 9-9 回归结果（2）

Variable	Coefficient	Std. Error	t-Statistic	Prob.
β_1	26.85544	0.344528	1.123143	0.0345
β_2	3.732456	2.454101	1.444740	0.0467
β_3	0.165324	0.093496	1.844565	0.0468
β_4	0.014235	0.042625	0.774500	0.0354
R-squared	0.456456	Log likelihood		24.56644
Adjusted R-squared	0.647896	Durbin-Watson stat		0.325650
F-statistic	9.785461	Prob（F-statistic）		0.039774

据此可得如下回归方程：

$$Y = 26.8554 + 3.73X_1 + 0.165\ X_2 + 0.014\ X_3$$

T（1.12） （1.44） （1.84） （0.77）

P（0.035） （0.047） （0.047） （0.035）

$R^2_{adj} = 0.6478$

表 9-10 回归结果（3）

Variable	Coefficient	Std. Error	t-Statistic	Prob.
β_1	12.85423	0.245645	1.546323	0.0175
β_2	2.214332	1.678551	1.452620	0.0234
β_3	0.143545	0.056336	1.865785	0.0456

续表

Variable	Coefficient	Std. Error	t-Statistic	Prob.
β_4	0.023456	0.024525	0.634530	0.0276
R-squared	0.466678	Log likelihood		21.63345
Adjusted R-squared	0.622896	Durbin-Watson stat		0.223465
F-statistic	9.225465	Prob（F-statistic）		0.033634

据此可得如下回归方程：

$Y = 12.85 + 2.21X_1 + 0.14\ X_2 + 0.023\ X_3$

T（1.54） （1.45） （1.87） （0.63）

P（0.017） （0.023） （0.046） （0.028）

$R^2_{adj} = 0.6478$

从上述各表可以看出：

（1）各模型的 R-square 均在 0.4~0.6，说明各回归方程中，各自变量和控制变量多元回归方程的解释比例均在 40%~60%，这种情况在多元回归中是允许的。回归系数检验方面，各指标均通过了显著性检验。这表明，企业国际化程度与企业绩效密切相关，即在其他条件不变的情况下，企业的国际化程度越高则企业的绩效趋向越好。

（2）总体看，样本上市企业的回归模型具有较好的显著性，F 值分别达到了 10.57、9.78 和 9.23（$\rho<0.05$）。整体模型拟合度达到了显著水平说明企业国际化与企业绩效有较显著的影响。调整后的 R 平方值分别为 $R^2_{adj}= 0.6007$，$R^2_{adj} = 0.648$，$R^2_{adj} = 0.623$，说明回归方程的拟合优度一般，但这并不能说明回归模型的质量不高。事实上大部分关于企业国际化程度与企业绩效的实证研究中回归方程的拟合优度普遍不高，主要因为出口只是影响企业绩效的一部分原因，并不能反映国际化的全部。由于我们重点是为了验证出口额/销售总额对企业绩效的影响，并不是要建立一个关于企业绩效的标准计量模型，因此拟合优度情况并不会影响本书对回归结果的解释。

（3）反映企业规模的控制变量总资产的自然对数与企业绩效呈正相关关系，而反映财务杠杆的资产负债率与公司绩效呈负相关关系，并且总资产的自然对数、资产负债率都通过了 0.05 的显著性检验，说明企业规模以及财务杠杆对企业绩效具有显著影响。

四、结论与建议

虽然我国企业跨国经营近年来取得了很大进步，但由于不能充分发挥企业自身的比较优势，进而不利于提高国际化经营的收益和降低国际化经营的成本，导致企业国际化经营绩效水平较低。总的来说，国际化企业的经营绩效并不高，中国企业的国际化发展仍然存在诸多方面的问题。就我国钢铁企业目前的国际化程度看，各企业国际化程度普遍较低，各企业间国际化程度参差不齐，大部分企业的国际化方式主要是以出口为主，在海外建立生产基地的较少，对外投资规模较小。

本书主要分析了企业国际化程度对企业绩效的影响。首先，对样本进行描述性统计分析，以企业是否有外销收入，即企业是否进行国际化，将企业界定为是否是国际化企业。以主营业务利润率、每股收益、净资产收益率作为衡量企业绩效的指标。其次，以企业外销收入占比作为企业国际化程度的衡量指标，国际化程度对主营业务利润率、每股收益和净资产收益率产生显著影响，而且对总资产收益率的促进作用明显。通过对各变量进行比较分析和相关分析，本书认为各变量之间不存在互斥现象和多重共线性问题。从回归分析结果看，三个模型的 DW 值处于 0~4，说明各模型不存在自相关问题。由此，可以得出企业国际化程度与企业绩效呈正相关的关系。

本书通过对钢铁企业变量的比较分析，可以看出企业的国际化程度无显著差异，但资产负债率体现了不同企业的资本运作能力，资产负债率的差异比较显著，可见在研究钢铁企业国际化程度与经营绩效之间的关系时，应该把这项指标纳入考虑当中。此外，本书通过把所研究的样本分为三个模型来检验，对其分别进行多元回归分析得出结果：钢铁企业国际化程度对经营绩效的影响是正向的。尽管本研究已经尽可能地采用了规范的研究设计，但是局限性仍然存在。第一，用出口额占总销售额的比例来反映企业国际化经营的程度，主要考虑了中国企业目前国际化经营的实际情况和数据的可获取性，若有可能，应该采用更加全面的指标来反映企业国际化程度。第二，采集的样本数量偏少，因此可能在一定程度影响了所得结论的效度。第三，2009 年的企业年报横截面数据，只针对这一时间断面进行各变量之间关系的研究。而作为一个比较全面的分析应该从企业首次出口的年份开始考察，并且分阶段进行对比分析。未来后续研究若能够再获取不同年份的数据，完成横断面和纵面数据的全面的分析，则理论上可以得到更加精准的研究结果。第四，本书考察的是钢铁行业的上市企业，所得出的结论虽有一定的代表性，但是同时也受到了所处行业的局限，因此结论在推广到中国企业整体时需要谨慎。对其他行业的企业国际化经营的实证研究和对成长中的中小民营企业国际化研究将成为未来的研究方向。

第十章　中国跨国公司培育的路径选择及对策建议

当前，跨国公司纷纷加快其国际化进程，以取得更大的竞争优势。中国企业面临着与其他各国企业不同的新形势。首先，中国拥有大量的廉价劳动力和巨大的市场潜力，这在经济全球化的今天吸引大量跨国企业来华投资，同时意味着许多中国企业不得不在本土与实力强大的跨国企业竞争，被迫参与到国际竞争中去。其次，中国企业目前面临的国际形势日益严峻，大量国际市场已被实力强大的国外企业抢占，中国企业不得不在国际市场上按照发达国家以自己为主导制定的经济规则和经济秩序行事，如何进入已成熟的国际市场，在世界经济一体化过程中谋求生存与发展，是中国企业必须面对的重大课题。在此形势下，中国企业不可能脱离当今的国际经济形势，简单地套用别国固有的模式，而必须形成自己系统的理念，选择适合自己的跨国战略路径。

第一节　中国跨国公司培育的战略路径选择

一、选择有利于产业转换和技术升级的国际化区位

中国企业对外投资主要分布在周边地区和发展中国家。鉴于当前现状，从投资区位看，我国应该积极扩大对拉美地区，尤其是非洲地区的投资。从投资产业看要加快制造业，尤其是传统制造业的梯度转移。目前，我国制造业中家电、轻纺、机械、电子部门已经具有较强的竞争优势，产品质量和技术性能稳定，已经具备了向发展中国家转移的条件，同时要加快资源密集型产业的投资。发展中国家大多有着丰富的资源，尤其是拉美、非洲地区拥有丰富的矿产资源，利用当地资源条件和廉价的劳动力成本加强合作开发，有利于扩大当地市场，缓解国内资源约束的状况。

国际直接投资的主要地区是发达国家，发达国家拥有世界先进的管理、技术，很多国家通过向发达国家的投资获取了先进技术，从而加速了本国的产业技术升级，与此同时也获得了海外投资的经验。中国台湾地区以及韩国都由此而受益，这无疑是中国企业借鉴的一个重要途径。国内有一定技术条件的高新技术行业，如通信设备、航空航天、电子、生物工程等行业，由于这些行业与国外先进技术相比差距较大，加强对发达国家投资，以海外公司的区位优势为平台获取世界领先技术，有利于快速提升我国技术水平。在国内具有比较丰富市场经验和投资经验的企业如海尔、联想、华为等都应该积极向发达国家投资。

二、安排有助改变价值链低端状态的对外投资结构

中国处于以劳动密集型产业为主的对外直接投资的产业结构，这种状态与全球投资的产业走向也存在较大差距。在海外投资中并没有有效利用优势产业的潜能，应加大服务业、制造业，尤其是现代服务业的投资力度，形成以传统产业为基础，以现代制造业、现代服务业为先导的海外投资产业体系。因此，在制造业中，应提高以电子信息为主导的高新技术密集型制造业的比重，加大向发达国家和地区投资的力度，加快拥有核心技术能力。在服务业中，应提高金融业、信息服务业、现代物流业等现代服务业的投资比重。投资结构的安排要有利于转变在全球价值链分工中的低端状态，由加工组装型向精密制造型升级，实现由粗加工向深加工升级的转变，鼓励实现国产品牌国际化从而提高产品的附加值。

三、"渐进式"与"跨越式"两种市场扩张战略选择并行

（一）渐进式市场扩张战略

跨国公司渐进式扩张战略，其优点是可以逐步积累经验，缺点是速度比较慢。从中国企业的发展历史、企业规模、经验及管理水平看，"渐进式扩张战略"符合中国企业的内部管理水平和能力，可以被区分为五种类型：一是传统国有外贸企业的"贸易公司型"，如中粮、五矿和中化等。现今这些早期的跨国企业正在加快进行转型，主要表现在：传统的国外客户已经转变为中国企业的战略合作伙伴；这些企业正在从贸易型企业转型成为整合型或资源管理型跨国企业。二是传统国有跨国经营运营业务企业的"国际运营型"，如国航、中集、中远和招商局等。三是以海尔为代表的一批家电企业的"营销网络+生产基地型+品牌推广"，2003 年底前实施

并购的TCL也包含其中。四是以中兴、华为等为代表的一批中国IT企业的“自建销售网络+研发基地+品牌推广”。还包括以用友为代表的“研发基地型”，他们走跨国经营之路的途径是在国外购买技术含量高的小公司。五是先引进来，再走出去。目前，越来越多的海外资本流入中国，他们并购“猎取”的目标就是中国企业。这个看似“逆向”的跨国经营过程，为中国企业从事跨国经营提供了新的发展路径。2006年8月，法国品牌SEB成为中国最大的炊具品牌苏泊尔的战略投资者，最终控股苏泊尔。虽然很多评论都在惋惜又一个民族品牌被外资收购，但是硬币的另一面是，SEB的进入为苏泊尔品牌进一步打开国际市场提供了机会。因为目前苏泊尔仅在越南、东南亚占有一定优势，进入成熟市场相当困难，SEB则能支持苏泊尔在这类市场成为其外围品牌。苏泊尔选择用股权来换取国际市场，这也成为他们实现品牌跨国经营的快捷路径。随着越来越多的战略投资者控股或参股中国本土企业，尽管还存在很多战略和技术上的障碍，预计在未来10年本土企业会逐步深耕跨国经营。

（二）跨越式市场扩张战略——国际并购

自2003年以来，中国企业便开始了跨国并购。联想集团、TCL集团、华为集团、海尔集团、中兴集团、中石油、中海油等中国的大牌企业都试图在跨国经营的运营上有所作为，这些已经在中国这个市场取得明显优势的大企业正在以一种非凡的自信心来实施自己的跨国经营战略。TCL和联想分别在2003年底和2004年底开始实施跨国经营战略。他们采取的是“全球规模”并购跨国经营发展方式，这是一种跳跃式的、快捷的跨国经营发展战略，也可称为“跨越式发展战略”，近几年开始被中国企业熟悉并加以运用。

目前，中国企业全球规模型的跨国经营道路也存在一定隐患。“全球规模”跨国经营并购是一种难度系数非常大的跨国经营方式。若要成功，必须具备一些基本条件：首先，实施并购的企业要“先有计划，再抓机会”。这就是说，要在公司整体发展战略指导下，从“计划下的机会”开始，到战略执行中的“机会前的计划”。其中，“计划下的机会”是主动战略，“机会前的计划”则是被动战略。两者最大的不同之处表现在谁是收购对象和收购后的方案整合上。其次，“全球规模”跨国经营并购，无论成功与否，正常的基本规律是，由并购一方公司出任掌握实际运营管理的一把手，通常是CEO。惠普并购康柏就是如此，毕博并购安达信也如此。然而，回想TCL和联想的并购，却并不是这样。一方面，从两家实施“全球规模”并购跨国经营企业传递出的各种信息看，不管是李东生所讲的诸如“机会来了不抓住，以后连机会都没有”之类的话，还是柳传志所透露的“一年多以前IBM就来谈过，我们当时回绝了”之类的信息，可以得出一个大体上不会错的结论，即 TCL 和联想这两次“全球规模”跨国并购，都是一种“机会前的计划”，即凭借灵敏的反应、出色的嗅觉，抓住机会而迅速发展壮大。另一方面，这两家企业在实施并购以后，虽然都由中方担任董事长，但事实上这个董事长主要还是管理中国业务，全球业务依然交给被并购的外方来执掌。这种管理模式在国际上频频发生的“全球规模”并购案中是少见的，成功的难度也会因此而增加，降低了成功的概率。

四、处理企业本土化和国际化发展战略关联问题

世界经济一体化使市场竞争愈演愈烈，中国企业参与国际竞争已成为必然的趋势，在企业走向国际化大市场的同时如何处理好本土化与国际化的关系问题近在眼前。跨国公司成功的重要经验和理念就是实施泛国家“全球公民”战略，极力淡化跨国公司本身的民族身份。一般来说，企业首先必须做好员工和管理人才本土化战略。企业的产品设计生产必须适应本土市场需求提升竞争力，此外要提高本土化服务意识和企业文化的本土化。其次，跨国公司在海外经营中要注意把切身利益与东道国利益有机地结为一体，这不仅使跨国企业深深扎根在东道国的土壤，也为树立其全球品牌奠定了基础。最后是经营本土化。经营本土化是企业国际化成功的基本原则和规律，因此，中国企业要在实施全球化战略中获得成功，首先要学会本土化经营，积极融入东道国经济。

五、参考跨国公司的研发战略，实现技术创新

近年来，跨国公司的研发战略发生了明显变化：一是跨国公司通常在海外设立研发中心，把母公司的技术转移到海外的研发机构，并根据当地需求、市场条件、科技人员本土化等进行滚动开发，而其技术开发成果可以存在于跨国公司内部，并实现其全球子公司的共享。二是跨国公司技术成果内部化趋势越来越明显。主要是通过海外子公司实现技术创新，通过内部化交易和转移，并通过全球子公司补偿几亿甚至几十亿美元的开发费用。中国企业要参考借鉴跨国公司技术战略经验，在海外建立研发中心，提高跨国并购力度，获取国外的技术。特别是随着对当地经营环境的逐渐熟悉，以跨国并购为主要手段的对外直接投资方式应该成为中国企业进行跨国经营的主要方式。但是，目前我国企业跨国并购仍然处于起步阶段，需要采取积极慎重的态度。

六、实施“走出去”和“引进来”双向对接的国际化模式

“走出去”和“引进来”是中国对外开放双管齐下的两个方面，两者的有机结合会大大提高中国企业国际化发展的水平。一是继续引进外商投资，引进先进的管理经验和技术，促进国内企业的管理水平、技术水平的全面提高，尤其是提升内资企业开拓国际市场的能力。二是把引进外资与中国海外投资联系起来，力争为企业扩展海外投资创造更多条件。三是同在华投资的跨国公司结成战略联盟，共同开拓国际市场，并充分利用跨国公司在国际上的渠道网络和品牌优势，提高国际化的水平。四是加大实施优惠的政策措施，让跨国公司在我国设立研发中心，有条件的要与跨国公司共同研发。在“十二五”期间，中国特别应在知识产权保护、科技人才培养、产业政策等方面形成更好的外部环境，以促进更多的外资研发机构进入。五是提高服务业国际竞争力，稳步开放服务业市场，消除服务业发展中的政策障碍和体制障碍，改变服务业体制内循环的现状，逐步提升为企业国际化支持和服务的能力。

第二节　中国跨国公司培育的对策建议

本章基于本书前文对跨国公司理论与实践研究的成果，重点借鉴了前文论述的跨国公司发展模式国际比较，从跨国公司培育的国际经验借鉴、跨国公司培育的宏观建议及跨国公司培育的微观对策三方面，提出了中国跨国公司培育的一些对策建议。

一、中国跨国公司培育的国际经验借鉴

美国模式、西欧模式、日韩模式分别体现着当今世界跨国公司三种不同的成功模式。美国跨国公司及西欧跨国公司的典型特征是以实力强大的工业制造业跨国公司为主体，自“二战”以来一直主导着世界跨国公司的发展趋势；日本跨国公司则在“二战”后崛起，以综合实力强大的综合商社为主体和先导；韩国跨国公司以政府主导下的大企业集团为主体，是发展中国家发展跨国经营的典型代表。新兴的印

度跨国公司经营模式优势集中体现在政府主导下的IT、软件、通信等领域的飞速发展。借鉴美国、西欧、日韩、印度培育跨国公司的成功之处，会给我国跨国公司的培育带来许多启迪。

（一）转换观念，充分认识到对外投资同吸引外资一样是经济发展的重要途径

在一般条件下，由于受制于一国的经济条件，有限的资源总是首先被应用于国内社会再生产，只有当国内资源相对充裕时，才转移到国外使用。发展中国家普遍存在着储蓄和外汇不足的“两缺口”，使人们产生一种模糊认识，国际资本流向只能是由发达国家向不发达国家的单向输出，而发展中国家不可能进行对外投资。但事实与此相反，20世纪70年代以来，发展中国家的对外投资逐渐成为世界经济一大热点。国际间资本的双向流动已成为当今世界的一个普遍现象，跨国投资对发展中国家和发达国家获得资源、扩大市场占有率及经济结构的调整都会带来很大好处。如美国既是吸引外资的大国，也是世界头号对外投资国。我国应转变以往仅重视吸引外资而忽视对外投资的传统观念，对我国跨国公司的发展予以充分重视。

（二）强大的金融财政支持是促进和引导跨国公司发展的重要保证

一般地说，企业的跨国经营要比国内经营面临更高的经营成本和更多的风险。因此，在企业跨国经营发展初期，有力的金融财政手段的支持对本国跨国公司的发展十分必要。从前述各国的情况看，普遍采取了金融、税收、财政等支持方式，只是支持力度各有不同。在具体实施中，投资母国可根据各对外投资项目对本国利益的不同实行有差别的金融、税收、财政支持政策。如美国侧重于能获得战略物资的对外投资，韩国则重点扶持向国内供应矿物资源的对外投资。我国可借鉴这些国际经验对企业的部分或特殊项目的对外投资实行关税、财政、所得税、金融等方面的优惠，如能够获取国外先进技术、提高我国企业装备水平的对外研发投资；能获取国外资源的对外投资等。

（三）跨国公司发展需要以完善的法律制度作为重要保障

世界各国为了帮助本国企业开拓境外市场，使境外投资企业的合法权益得到保护，都通过立法确定境外投资的作用和地位，并根据发展中的客观形势，不断修正相关内容，来满足本国企业跨国经营的需要。目前，我国对境外投资的管理依据主要以国务院各部门颁布的规定为主，缺乏统一的对外投资法律。所以应尽快制定与国际惯例、国际法接轨的《中国企业对外投资法》和《中国对外投资保险法》，对中国境外投资方向、投资方式、投资主体、产业布局、地域分布、组织结构等进行法律上的指导和规范；统一各类企业的对外直接投资法规，使企业境外投资经营有法可依；将现有“走出去”的条例和政策全部纳入法律化轨道，增加政策透明度。

（四）简化审批手续，统一政府管理体制，加强海外投资项目的监管

我国应采取以下措施：一是将国家发改委、国家外汇管理局、商务部、海关总署和财政部等部门的有关职能分离出来，成立统一的管理组织——中国海外投资管理委员会，改变目前沟通不力、多头监管的状况。二是简化对外投资审批手续，分类管理海外投资申请。凡符合我国对外投资产业选择的方向、产品在国内外市场上具有竞争力的企业，实行登记制；对不符合我国对外投资产业选择方向、企业竞争力比较弱的企业要进行严格审查和限制；介于两者之间的企业，只进行一般性审查。三是加强对海外投资项目的监管，防止国有资产流失。建议财政部、审计署设立专门的机构，负责对国有企业的海外投资项目进行财务评估和审计。

（五）构建风险分担机制，提高政府服务水平

一是通过国家驻外使（领）馆所、专设机构向国内投资者提供有关东道国的经济情报及信息咨询服务。二是在 WTO 多边谈判中，根据我国产业提出有竞争力和比较优势的贸易方式，并争取有利于我国企业的国际规则，争取我国完全市场经济地位尽快被各成员国所认可。三是成立全国性的海外投资保险机构，专门负责为中国的海外投资企业提供经济和政治等类别的保险。四是成立投资东道国中资企业协会，设立海外投资信息中心，负责对外沟通和信息交流。

（六）着力培育企业核心竞争力，避免政府对企业进行过度扶持

中国企业目前所面临的国际、国内环境，使它们不太可能完全通过自由竞争而发展成为强大的跨国公司。然而中国的现代化需要一批具有强大竞争力的跨国公司。为此，政府应借鉴国外经验，适当扶持企业发展。培育企业核心竞争力是取得竞争优势的前提，我国应借鉴国外经验，对企业给予适度扶持，但绝不能对企业过度扶持。中国企业只有面对国际市场，通过学习和创新，利用各种资源，满足和创造国际市场需要，才能提升核心竞争力，成长为具有强大竞争力的跨国公司。

二、中国跨国公司培育的宏观建议

从宏观看，实施跨国经营战略需要一个强有力的政策支持系统，是一项复杂的系统工程。在实施跨国经营战略中政府需要建立有效的服务与管理体系，坚持政府推动、企业自主、市场化运作的原则。促进中国跨国公司需借鉴世界各国的成功经验，提高开放水平使市场在配置资源中的基础性作用得到更大程度的发挥，为市场服务和创造良好环境应成为政府经济管理职能的方向。

（一）逐步建立健全企业海外投资法律法规体系

中国涉外经济活动法制建设需要完善的法律法规体系的支持和规范并以符合国际惯例为前提。一是为规范我国对外投资的基本法抓紧制定《对外投资法》。二是加快制定包括《中国企业海外合资经营法》、《中国企业海外合作经营法》、《中国企业海外独资经营法》以及配套法规如《海外企业国有资产管理法》、《海外投资保险法》等对外投资的单项法规建设。三是我国政府应积极主动参与国际条约和国际双边、多边协定，建立与完善对海外投资的财政与税收支持体系，进而营造良好的对外投资法制环境。总之，基于中国海外投资的发展情况和总体法律框架，客观制定对外投资基本法实施细则，完善中国海外投资法律体系，这套体系以对外投资基本法为主，各种单行法规和相关配套法规辅助实施。

（二）制定中长期发展规划改善政策环境

继续深化对外汇管理制度的改革，提高对外贸易和境外投资的自由度，实行分类管理进而实现登记制最终减少行政审批。简化境外投资外汇管理程序，适当放松对境外投资用汇的限制，支持实力强大的企业在境外上市、设立境外地区总部、跨国并购和与国外知名企业建立战略联盟，允许从事国际商业融资。积极推进资本市场的改革开放和稳定发展，扩大直接融资。建立境外投资风险保证体制，完善政策性担保措施，为企业融资和持续发展创造有利条件。中国正在调整对外经济发展战略，外向型开放经济模式将引导中国企业融入全球经济一体化大势中。当下必须将我国跨国公司的发展提升到国家经济安全高度，将其发展纳入国家经济战略统一规划，参照当前发展中国家的对外直接投资水平并制定出中长期发展专项五年规划或十年规划。

（三）加强政府的宏观服务能力，优化投资战略

加强对海外投资的技术和信息服务，援助符合标准投资主体的人才培训和技术研发。借助主管部门、驻外机构、进出口商会的优势，建立以国际市场信息、海外投资政策信息为核心的信息服务网络；为了提高政府政策的透明度，所有相关的鼓励政策或指导目录应予以公布。同时，为增强东道国对我国海外投资者的信任，政府应通过各种官方的渠道加大公关宣传力度以便帮助企业树立良好的形象。我国海外投资统计制度缺少深度分析以及缺少及时发布等缺陷，建立企业海外投资的统计制度迫在眉睫。

（四）优化跨国公司成长的体制环境

我国政府提出建立归属清晰、权责明确、保护严格、流转顺畅的现代产权制度，保障所有市场主体的平等发展权利和法律地位。一要打破地区封锁和行业垄断，促进各种要素自由流动和充分竞争；二要尽可能放宽市场准入，消除投资领域内的体制性障碍；三要进一步深化对国际投资、国际经济合作和国际贸易等涉外经济体制改革，调整各级政府涉外经济管理机构设置；四要满足对外经贸发展和中国产业结构调整需要，促进投资行业覆盖面扩大化、投资主体多元化；五要确立政府在对外投资领域的投资服务、投资监控和投资促进的定位，制定不同所有制企业对外直接投资的管理方式；六要推进国有企业结构调整和资产重组，鼓励有条件的非公有制企业做大做强，发展具备国际竞争力的大公司与大企业集团，组建中国的跨国公司航母舰队。

三、中国跨国公司培育的微观对策

由于国际市场结构的复杂性、竞争的激烈性以及市场行情的多变性，作为国际化经营主体的中国企业，面临着比国内经营更复杂的环境、更为激烈的竞争风险。因此，应根据我国的具体国情设计“走出去”国际化战略，加快对中国跨国公司的培育。

（一）培养跨国公司发展的先行主体

企业集团或大型企业应当作为我国跨国公司发展的先行主体。这些企业拥有自己的比较优势，如劳动密集型适用技术和某些特有技术、灵活机动的经营方式、较低的劳动成本和管理成本、地缘文化优势等，加上以广阔的国内市场作依托和一定的规模经济，完全有可能最先跻身于世界跨国公司之林。以下四类企业集团或大型企业率先在海外投资作为中国跨国公司的先行者：以实业型的生产企业为龙头构建生产型跨国公司、以综合商社为龙头构建贸易型跨国公司、以银行业为龙头组建金融型跨国公司以及以大型工贸公司为龙头创建工贸型跨国公司。改革开放以来，我国企业跨国投资经营范围遍布五大洲的149个国家和地区，但尚未形成完整的全球战略体系，因此全球的经济活动中起主导作用未显现出来。跨国公司是在全球经济一体化进程中参与国际竞争的主体，跨国集团是财富扩张的有力武器，中国只有组建自己的跨国集团，才能在国际市场上占有一席之地。发展我国的跨国公司任重道远，以上四个类型的主体企业，将成为具有中国较大国际竞争优势的跨国公司代表。

（二）打造核心竞争力提升国际竞争优势

在全球市场竞争日益激烈的大背景下，中国企业必须具有强大的核心能力方可参与到国际竞争。首先，把资源集中投入到自身最突出竞争优势，把握住关键生产经营环节加快企业核心能力的培育；其次，加强企业自主创新能力，铸造国际品牌，积极把这些转化为竞争优势；再次，建立现代产权制度并完善公司治理结构，依托信息技术建立网络化和柔性化的组织结构，提高经营管理效率；最后，重视人才开发战略，吸引、留住高素质人才，创新提升企业价值的企业文化和观念，为企业可持续发展提供坚实的保障。

企业可以从以下几方面获得竞争优势：①争取实现规模经济，建立大规模的分销网络和高效后勤服务系统；②根据市场需求增大对 R&D 的投入，创新开发具有明显优势的产品性能、设计和售后服务；③争取牢牢把握企业价值链条中设计环节、生产环节、营销环节等“核心环节”。

（三）通过合理的并购方式实现企业的扩张

中国企业应借鉴国外企业成功经验，寻找有利于自身发展的合作企业并对其加以并购。近年来，中国企业海外并购的案例增多，如 2004 年的联想集团并购 IBM 的 PC 业务，2006 年的沈阳机床集团并购德国西斯公司，2009 年的吉利汽车收购澳大利亚自动变速器公司 DSI，2010 年的吉利汽车并购沃尔沃厂，其中联想集团并购 IBM 的后发优势已渐显现。由于跨国并购难度巨大，中国企业在海外并购过程中，不要被眼前利益所吸引，应着眼于企业长远利益，通过市场运作开展跨国并购。值得注意的是，跨国并购不能仅仅满足于扩大企业自身的规模，企业之间进行实质上的融合才是关键。

（四）鼓励企业积极参与国际战略联盟，实行联合经营战略

在企业面临激烈的市场竞争形势下，国际战略联盟已成为企业跨国经营发展的必然趋势。国际上一些大型跨国公司的成功并购经验显示，以品牌和资本为纽带进行强强联合，组建跨行业、跨所有制的大集团或者大公司，形成各种战略联盟，这值得我国企业借鉴。第一，转变传统观念，正确认识企业跨国经营中的竞合关系，竞合关系已成为全球化大背景经济发展的主旋律，企业战略联盟已经成为企业获取外部资源的重要手段。第二，培育和扶持我国跨国企业集团，我国海外企业大多是势单力薄，难以在国际市场处于有利地位，缺乏与国外企业结成战略联盟的强大优势。因此，创建具有中国特色的跨国企业集团迫在眉睫，要促进贸易型、工业型、金融型企业集团的有机结合，发挥整体优势。第三，充分利用产品品牌联盟优势，实施名牌战略。第四，在战略联盟实施、运行过程中，要着重提高我国企业的经营技能。

参考文献

[1] Andersson, U., Forsgren, M. & Holm, U. The Strategic Impact of External Networks: Subsidiary Performance and Competence Development in The Multinational Corporation [J]. Strategic Management Journal, 2002, 11 (23).

[2] Anne-Wil Harzing. Acquisitions Versus Greenfield Investments: International Strategy and Management of Entry Modes [J]. Strategic Management Journal, 2002, 3 (23).

[3] Asakawa, K. & Lehrer, M. Managing Local Knowledge Assets Globally: The Role of Regional Innovation Relays [J]. Journal of World Business, 2003 (38).

[4] Berle, A. & Means, G. The Modern Corporation and Private Property [M]. New York: Macmillan Press, 1932.

[5] Birkinshaw, J., Hood, N. & Jonsson, S.Building Firm-specific Advantages in Multinational Corporations: the Role of Subsidiary Initiative [J]. Strategic Management Journal, 1998 (19).

[6] Blair, M.M. Ownership and Control: Rethinking Corporate Governance for the 21st Century [M]. Washington D. C.: Brookings Institute, 1995.

[7] Blair, M.M. Wealth Creation and Wealth Sharing: A Colloquium on Corporate Governance and Investments in Human Capital [M]. Washington D.C.: Brookings Institute, 1996.

[8] Borkowski, S.C. An Analysis (Meta and Otherwise) of Multinational Transfer Pricing Researeh [J]. The International Journal of Aeeounting, 1996, 31(1).

[9] Buckley, P.J. & Casson, M. The Future of the Multinational Enterprise [M]. London: Macmillan, 1976.

[10] Cantwell, J. &Mudambi, R. MNE Competence-creating Subsidiary Mandates [J]. Strategic Management Journal, 2005 (26).

［11］ Collins, D.J., Montgomery, C. Competing on Resources: Strategy in the 1990s［J］. Harvard Business Review, 1995 (7-8).

［12］ Dalton, D., Daily, C., Johnson, J. & Ellstrand. A Number of Directors and Financial Performance: A Mela-analysis［J］. Academy of Management Journal, 1999 (42).

［13］ Delios, A. & Henisz, W.J. Political Hazards, Experience and Sequential Entry Strategies: The International Expansion of Japanese Firms［J］. Strategic Management Journal, 2003, 11 (24).

［14］ Deng, P. Outward Investment by Chinese MNCs: Motivations and Implications［J］. Business Horizons, 2004, 3 (47).

［15］ Dhanaraj, C. & Beamish, P.W. Effect of Equity Ownership on the Survival of International Joint Ventures［J］. Strategic Management Journal, 2004, 3 (25).

［16］ Dulewicz, V.& Herbert, P. Does the Composition and Practice of Boards and Directors Bear Any Relationship to the Performance of the Their Companies［J］. Corporate Governance: An International Review, 2004, 12 (3).

［17］ Dunning, J.H., Trade, Location of Economic activity and the Multinational Enterprise: A Search of an Eclectic Approach［M］. London: Macmillan, 1977.

［18］ Emmanuel, J.E. International Transfer Pricing: Searching for Patterns［J］. European Management Journal, 1998, 18 (2).

［19］ Eric W.K. Tsang. Acquiring Knowledge by Foreign Partners from International Joint Ventures in A Transition Economy: Learning-by-doing And learning Myopia［J］. Strategic Management Journal, 2002, 9 (23).

［20］ Fama & Jensen, M.C. Separation of Ownership and Control［J］. Journal of Law and Economics, 2009, 2 (26).

［21］ Forsgre, M. & Johanson, J.Managing Network in International Business［M］. Philadelphia, PA: Gordon & Breach, 1992.

［22］ Frost, T.S., Birkinshaw, J.M.& Ensign.P.C.Centers of Excellence in Multinational Corporations［J］. Strategic Management Journal, 2002, 11 (23).

［23］ Frost, T.S. The Geographic Sources of Foreign Subsidiaries' Innovations［J］. Strategic Management Journal, 2001, 2 (22).

［24］ Ghoshal, S., Westney, ED. Introduction and Overview［A］. In Ghoshal, S. and Westney ED (eds.) Organization Theory and the Multinational Corporation ［C］.

New York: St. Martins Press, 1993 (9).

[25] Gupta, A.& Govindara, V.Knowledge Flows within Multinational Coproartions [J]. Startegie Mnagaement Journal, 2000, 4 (21).

[26] Hennart, J－F.Theoretical Rationale for a Multinationality－performance Relationship [J]. Management International Review, 2007, 47 (3).

[27] Hymer, S.H.The International operations of Nation Finns: A study of Direct Foreign Investment Cambridge [M]. Mass: MIT Press, 1976.

[28] Jensen, M. & Meckling, W.Theory of Firm Managerial Behavior, Agency Costs and Ownership Strukture [J]. Journal of Financial Economics, 1976, 3 (3).

[29] Jensen, M.C.& Murphy, K.J.Performance Pay and Top Management Incentives [J]. Journal of Political Economy, 1990 (98).

[30] Jensen, M.C.The Modern Industrial Revolution, Exit and Failure of Internal Control System [J]. Journal of Finance, 1993, 48 (3).

[31] John, H.Dunning.The Eclectic Paradigm of International Production: A Restatement and Some Possible Extension [J]. Journal of International Business Studies, Spring 1988, 19 (1).

[32] Kindleberger, C.P.American Business Abroad: six Lectures on Direct, Investment [M]. New Haven, conn. Yale Univercity Press, 1969.

[33] Kogut, B.& Zander, U.Knowledge of the Fiem znd the Evolutionary Theory of the Multinational Corporation [J]. Journal of International Business Studies, 1993, 24 (4).

[34] Kojima, K. Direct Foreign Investment: A Japanese Model of Multinational Business Operations [M]. Croom Helm, 1978.

[35] Kotabe, M. The Relationship between Offshore Sourcing and Innovativeness of U.S. Multinational Firms: A Empirical Investigation [J]. Journal of International Business Studies, 1990, 21 (4).

[36] Krobin, S. J. An Empirical Analysis of the Determinants of Global Integration [J]. Strategic Management Journal, 1991, 12 (S1).

[37] Li, G.A Model Formalizing Dunning's Eclectic Paradingm, Transaction cost [C]. A paper for the Haynes Prize at Academy of International Business 2002 Annual Meeting, 2002.

[38] Lipton, M.& Lorsch, J.W.A Modest Proposal for Improved Corporate

Governance [J]. Business Lawyer, 1992 (48).

[39] Loderer, C.& Martin, K.Executive Stock Ownership and Performance: Tracking Faint Traces [J]. Journal of Financial Economies, 1997 (45).

[40] Martin, L.& Jay, W.L. A Modest Proposal for Improved Corporate Governance [J]. Business Lawyer, 1992, 48 (1).

[41] Meconnell, J.& Servaes, H.Additional Evidence on Equity Ownership and Corporate Value [J]. Journal of Financial Economies, 1990 (27).

[42] Mehran, H. Executive Compensation Structure, Ownership, and Firm Performance [J]. Journal of Financial Economics, 1995, 38 (2).

[43] Michael E.Porter.What is strategy? [J]. Harvard Business Review, 1996 (11-12).

[44] Murtha, T.P., Lenway, S.A.& Bagozzi, R.P.Global Mind-sets and Cognitive Shift in a Complex Multinational Corporation [J]. Strategic Management Journal, 1998, 2 (19).

[45] Nobel, R.& Birkinshaw, J. Innovation in Multinational Corporations: Control and Communication Patterns in International R&D Operations [J]. Strategic Management Journal, 1998 (19).

[46] Nohria, N, Ghoshal S. The Differentiated Networks: Organizing Multinational Corporations for Value Creation [M]. San Francisco: Jossey-Bass, 1997.

[47] Pearce, J.&Zahra, S.The Relative Power of CEOs and Boards of Directors: Associations with Corporate Performance [J]. Strategic Management Journal, 1991 (122).

[48] Pearce, R.D. The International of Research and Development by Multinational Enterprise [M]. NY: St. Martin's Press, 1989.

[49] Prahalad, C.K.& Doz, Y.I.The multinational Mission: Balancing Local Demands and Global Vision [M]. New York: The Free Press, 1987.

[50] Robort, B., Ekelund, Jr.&Hebert, R.F.A History of Economic Theory and The McGraw-Hill Method [M]. Company, Icn., 1977.

[51] Rugman, A.M., Verbeke, A. Extending the Theory of the Multinational Enterprise: Internalization and Strategic Management Perspectives [J]. Journal of International Business Studies, 2003, 34 (2).

[52] Rugman, A.M.& Verbeke, A.Subsidiary-specific Advantages in Multinational

Enterprises [J]. Strategic Management Journal, 2001, 3 (22).

[53] Sidney, E.Rolfe.The Capital Market Phenomena [J]. A Comment Journal of Money, Credit and Banking, 1969 (1).

[54] Taggart, J.H. Identification and Development of Strategy at Subsidiary Level [A]. In: Birkinshaw, J., Hood, N. (eds.) The Multinational Corporate Evolution and Subsidiary Development [C]. London and New York: MacMillan 1998.

[55] The United Nations Code of Conduct on Transnational Corporations, UNCTC Current Studies [M]. Series A, United Nations Publication, 1986.

[56] Thomas, W. Lin. OEC Management-Control System Helps China Haier Group Achieve Competitive Advantage[J]. Management Accounting Quarterly, 2005(3).

[57] Vermeulen, F. & Barkema, H. Pace, Rhythm and Scope: Process Dependence in Building a Profitable Multinational Corporation [J]. Strategic Management Journal, 2002, 7 (23).

[58] Vernon, R. International Investment and International Trade in the product cycle [J]. Quarterly Journal of Economics, 1966, 80 (5).

[59] Yermack. High Market Valuation of Companies with a Small Board of Directors [J]. Journal of Financial Economies, 1996 (14).

[60] 毕红毅. 跨国公司经营理论与实务 [M]. 北京：经济科学出版社，2006.

[61] 查尔斯·希尔著. 周健林等译.国际商务 [M]. 北京：中国人民大学出版社，2009.

[62] 陈静. 海尔国际化与联想国际化 [J]. 中外管理，2005 (4).

[63] 陈漓高，谢建国. 控股公司对华投资战略的演变趋势及应对策略[J]. 世界经济与政治论坛，2003 (2).

[64] 范黎波，宋志红. 跨国经营理论与实务 [M]. 北京：北京大学出版社，2009.

[65] 范黎波，杨震宁. 新国际分工体系下跨国公司的战略演进与转型 [J]. 国外社会科学，2010 (6).

[66] 傅梦孜. 世界直接投资——发展、理论与现实 [M]. 北京：时事出版社，1999.

[67] 高杰. LG 公司的蓝海战略 [J]. 企业改革与管理，2010 (2).

[68] 高敏雪. 对外直接投资发展阶段的实证分析——国际经验与中国现状的探讨 [J]. 管理世界，2004 (1).

[69] 高雯，谭凌. 跨国公司在华投资战略变化研究 [J]. 合作经济与科技，2007 (10).

[70] 古文娟，王智进. 联想并购 IBM 全球 PC 案例财务分析 [J]. 现代商贸工业，2011 (3).

[71] 郭斌. LG 电子在华经营战略转型分析 [D]. 厦门大学硕士学位论文，2006.

[72] 郭鑫，毛升. 海尔精髓：企业文化与海尔业绩 [M]. 北京：民主与建设出版社，2003.

[73] 何志毅. 中国企业国际化途径选择 [J]. 世界经济研究，2002 (6).

[74] 胡小娟. 从海尔的实践看我国企业的跨国经营 [J]. 国际经济合作，2002 (12).

[75] 黄嫚丽，蓝海林.特定优势视角下的我国企业国际化程度与企业绩效的关系研究 [M]. 北京：经济科学出版社，2006.

[76] 黄庆波. 跨国公司的竞争战略 [D]. 对外经济贸易大学博士学位论文，2002.

[77] 黄蔚. 海尔跨国经营之路 [J]. 集团经济研究，2004 (8).

[78] 蒋兰陵. 跨国并购——中国对外直接投资新的实现途径 [J]. 商业研究，2004 (17).

[79] 姜志美. 基于挤出效应的跨国公司在华研发本土化探究 [J]. 中国外资，2012 (12).

[80] 康荣平，柯银斌. 海尔与松下跨国扩张比较 [J]. 环球企业家，2005 (10).

[81] 康荣平.日本跨国公司的战略及其变革 [J]. 世界经济，2001 (1).

[82] 康毅仁，汪洋. 海尔是海——张瑞敏的管理艺术 [M]. 北京：民主与建设出版社，2002.

[83] 雷蒙德·弗农，小路易斯·威尔斯. 国际企业的经济环境 [M]. 上海：上海三联书店，1990.

[84] 李桂芳. 2011 中央企业对外直接投资报告 [M]. 北京：中国经济出版社，2011.

[85] 李桂芳. 中国企业对外直接投资分析报告 (2009) [M]. 北京：中国经济出版社，2009.

[86] 李骥. 中国企业跨国投资的前提：治理机制的改造 [J]. 改革，2001 (4).

[87] 李静萍，高敏雪. 中国外国直接投资的现状、差距与潜力 [J]. 经济理论

与经济管理，2005 (7).

[88] 李明星. 欧洲跨国公司战略管理的若干特点及启示 [J]. 中国经贸导刊，2003 (21).

[89] 李蕊. 跨国公司在华研发投资与中国技术跨越式发展 [M]. 北京：经济科学出版社，2004.

[90] 李维安. 跨国公司在华三资企业的公司治理 [C]. 南开大学国际商学院公司治理国际研讨会，2001.

[91] 李晓娟，陈永茂. 中国企业跨国经营面临的问题及对策 [J]. 国际经贸，2000 (2).

[92] 李雪欣. 中国跨国公司论 [M]. 沈阳：辽宁大学出版社，2002.

[93] 联合国跨国公司中心. 再论世界发展中的跨国公司 [M]. 北京：商务印书馆，1982.

[94] 列宁. 帝国主义是资本主义的最高阶段 [M]. 北京：人民出版社，1964.

[95] 林谧. 中国大陆对外直接投资与跨国企业发展状况的实证分析 [J]. 中共福建省委党校学报，2004 (8).

[96] 林少金. 浅论中国企业跨国经营与竞争策略 [J]. 中国对外贸易，2001 (1).

[97] 凌志军. 联想风云 [M]. 北京：中信出版社，2005.

[98] 刘爱东. 在华跨国公司组织发展研究——基于全球竞争力的视角 [M]. 上海：上海人民出版社，2009.

[99] 刘芳. 通向世界的两条道路——海尔与格兰仕国际化战略分析 [J]. 中国企业文化，2004 (11).

[100] 刘海云. 跨国公司理论与实务 [M]. 上海：华中科技大学出版社，1996.

[101] 刘易斯·威尔斯. 第三世界跨国企业 [M]. 上海：上海翻译出版公司，1986.

[102] 刘易斯·威尔斯著. 叶刚、杨宇光译.第三世界跨国公司 [M]. 上海：上海翻译出版公司，1996.

[103] 刘跃斌，罗东霞. 德国跨国公司的海外经营战略 [J]. 武汉大学学报，2001 (54).

[104] 刘增科. 美、日、韩三国跨国公司培育的比较与借鉴 [J]. 经济纵横，2006 (5).

[105] 娄岩. 联想与IBM的姻缘际会 [M]. 北京：中国纺织出版社，2005.

[106] 卢森斯·多著. 赵曙明等译. 国际企业管理：文化、战略与行为 [M]. 北京：机械工业出版社，2009.

[107] 鲁桐. 企业国际化阶段、测量方法及案例研究 [J]. 世界经济；2000 (3).

[108] 鲁桐. 中国企业海外经营：对英国中资企业的实证研究 [J]. 世界经济，2000 (4).

[109] 鹿朋. 论中国对外直接投资与国际贸易的关系 [J]. 合肥学院学报，2004 (6).

[110] 马春光. 国际企业跨文化管理 [M]. 北京：对外经济贸易大学出版社，2004.

[111] 马克思恩格斯选集. 第一卷 [M]. 北京：人民出版社，1972 .

[112] 马伟超. 联想并购 IBM 全球 PC 业务案例分析[J]. 经营管理，2011(4).

[113] 迈克尔·波特.竞争优势 [M]. 北京：华夏出版社，1997.

[114] 芒尼·海尔：品牌与全球化 [J]. 21 世纪商业评论，2006 (5).

[115] 毛蕴诗，汪建成. 在华跨国公司战略选择与经营策略问题研究 [J]. 管理科学学报，2009 (2).

[116] 毛蕴诗. 跨国公司在华投资策略 [M]. 北京：中国财政经济出版社，2005.

[117] 孟华. 国际化与企业绩效：基于制度环境的研究 [D]. 华东师范大学博士学位论文，2009.

[118] 帕拉哈拉德，伊夫·多茨著. 王文彬等译. 跨国公司使命 [M]. 北京：华夏出版社，2001.

[119] 裴劲松. 哈佛 MBA 中国经典案例——哈佛视野中的联想集团 [M]. 北京：国际文化出版公司，2001.

[120] 钱海燕，杨忠. 中国企业国际化理论研究发展历程及未来展望：1978~2006 [J]. 国际贸易问题，2008 (9).

[121] 乔友庆，于卓民，林月云. 国际化程度与专属性资产对厂商绩效值影响：台湾大型制造业厂商之实证研究 [J]. 中华管理学报，2002 (5).

[122] 青木昌彦，奥野正宽. 经济体制比较制度分析 [M]. 北京：中国发展出版社，1999.

[123] 邱立成，于李娜. 中国对外直接投资：理论分析与实证检验 [J]. 南开大学学报（社会科学版），2005 (2).

［124］任新. 柳传志谈联想经验——第三只眼睛看联想［M］. 北京：线装书局，2003.

［125］芮明杰. 中国企业发展的战略选择［M］. 上海：复旦大学出版社，2001.

［126］商务部，国家统计局. 中国对外直接投资统计制度［R］. 2007，2008，2009.

［127］沈娜，赵国杰. 企业国际化测评指标体系的构建［J］. 中国软科学，2001（10）.

［128］盛亚，单航英. 中国企业跨国成长战略研究［J］. 甘肃社会科学，2006（1）.

［129］宋伟良. 论中国对外直接投资的产业选择［J］. 经济社会体制比较，2005（3）.

［130］孙健，林漫，韩广智. 海尔国际化的经验及启示［J］. 青岛行政学院学报，2001（1）.

［131］孙健. 海尔的营销策略［M］. 北京：企业管理出版社，2002.

［132］孙遇春，徐培华. 著名跨国公司在华竞争战略［M］. 上海：东方出版中心，2004.

［133］覃谊，向明. 到美国建厂海尔亏了吗［J］. 价格理论与实践，2006（6）.

［134］唐晓剑，刘思峰. 略论我国企业的跨国并购整合——基于企业生命周期理论［J］. 软科学，2006（6）.

［135］王国顺，胡莎. 企业国际化与经营绩效：中国制造业上市公司的实证研究［J］. 系统工程，2006（12）.

［136］王海. 中国企业海外并购经济后果研究——基于联想并购 IBMPC 业务的案例分析［J］. 管理世界，2007（2）.

［137］王晶，杰夫·斯温斯顿. 给联想和海尔一个建议［J］. 中国电子商务，2006（1）.

［138］王军. 我国企业加快发展跨国经营的若干问题探讨［J］. 中央财经大学学报，1999（1）.

［139］王林生，范黎波. 跨国经营理论与战略［M］. 北京：对外经济贸易大学出版社，2004.

［140］王琳. 跨国公司在国际贸易中的地位［J］. 山西财经大学学报，2001（4）.

［141］王晓红. 美国跨国公司引领世界走势［J］. 企业改革与管理，2004（6）.

[142] 王玉. 跨国公司业务组合与竞争战略 [M].上海：上海财经大学出版社，2010.

[143] 王育红. 中国企业跨国经营面临特点与发展 [J]. 国际经济合作，1999(11).

[144] 王志乐. 走向世界的中国跨国公司 [M]. 北京：中国商业出版社，2004.

[145] 魏东，王璟珉. 中国对外直接投资动因分析 [J]. 东岳论丛，2005 (5).

[146] 文晓刚. 联想集团国际化经营战略研究 [M]. 北京：对外经济贸易大学出版社，2005.

[147] 武立东，李建标. 日本的公司治理对企业竞争优势的影响及其改革动因 [J]. 南开管理评论，2002 (5).

[148] 夏清华. 我国企业的国际化战略与绩效 [J]. 中国软科学，2003 (7).

[149] 冼国明，张岩贵. 跨国公司论丛 [M]. 北京：中国经济出版社，2008.

[150] 冼国明. 跨国公司在华投资的战略调整及其影响 [J]. 国际经济合作，2002 (12).

[151] 项本武. 中国对外直接投资的贸易效应 [J]. 统计与决策，2005 (24).

[152] 谢光亚，郑春. 从联想收购 IBM PC 业务看中国企业跨国并购 [J]. 商业研究，2006 (11).

[153] 徐卫武，王河流. 中国高新技术企业对外直接投资的动因分析 [J]. 经济与管理，2005 (2).

[154] 许海峰. 中国对外直接投资与美国、日本比较 [J]. 黑龙江对外经贸，2005 (4).

[155] 许垚，汪浩. 跨国公司对中外合资企业控制关键点的实证研究 [J]. 南开管理评论，2005 (6).

[156] 薛求知. 当代跨国公司新理论 [M]. 上海：复旦大学出版社，2007.

[157] 薛求知. 无国界经营 [M]. 上海：上海译文出版社，1997.

[158] 颜建军，胡泳. 海尔中国造 [M]. 海口：海南出版社，2001.

[159] 杨海芬. 现代公司董事会治理研究 [D]. 四川大学博士学位论文，2005.

[160] 杨丽丽，江心营，赵进. 国际化与企业绩效的关系——以江苏制造业企业为例 [J]. 科技管理研究，2010 (1).

[161] 杨丽丽. 国际化与企业绩效的理论及实证研究——以江苏制造业企业为例 [D]. 江苏大学博士学位论文，2010.

[162] 杨清，刘思峰. 中国跨国公司成长的客观条件分析 [J]. 中国软科学，

2003 (9).

[163] 杨清. 中国跨国公司成长研究 [D]. 南京航空航天大学博士学位论文, 2006.

[164] 杨忠, 张晓. 企业国际化程度与绩效关系研究 [J]. 经济研究, 2009 (2).

[165] 杨忠. 跨国公司及其子公司治理结构分析 [J]. 南京大学学报 (哲学·人文科学·社会科学版), 2004 (4).

[166] 姚伟, 黄卓, 郭磊. 公司治理理论前沿综述 [J]. 经济研究, 2003 (5).

[167] 于斌. 跨国管理 [M]. 天津: 南开大学出版社, 2004.

[168] 约瑟夫·熊彼特. 经济发展理论 [M]. 北京: 商务印书馆, 1990.

[169] 张蓓. 跨国公司培育竞争优势策略研究 [J]. 商业研究, 2004 (23).

[170] 张凤玲, 席大伟. 中国对外直接投资行业分布的贸易效应 [J]. 北方经贸, 2004 (12).

[171] 姜志美. 基于挤出效应的跨国公司有华研发本土化探究 [J]. 中国外资, 2012 (12).

[172] 张素芳. 跨国公司与跨国经营 [M]. 北京: 经济管理出版社, 2009.

[173] 张卫. 中国企业跨国经营战略研究 [D]. 对外经济贸易大学硕士学位论文, 2007.

[174] 张毅. 跨国公司在华直接投资的战略演进 [M]. 武汉: 华中科技大学出版社, 2008.

[175] 张兆国, 康自强, 胡延菊. 试析我国上市公司股权结构的治理效应[J]. 中国软科学, 2003 (12).

[176] 章文光. 中国企业跨国经营战略选择任务 [J]. 经济管理, 2002 (9).

[177] 赵景华. 跨国公司在华子公司战略比较研究 [M]. 北京: 经济管理出版社, 2006.

[178] 赵佩华. 基于演化博弈理论的跨国公司技术转让策略研究 [D]. 华南理工大学博士学位论文, 2009.

[179] 赵曙明, 高素英, 周建, 刘建朝. 企业国际化的条件、路径、模式及启示 [J]. 科学学与科学技术管理, 2010 (1).

[180] 郑磊. 海尔国际化的内核 [J]. 经理人, 2005 (12).

[181] 中国商务部网 (http: //www.mofcom.gov.cn), 新浪网财经频道 (www.sina.com.cn), 金融界网 (www.jrj.com.cn), 中国上市公司资讯网 (www.cnlist.com).

[182] 周小亮，郭雅坤. 跨国公司在华的新发展及对策 [J]. 企业导报，2009 (12).

[183] 周新德，张健. 日本跨国公司的经营战略分析 [J]. 经济与社会发展，2006 (4).

[184] 周新军，郗沭平. 跨国公司在华投资企业治理结构研究 [J]. 中国地质大学学报 (社会科学版)，2007 (5).

[185] 周新军. 跨国公司在华企业公司治理机制研究 [J]. 经济与管理，2007 (10).

[186] 朱廷柏，李宁. 竞争优势：公司治理与战略管理互动的视角 [J]. 经济体制改革，2005 (5).

[187] 朱玉亮. 经济全球化与中国跨国公司发展 [J]. 新财经，2010 (3).

[188] 资本论. 第一卷 [M]. 北京：人民出版社，1975.